인간행동과 사회환경

인간행동과 사회환경

이은희 · 김남숙

KNOWLEDGE COMMUNITY 공동체

머·리·말

인간행동과 사회환경은 사회복지학과의 전공 기초과목이며, 사회복지사 1급 국가고시의 시험과목이기도 하다. 따라서 본 교재도 가급적 한국사회복지교육협의회의 교과목 지침서 기준에 충실하면서, 또 다른 한편으로는 1급 국가고시를 준비하는 사회복지학과 학생들에게도 도움이 될 수 있도록 내용을 정리하고자 하였다.

본 교재는 2014년 가을 학기부터 2015년 봄 학기까지 시애틀의 University of Washington에 연구년으로 나가 있을 때, 그동안 인간행동과 사회환경을 강의하면서 참고했던 다양한 자료와 내용들을 정리하여 집필한 것이다.

그 후 본 교재를 활용하여 학생들을 가르치면서 몇몇 미흡한 부분들에 대해 강한 아쉬움과 부담을 느껴 오던 중, 이번에 김남숙 선생과 함께 새롭게 정리하여 출간할 수 있게 되어서 기쁘게 생각한다. 앞으로도 부족한 부분들에 대해서는 계속 수정·보완해 나갈 것을 약속드리며, 이 책에 대한 애정 어린 충고와 조언을 부탁드리고 싶다.

본 교재는 총 5부 19장으로 구성되어 있다. 제1부는 총론으로 사회복지학을 전공하는 데 있어서 '인간행동과 사회환경' 교과목 학습의 필요성과 함께 본서의 구성에 대한 개괄적 설명을 하였다. 제2부에서는 성격이론을 다루었는데, 대표적인 성격이론으로 들 수 있는 정신역동이론, 행동주의 이론, 인본주의 이론, 그리고 인지이론을 중심으로 살펴보았다. 정신역동이론에서는 프로이트의 정신분석이론과 에릭슨의 심리사회적 성격이론, 융의 분석심리이론, 그리고 아들러의 개인심리이론을 살펴보았으며, 행동주의 이론에서는 파블로프에 의해 주장된 고전적 조건형성이론, 스키너의 조작적 조건형성이론, 그리고 반두라의 사회학습이론을 살펴보았다. 인본주의 이론에서는 로저스의 현상학적 성격이론과 매슬로우의 욕구이론을 살펴보았으며, 인지이론에서는 피아제의 인지발달이론과 엘리스의 인지적 심리치료를 살펴보았다. 제3부에서는 인간발달에 대해 살펴보았다. 먼저 인간발달의 개념과 정의, 인간발달의 원리, 인간발달 단계와 과업, 인간발달의 영향 요인에 대해 살펴본 후, 인간발달 단계를 태내기, 영아기, 유아기, 아동기, 청소년기, 성년기, 중년기, 그리고 노년기로 나누고 각 발달단계의 신체적·심리적·사회적 발달과 함께 각 단계의 발달과업에 대해 살펴보았다. 제4부에서는 사회환경에 대한 이해로서 인간행동을 사회환경의 맥락에서 이해할 수 있도록 생태체계적 관점과 함께 문화적 차이를 창출하는 생태계의 영향 요인, 그리고 문화가 인간의 성격과 인지에 미치는 영향에 대해 살펴보았다. 제5부에서는 이상행동 및 정신장애에 대해 살펴보았는데, 이상행동과 정신장애의 판별기준과 분류체계, 그리고 정신장애의 유형에 대해 살펴보았다.

끝으로 이 책이 사회복지학을 공부하는 모든 학생들에게 도움이 될 수 있기를 바라며, 이 책을 출간하는 데 도움을 주신 모든 분들께 깊은 감사를 드린다.

2024년 7월

대표 저자 이은희

차·례

Contents

차·례

Contents

PART 01

인간행동과 사회환경 그리고 사회복지실천

사회복지는 인간이 보다 나은 수준의 삶을 영위할 수 있도록 돕는 인간 봉사 전문직 중의 하나이다(Mehr & Kanwischer, 2004). 즉, 사회복지는 전문적 지식과 기술을 활용하여 인간이 자신이 속한 환경 속에서 욕구를 충족하고 문제를 예방 또는 해결하며 지위에 맞는 역할과 기능을 적절히 수행하면서, 보다 나은 수준의 삶을 살아갈 수 있도록 원조하는 것을 사명으로 하는 전문직이다. 따라서 이러한 목적을 잘 수행하기 위해서 사회복지사는 반드시 인간에 대한 정확한 이해를 갖추어야 한다. 그런데 인간은 환경과 유리된 존재가 아니라 환경에 속해 있는 존재(human in environment)이기 때문에, 인간을 이해하기 위해서는 그를 둘러싸고 있는 환경과의 상호작용을 이해하지 않으면 안 된다. 따라서 사회복지학과에서는 인간과 환경에 대한 이해를 돕기 위해 이러한 내용을 다루고 있는 '인간행동과 사회환경(Human Behavior and Social Environment)' 과목을 전공기초과목으로 분류하여 학습하고 있으며, '인간행동과 사회환경'은 사회복지사 국가고시의 기초과목으로도 지정되어 있다.

chapter 01

사회복지실천에서 인간행동과 사회환경

사회복지는 순수과학이 아니라 응용과학이자 실천학문이다(김윤정, 2011). 그러나 사회복지 전문직에서 아무리 실천을 중시한다고 하더라도 이론의 뒷받침이 없는 실천은 오류의 가능성이 높다. 이론은 사회복지사가 자신의 단편적인 경험이나 이러한 경험으로 인한 개인적 편견에 근거하여 행동하려는 유혹으로부터 사회복지사를 보호해 준다. 따라서 사회복지실천이 전문직으로서의 위치를 확고히 하기 위해서는 검증된 이론적 틀 안에서 실천이 이루어져야 한다. 바틀렛(Bartlett, 1970)은 사회복지활동은 확고한 지식을 기반으로 이루어져야 하고, 지식이 실천을 이끌어 가야 한다고 주장했다. 이것은 곧 클라이언트와 사회에 대한 책임성을 의미하기도 한다. 사회가 부여한 책임성을 실현하기 위한 하나의 방법은 경험적으로 검증된 이론에 입각하여 구체적 형태의 변화를 일으키는 실천을 수행하는 것이다. 이론적 틀에 기초하지 않은 실천은 임의성에 바탕을 둔 일상적인 되풀이에 불과하거나 기반이 없는 공허한 활동이 될 수 있다. 따라서 사회복지실천은 구체적인 변화를 초래하기 위해 지식을 활용하고 이론을 적용하는 과정이다(Sheafor & Horejsi, 2008). 이때 인간행동에 대한 이론은 사회복지실천에서 인간행동의 역동적 원인관계를 이해하고 앞으로 행동이 어떻게 변화될 것인지를 예측하고 이를 변화시킬 수 있는 개입 방안을 모색하는 데 도움이 된다. 다시 말해 인간행동이론은 인간을 더욱 정확히 이해하고 전문적 실천행동의 목표와 방향을 설정하고, 특정한 개입을 위한 준거틀을 제공한다는 점에서 사회복지실천에서 매우 유용하다. 그리고 사회복지 전문직의 일차적 사명이 바로 인간과 환경 간의 상호작용의 질을 증진하는 것이라고 이월트(Ewalt, 1980)가 지적했듯이, 인간과 환경 간의 상호작용은 사회복지실천의 개입의 초점 영역이다. 따라서 사회복지사는 '인간행동과 사회환경'의 교과목을 통하여 인간성격과 발달, 그리고 사회체계에 대한 이론을 습득하여 이러한 이론에 바탕을 둔 계획적이고 전문적인 개입과정을 통하여 인간을 원조할 수 있어야 한다.

chapter 02

본서의 구성

본서에서는 인간을 이해하는 데 필수적인 성격이론, 인간발달의 이해, 사회환경, 그리고 이상행동에 대한 내용들을 다루고 있다. 각 부분에 대한 개괄적인 설명은 다음과 같다.

1. 성격이론

인간의 행동은 주로 개인의 성격에 의해 결정되므로, 인간의 행동을 이해할 수 있는 첩경은 바로 사람의 성격을 이해하는 것이다(이인정 · 최해경, 2004). 개인의 성격을 이해하게 되면 왜 그 사람이 그렇게 행동하는지 그 원인을 이해할 수 있으며, 앞으로의 행동변화를 예측하고, 바람직한 행동으로 변화시킬 수 있는 방법까지도 모색할 수 있게 된다. 즉, 인간의 성격을 이해하게 되면 그 행동의 원인을 설명할 수 있게 되며, 미래의 행동을 예측할 수 있고, 그 행동을 바람직한 형태로 변화 또는 통제할 수 있는 방안을 찾을 수 있게 된다. 따라서 사회복지실천의 기초가 되는 인간행동에 대한 이해를 하기 위해서는 사회복지사의 성격이론에 대한 지식은 필수적이다. 그러나 이론은 선별적 본성을 지니고 있기 때문에, 각각의 이론은 특정 요인은 강조하지만 다른 요인은 무시하거나 소홀히 다룰 수 있다. 따라서 하나의 이론으로 모든 현상을 포괄적으로 설명하고 예측할 수는 없다. 그러므로 사회복지사는 자신이 활용하고자 하는 특정 이론의 유용성을 비판적으로 평가하여 수용하여야 한다. 그렇지 않을 경우 특정 이론이 갖는 한계성으로 인하여 사회복지실천에 있어 오류를 범할 가능성이 높아진다. 따라서 사회복지사는 자신이 선호하는 특정 이론을 근거로 실천을 하되, 그 이론의 한계를 보완할 수 있는 이론 한두 가지를 반드시 학습해 두어야 하며, 몇 가지 이론을 절충 또는 통합적으로 활용하는 것도 고려해야 한다.

따라서 본서에서는 대표적인 성격이론으로 들 수 있는 정신역동이론, 행동주의 이론, 인본주의 이론, 그리고 인지이론을 중심으로 살펴볼 것이다.

2. 인간발달의 이해

"요람에서 무덤까지"라는 베버리지(Beveridge)의 말에서 알 수 있듯이, 사회복지는 국민들의 전 생애에 걸쳐 나타나는 욕구를 충족시키고, 그들이 직면한 문제를 예방하고 해결하기 위한 사회적 대책이다(현외성 외, 1996). 그런데 인간의 욕구는 연령이나 발달단계에 따라 매우 다양하게 나타나며, 그 다양한 욕구를 충족시킬 수 없을 때 문제를 경험하게 된다. 그러므로 사회복지실천에서 각각의 발달단계에서 개인이 수행해야 할 발달과업을 성취할 수 있도록 원조하고 특정 단계에서 나타나는 다양한 욕구를 충족시킬 수 있도록 지원하며, 욕구의 미충족이나 발달과업의 미성취로 인하여 직면하게 되는 삶의 문제를 해결 또는 예방하기 위해서는 인간발달에 관한 지식이 필수적이다.

본서에서는 인간발달 단계를 크게 태내기, 영아기, 유아기, 아동기, 청소년기, 성인기, 중년기, 그리고 노년기의 8단계로 구분하여 설명하고 있다.

3. 사회환경

사회복지실천에서는 개인과 환경에 이중적 초점을 두며, 이들이 상호작용하는 과정에서 적응적 균형을 달성할 수 있도록 하는 데 목적을 둔다. 인간의 생존과 번영은 환경과의 상호작용의 질, 즉 환경의 요구에 인간이 얼마나 효과적으로 순응하고, 그리고 인간이 환경을 자신들의 요구에 맞게 얼마나 적절하게 변화시킬 수 있는가에 의해 결정되기 때문에 환경은 인간행동을 이해하는 데 있어서 필수적으로 고려해야 할 요인이다. 따라서 사회복지사는 인간의 내면세계에 대한 이해뿐 아니라 인간행동이 이루어지는 환경체계, 즉 물리적 환경과 사회적 환경에 대해 이해하여야 한다.

따라서 본서에서는 생태체계적 관점과 함께 문화적 차이를 창출하는 생태계의 영향 요인, 그리고 문화가 인간의 성격과 인지에 미치는 영향에 대해 살펴볼 것이다.

4. 이상행동

사회복지실천의 목표가 클라이언트의 이상행동이나 부적응행동을 보다 바람직한 적응적 행동으로 변화시켜서 그의 사회적 기능을 향상시키고자 하는 것임에 근거해 볼 때, 이상행동에 대한 사회복지사의 이해와 지식은 매우 중요하다. 이상행동에 대한 지식은 정신건강이나 정신보건사회복지 분야에서 활동하는 사회복지사에게만 필요한 것은 아니다. 어떤 유형의 사회복지 분야나 사회복지기관(예 종합사회복지관, 지역아동센터 등)에서 근무하든지 간에 사회복지사가 클라이언트를 직접 대면하는 현장에서 업무를 수행하다 보면 이상행동을 가진 클라이언트를 만날 가능성이 높다. 사회복지사는 사람들이 심리사회적 기능상의 문제가 있을 때 제일 먼저 접촉하게 되는 전문가 중의 한 사람이기 때문에 더욱더 이상행동에 대한 사회복지사의 지식이 요구된다. 또한 이상행동에 대한 전문적인 이해가 있어야 원조과정에서 발견하게 되는 클라이언트의 이상행동과 부적응행동에 대해 가급적 조기에 적절한 도움(필요할 경우에는 의료전문가에게 의뢰하는 등)을 제공할 수 있을 것이다.

본서에서는 이상행동과 정신장애의 판별기준과 분류체계, 그리고 정신장애의 유형을 설명하고 있다.

PART 02

성격이론

사회복지 전문직은 인간이 보다 나은 수준의 삶을 살아가도록 원조하는 것을 그 목적으로 하기 때문에, 사회복지실천의 중심에는 항상 인간이 있다. 그러므로 사회복지사는 인간에 대한 이해를 최우선적으로 할 필요가 있을 것이다. 인간의 심리사회적 특성을 규명하는 성격이론은 인간이 왜 그렇게 행동하는가에 관한 가설이나 통설을 포함하고 있어 인간에 대한 이해와 원조계획 수립을 도울 수 있다. 레비(Levy, 1970)는 우리가 성격에 관심을 가지는 이유는 인간이 어떤 개체이고, 어떻게 해서 그렇게 되었으며, 무엇 때문에 그렇고, 어떻게 하면 그가 변할 것이며, 그들이 서로 어떻게 다르고, 현재와 미래의 행동은 어떨 것이라고 설명하기 위해서라고 하였다. 이러한 주장들에 근거해 볼 때, 성격이론에 대한 폭넓은 지식은 사회복지사를 비롯한 인간 원조전문직에게는 필수적이다.

성격에 관한 정의는 무수히 많다. 그러나 그 가운데 가장 포괄적으로 잘 알려진 알포트(Allport, 1937)의 정의에 따르면 "성격이란 개인으로 하여금 세상에 나름대로 적응하게 만드는 그 개인에 내재하는 정신신체적 체계들의 역동적 조직"이라고 하였다. 이러한 성격에 대한 정의에 근거해 볼 때, 성격은 다음과 같은 다섯 가지 특성을 지니고 있다(민경환, 2004). 첫째, 성격은 내적 속성을 지니고 있다. 성격은 직접 외적으로 관찰될 수 없으며, 외적으로 접근할 수 있는 현상(예 행동)을 관찰함으로써 간접적으로 측정할 수 있을 뿐이다. 둘째, 성격은 정신신체적 체계들의 통합과정이다. 즉, 성격은 생물학적 기반과 환경의 영향을 받는 인지, 정서, 행동 등이 전체적이고 통합적이며 조직적으로 기능하는 특성을 지닌 체계이다. 셋째, 개인마다 고유한 성격을 가지고 있다. 넷째, 성격에는 일관성이 있다. 즉, 성격은 피상적 수준에서는 변화하지만 그 이면에는 시간이 흐름에도 불구하고 변하지 않고 일관되게 안정성을 유지하는 성격의 핵심적 부분이 있다. 다섯째, 성격은 역동적이다. 전통적인 정신분석이론에서는 세 가지 성격구조들 간의 끊임없는 정신에너지 교환으로 인하여 개인의 성격은 달라진다고 한 반면, 자아심리이론에서는 환경과 서로 영향을 주고받는 역동적 관계를 맺는 과정에서 환경적 요구에 어떻게 반응하는가에 따라 달라진다고 보고 있다.

성격이론가들은 인간의 행동을 이해하기 위해 성격유형을 분류하는 데 관심을 가져 왔다. 기원전 400년경 히포크라테스(Hippocrates)는 인체의 네 가지 체액, 즉 혈액, 흑담즙, 황담즙, 점액 등에 바탕을 두고 성격유형을 분류했으며, 조선 후기의 한의학자인 이제마는 사상의학에 근거하여 인간의 체질을 태양인, 태음인, 소양인, 소음인이라는 4개 유형으로 구분하고 이에 따른 성격 특성을 기술하고 있다(이수연 외, 2013). 이처럼 시대와 동서양을 막론하고 다양한 학문과 이론가들에 의하여 인간행동의 개인 차이와 그 원인을 이해하기 위해 성격에 관한 연구는 이어져 왔다.

현재 성격이론은 다양한 패러다임과 이론적 방향으로 연구되고 있지만 본서에서는 대표적인 성격이톤으로 들 수 있는 정신역동이론, 행동주의 이론, 인본주의 이론, 그리고 인지이론을 중심으로 살펴볼 것이다.

chapter

03

정신역동이론

1. 프로이트의 정신분석적 성격이론

프로이트의 이론을 살펴보지 않고 현대의 성격이론을 적절히 이해하기란 불가능하다. 프로이트는 종종 코페르니쿠스나 다윈의 영향력에 견줄 만한 20세기의 가장 중요한 사상가 중의 한 사람으로 손꼽힌다. 인간의 본성에 대한 프로이트의 가정은 인간에 대한 개념을 극적으로 변화시켰다. 프로이트는 "자기가 자기 자신의 주인"이라는 인간의 나르시스적 망상을 깨뜨렸다(유순임 외, 2000). 즉, 인간은 우리 인간들이 믿고 있는 것처럼 이성적이고 논리적이며 지적인 존재가 아니고, 비이성적이고 비합리적이며 통제할 수 없는 무의식적 본능의 지배를 받는 존재로 보고 있다(이무석, 2006). 프로이트는 무의식을 인간정신의 가장 크고 깊은 심층에 잠재해 있으면서, 의식적 사고와 행동을 전적으로 통제하는 힘이라고 믿었다. 즉, 물 위에 떠 있는 빙산보다 물 아래 보이지 않는 더 큰 부분인 무의식은 정신내용의 대부분에 해당되며 인간행동의 동기가 된다고 설명했다.

프로이트는 인간의 성격이 성적인 욕구와 관련하여 발달한다고 믿었기 때문에 프로이트의 성격발달을 심리성적 발달이라고 한다. 심리성적 발달단계는 리비도가 신체의 어느 특정 부위에 집중되느냐에 따라 5단계로 구분되는데, 이 5단계 가운데 프로이트는 앞의 3단계를 성격형성에 가장 중요한 단계로 보았다. 즉, 출생 후 첫 5~6년 사이에 성격의 기본 구조가 거의 결정되며, 그 이후는 이러한 성격구조가 정교화되는 것에 불과하다는 것이다.

프로이트에 의하여 창시된 정신분석학은 행동주의 심리학, 인본주의 심리학과 더불어 현대 심리학의 3대 주류 학문으로 여겨지고 있으며, 특히 최초의 학문적 세력으로 등장하여 정신의학과 심리학 발달에 지대한 공헌을 하였다(이성태, 2007).

1) 프로이트(Sigmund Freud, 1856~1939)의 생애

지그문트 프로이트(Sigmund Freud)는 1856년 오스트리아(지금은 체코 영토)의 프라이버그에서 아버지 야곱(Jacob)과 어머니 아말리에(Amalie) 사이의 8남매 중 장남으로 태어났다. 아말리에는 야곱의 세 번째 부인이었고, 야곱에게는 전 부인과의 사이에서 태어난 이미 성인이 된 두 아들이 있었다. 프로이트는 성장하면서 자신이 학대받는 소수 민족인 유대인임을 항상 의식하였고, 유대인은 의학이나 법학을 전공하지 않으면 마땅한 직업을 갖기 어렵다는 생각으로 의학을 전공하였다. 그는 1885년 파리에 가서 당시 유명한 신경의학자인 장 마르탱 샤르코(Jean Martin Charcot)로부터 최면에 대해 배웠다. 샤르코는 프로이트에게 히스테리를 치료하기 위해 최면사용법을 훈련시키는 등 지적으로 많은 영향을 미쳤다. 샤르코는 프로이트가 자신의 첫아들의 이름을 샤르코의 이름을 따서 장 마르탱(Jean Martin)으로 지을 정도로 프로이트에게 큰 영향을 미쳤다.

1886년 프로이트는 마르타 베르나즈(Martha Bernays)와 결혼하여 세 딸과 두 아들을 두었는데, 막내딸 안나 프로이트에게는 프로이트가 일생 동안 특별한 애착을 보였으며 안나 역시 아버지에게 각별한 애정을 가졌던 것으로 알려져 있다. 안나 프로이트는 아버지 프로이트가 제기한 자아의 방어기능에 관한 관점들을 정리하여 방어기제에 대한 최초의 체계적 이론을 수립하여 성격발달에 있어서 방어기제의 역할에 관한 이해를 확대시켰다.

프로이트는 1895년 빈의 유명한 의사인 요셉 브로이어(Josef Breuer)와 공동으로 연구하여 『히스테리에 관한 연구』라는 저서를 출판했다. 그러나 출판 후 곧 서로 절교하였는데, 그 이유는 브로이어가 프로이트의 성적 기원에 대한 강조와 다양한 신경증에 대한 내용이 너무 과도하고 비합리적이라고 생각했기 때문이다. 1900년에는 프로이트의 가장 빛나는 저서로 알려진 『꿈의 해석(The Interpretation of Dreams)』이 출판되었다.

그의 생애는 그가 세상을 비관적으로 보는 데 많은 영향을 끼친 것 같다. 어린 시절의 가난과 유대인이었기 때문에 불안했던 젊은 시절, 그리고 전 생애 동안의 반유대주의 고조는 인간의 사회적 특성에 대한 그의 인식에 지대한 영향을 미쳤다. 1923년 구강암이 발병하여 1939년 런던에서 83세로 사망할 때까지 32번의 암수술을 받는 등 그의 말년은 고통스러운 병마와의 투쟁이었다.

2) 주요 개념

(1) 정신에너지와 본능

프로이트는 인간의 모든 행동은 본능의 지배를 받고 있다고 본다. 즉, 인간은 본능적인 긴장의 충동 때문에 행동하며, 그 행동은 이러한 긴장을 감소시키기 위한 것으로서 본능은 모든 행동의 궁극적인 원인이 된다는 것이다. 이와 같이 본능은 성격의 기초적인 요소로서 인간행동을 일으키고 행동의 방향을 결정하는 동기를 유발하는 힘인 것이다(Schultz & Schultz,

1994, 이근홍, 2012 재인용). 인간의 본능에는 삶의 본능(eros)과 죽음의 본능(thanatos)이 있다.

삶의 본능은 생명을 유지 · 발전시키고 사랑하는 본능이다. 이 본능으로 인해 인간은 자기를 사랑하고 생명을 지속하며, 종족을 보존시키게 된다. 예를 들면, 배고픔, 갈증, 성욕 등은 삶의 본능이 가지고 있는 특성들이다. 한편 죽음의 본능은 생물체가 무생물체로 환원하려는 본능으로 인간행동의 부정적이고 파괴적인 힘을 말한다. 이것은 잔인성, 공격, 자살, 살인, 전쟁 등과 같은 것으로 나타난다. 그런데 삶의 본능과 죽음의 본능은 서로 영향을 미치거나 혼합된다. 예를 들어, 음식물을 섭취하는 것은 생명유지(삶의 본능)를 위해 음식물을 파괴(죽음의 본능)시킨다. 성행위는 종족 보존(삶의 본능)을 위해 공격적 행동(죽음의 본능)을 한다.

프로이트는 인간의 정신에너지는 폐쇄체계로서, 이용 가능한 정신에너지의 양은 고정되어 있다고 보았다. 따라서 고정된 정신에너지가 삶의 본능과 죽음의 본능에 어떠한 비율로 배분되는가에 따라 인간의 행동은 달라진다.

(2) 지형학적 모델

프로이트는 마음을 일종의 지도로 개념화해서 마음의 다양한 현상들을 단순화하고 명료화시켰다. 그는 이 모델에서 마음을 의식, 전의식, 무의식이라는 세 부분으로 나누어 설명하였다.

① 의식

의식은 말 그대로 우리가 의식할 수 있는 부분이다. 의식은 어떤 순간에 우리가 알거나 느낄 수 있는 모든 감각과 경험을 의미하는 것으로 정신생활의 극히 작은 부분에 속한다. 그리고 의식된 내용은 순식간에 지나간다(Freud, 1923). 의식되었던 것은 시간이 경과하거나 혹은 우리가 주의를 다른 곳으로 기울이면 전의식이나 무의식 속으로 들어가 잠재하게 된다. 프로이트는 우리가 지각하고 있는 의식은 빙산의 일각에 불과하며, 의식하지 못하는 부분이 더 많다는 것을 강조했다.

② 전의식

전의식은 흔히 이용 가능한 기억이라고 불린다. 즉, 전의식은 현재는 의식되지 않으나 조금만 노력하면 곧 의식될 수 있는 정신의 부분을 말한다. 예를 들면, 지난 주말에 했던 일에 대해서 지금 당장은 생각하고 있지 않지만 친구가 물어보면 생각해 낼 수 있는데 이것이 전의식이다.

전의식은 무의식과 의식의 영역을 연결한다. 정신분석치료에 의해 무의식 속에 잠재되었던 내용이 전의식으로 나오고, 이는 전의식 수준에서 다시 의식될 수 있다.

③ 무의식

프로이트는 무의식을 인간정신의 가장 깊은 심층에 잠재해 있으면서 의식적 사고와 행동을 전적으로 통제하는 힘이라고 믿었다. 무의식은 전의식의 사고 형태와는 달리 전혀 의식되지 않지만, 사람들의 행동을 결정하는 주된 원인이 된다.

무의식은 정신세계의 대부분을 차지하고 있으며, 인간행동의 동기가 된다. 무의식의 내용은, 그중 일부는 의식 속에 있다가 억압되어 무의식에 저장된 것이며, 그 나머지는 절대로 의식될 수 없고 의식되지 않았던 무의식 속에만 있었던 내용들이다(이인정 · 최해경, 2001). 프로이트는 우리의 모든 행동, 느낌, 생각들에는 의미와 목적이 있으며, 우연처럼 보이는 것도 실상은 우리 내면의 생각, 소망, 갈등의 표현이라고 보았다. 예를 들면, 실언을 한다든지 약속을 잊는다든지 하는 사소한 일까지도 그 의미를 분석해 보면 무의식의 소망과 연결되어 있다는 것이다. 무의식의 내용은 변장되고 상징화된 형태로 나타나기 때문에 이러한 무의식을 연구하는 수단으로 환상과 꿈을 해석할 것을 강조했다.

(3) 구조적 모델

프로이트는 지형학적 모델과 함께 구조적 모델을 제시하였다. 구조적 모델에서 프로이트는 인간의 성격구조가 원초아(id), 자아(ego), 초자아(superego)라는 세 부분으로 구성되어 있다고 제시하였다. 그는 인간행동이란 원초아, 자아, 초자아의 요소가 상호작용함으로써 생겨나기 때문에 이 세 가지가 어떻게 균형을 이루느냐에 따라 행동이 달라진다고 보았다.

① 원초아

원초아(id)는 성격의 원형이며 본질적인 체계로서 본능을 포함하고 있는데 이는 출생 시부터 타고나는 것이며, 정신에너지의 저장고이다. 원초아는 쾌락을 추구하고 고통을 회피하는 방향으로 쾌락원칙(pleasure principle)에 따라 움직인다(Freud, 1920). 여기서 쾌락이란 긴장 감소를 뜻한다. 그러므로 원초아는 충동적이고 비합리적이며 자애적으로 표현된다. 원초아에는 긴장을 해소시키는 두 가지 기제, 즉 반사행동과 일차적 사고과정(primary process thinking)이 있다(Freud, 1900).

㉠ **반사행동** : 반사행동은 선천적이고 자동적인 형태이다. 원초아는 반사행동을 통해서 불안을 일으키는 자극에 대하여 자동적으로 반응하며, 이러한 자극이 유발하는 긴장을 재빨리 제거한다. 이러한 선천적 반사행동의 예는 재채기, 기침, 눈 깜박이기 등이다. 유기체는 긴장을 즉각적으로 처리할 수 있는 여러 가지 반사행동을 선천적으로 할 수 있다.

㉡ **일차적 사고과정** : 일차적 사고과정은 개인이 언젠가 자기의 기본적인 욕구를 만족시켜 준 적이 있는 어떤 대상물의 심상(image)을 기억 속에서 떠올려 긴장을 감소시키는 것이다. 예를 들면, 신생아는 배가 고프다가 젖이 입으로 들어오면 배고픔이 해결되고 긴장이 감소되어 만족감·쾌감을 경험하게 된다. 배고픔, 젖빨기, 긴장해소라는 이런 과정이 반복되면서 맛, 냄새, 젖, 어머니의 얼굴 등이 점차 유아의 기

억에 심상으로 남는다. 따라서 유아는 배고프다는 긴장이 발생하면 이를 해소시켜 주는 물체의 심상을 마음에 떠올림으로써 욕구를 충족하게 된다. 따라서 일차적 사고과정은 비논리적이고 환상적인 본능충족의 방법이다. 초기 유아기에 강하게 나타나지만 일생에 걸쳐서 나타난다. 성인이 되어서도 일차적 사고과정을 중심으로 행동을 한다면 현실사회에 적응이 어렵게 된다.

② 자아

원초아에 의한 충동적 행동은 사회의 처벌을 받게 되므로 실제적으로 긴장을 줄이지 못한다. 따라서 긴장해소의 효과적인 방편을 마련하기 위해서는 현실을 고려할 수 있는 자아(ego)의 형성이 불가피하다. 자아는 성격의 조직적이고 합리적이며 현실지향적인 체계로서, 성격의 집행자이며 경영자이다. 자아는 본능적 충동을 내포하고 있는 원초아와는 달리 이성, 상식이라고 불리는 것을 내포한다. 자아는 개인이 객관적인 현실세계와 상호작용을 할 필요가 있을 때 원초아에서 분화되기 시작하므로, 자아는 외적 세계의 직접적 영향에 의해 수정된 원초아의 일부이다(Freud, 1960).

자아는 쾌락원칙이 아니라 현실원칙(reality principle)에 입각하여 작동된다. 그러나 현실원칙의 사용으로 쾌락원칙을 포기하는 것은 아니며 쾌락의 획득을 일단 유보하는 것으로, 결국에는 쾌락을 획득하게 된다. 사회적으로 바람직한 또는 수용될 수 있는 방출방법이 발견될 때까지 긴장을 참아내어, 결국 실제적인 만족을 얻어내는 것이 자아의 일차적인 기능이며 이것을 현실원칙이라고 한다.

자아의 또 다른 특성은 이차적 사고과정(secondary process thinking)을 활용한다는 점이다. 이차적 사고과정은 긴장 감소를 위해 수립한 행동계획의 실현 가능성을 판단하는데, 이를 현실검증(reality test)이라 한다. 자아는 현실검증을 통하여 충동을 더욱 잘 지배할 수 있게 되며, 환상과 현실을 구분할 수 있는 능력이 강화된다. 이러한 자아의 구조와 기능은 유전된 것이 아니고 원초아로부터 파생된다. 자아는 생후 6~8개월부터 발생하기 시작하여 2~3세에 형성된다(최순남, 2002).

③ 초자아

초자아(superego)는 성격의 도덕적 측면이다. 따라서 초자아는 쾌락보다 완성을 중시하며, 현실보다 이상을 강조한다. 초자아는 원초아와 마찬가지로 비현실적이다. 초자아의 일부는 사회의 도덕률이나 금기로 구성되고, 일부는 부모에게 받은 도덕교육을 토대로 형성된 도덕관념으로 구성된다. 즉, 초자아는 외부세계의 대변자인 것이다. 따라서 초자아는 사회적 원리(social principle)에 따른다고 볼 수 있다.

초자아의 발달은 심리성적 발달단계 중 남근기에 경험하는 갈등의 산물이다. 즉, 이 단계에서 아동은 오이디푸스 콤플렉스(Oedipus complex)를 극복하면서 부모를 동일시(identification)하는 과정에서 초자아를 형성하게 된다고 하였다. 초자아는 양심(conscience)과 자아이상(ego ideal)이라는 2개의 하위체계로 구성된다. 양심은 어린이가 잘못을 저질렀을 때 부모로부터 야단을 맞거나 처벌을 받음으로써 생기며, 이것은 자신에 대한 비판적 평가나 도덕적 억압, 죄의식 등을 포함한다. 한편 자아이상은 어린이가 긍정적인 일을 했을 때 부모로부터 받는 브상이나 칭찬으로부터 발달한다. 자아이상은 개인으로 하여금 목표나 포부를 갖게 해주며 이것을 달성한다면 자존심과 긍지를 느끼게 될 것이다.

프로이트는 인간의 성격을 에너지체계로 가정하였는데, 원초아, 자아, 초자아라는 세 구조의 에너지 노유량에 따라 성격의 특질이 결정된다는 것이다. 프로이트는 성숙한 인간이란 원초아(id), 자아(ego), 초자아(superego)가 조화롭게 형성된 사람이라고 했다.

이러한 성격의 각 부분은 이론적 구성 개념이기 때문에 물리적인 실체로 존재하는 것은 아니지만 이를 도식화하면 **|그림 3-1|**과 같다.

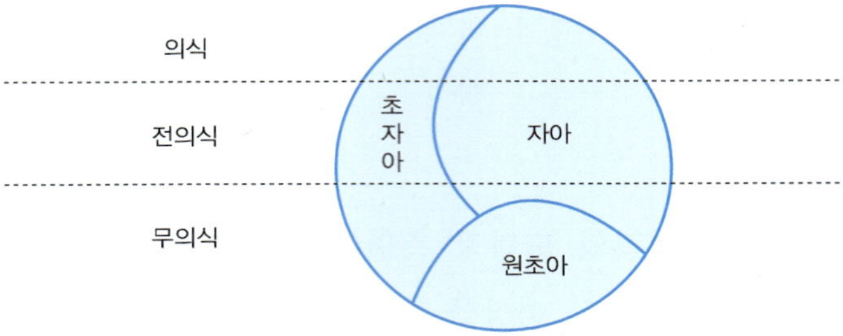

| 그림 3-1 | 구조적 모델과 지형학적 모델의 관계

출처 : Hjelle & Ziegler(1981).

3) 심리성적 발달단계

프로이트는 인간의 성격이 성적인 욕구와 관련하여 발달한다고 믿기 때문에 프로이트의 발달단계를 심리성적 발달단계(psychosexual development)라고 한다. 심리성적 발달단계는 성적 에너지인 리비도가 신체의 어느 특정 부위에 집중되느냐에 따라 5단계로 구분된다.

프로이트는 이 5단계 가운데 성격형성에 가장 중요한 단계는 앞의 3단계, 즉 구강기(구순기), 항문기, 남근기라고 보았는데, 이는 만 5세경까지의 시기에 해당한다. 즉, 출생 후 첫 5~6년 사이에 성격의 기본 구조가 거의 결정되며 이후의 성장은 이러한 기본적 성격구조가 정교화되는 것에 불과하다는 것이다.

각 발달단계에서 개인은 리비도가 집중된 부위에 에너지를 투입하여 적절한 정도의 만족을 얻어야 다음 단계로 이동할 수 있다. 그런데 특정 단계에서 욕구만족이 좌절되거나 과잉만족을 하게 되면 다음 단계로 나아가지 못하고 특정 단계에 고착(fixation)이 될 수 있다. 특정 단계에 고착이 되면 이후 단계에서 갈등을 다루는 데 사용할 에너지가 부족해진다. 욕구만족의 좌절은 양육자가 아동의 심리성적 욕구를 적절하게 충족시켜 주지 못한 것을 의미하며, 과잉만족은 방임으로 인해 욕구를 과잉으로 만족시켜 양육자가 아동에게 내적으로 극복하는 훈련을 제대로 시키지 않아 의존성이 심한 것을 뜻한다.

(1) 구순기

구순기(oral stage)는 출생~1.5세경의 시기에 해당하며, 이 시기에 유아의 생존 및 쾌락 획득과 밀접한 관련성을 지닌 신체 부위는 입, 입술, 혀이다. 출생 후 6개월 동안(구강기 전반기)은 음식을 빨고 삼키는 데서 쾌감을 느끼는데, 이때를 구순적 빨기 단계 또는 구순 동조적 단계라고 부른다. 6개월 이후(구강기 후반기) 젖니가 나기 시작하면서 이유의 좌절감을 깨무는 것으로 해소하면서 쾌감을 얻는데, 이때를 구순적 깨물기 단계 또는 구순적 공격 단계라고 부른다.

프로이트에 의하면 구강기 전반기에 좌절 혹은 방임을 경험하면 구강 수동적 성격이 된다. 이 성격은 낙천적이고, 타인에게 의존적이며, 모든 걸 희생해서라도 인정을 받고 싶어 한다. 이 유형의 사람이 심리적으로 적응하는 양식은 수동적이고, 미성숙하며, 과도한 의타심을 보이고, 잘 속는다. 반면 구강기 후반기에 고착되는 구강 공격적 혹은 구강 가학적 성격의 특징은 논쟁적이고, 비판적이며, 비꼬기를 잘하고, 타인을 이용하거나 지배하려 한다(이인정 · 최해경, 2007).

(2) 항문기

항문기(anal stage)는 1세 내지 1세 반에서 3세까지를 말하는데, 성감대가 구순 영역에서 항문 영역으로 옮겨간다고 해서 항문기라고 부른다. 이 시기에 아이들은 신경계의 발달로 괄약근을 수의적으로 조절할 수 있으므로 부모들은 대소변을 가리게끔 청결습관을 기르는 배변훈련을 시작한다. 괄약근의 발달로 아동은 자기가 원하는 대로 배설하거나 보유할 수 있는데, 배변훈련이 시작되면서 아이의 본능적 충동은 외부에 의해, 즉 양육자인 어머니에 의해 통제된다. 유아는 항문의 긴장을 즉각 해소하는 데서 오는 쾌감을 늦추고 적절한 시점에 적절한 장소에 배설하도록 요구받는 것이다. 이때 리비도를 항문 영역으로 향한 아이와 대소변을 가려 청결습관을 기르려고 하는 부모 간에 일종의 싸움이 전개되고 부모의 현실적 요구에 대응하면서 자아가 발달한다.

항문기에서는 배변훈련이 주축이 되기 때문에, 부모와 자녀 사이의 통제 문제는 매우 중요하다. 이러한 통제의 문제가 성공적으로 해결될 경우, 유아는 권위에 대해 균형 잡힌 존경을 표시할 수 있게 되지만, 이 단계에 고착될 경우 자신에게 몰입하거나, 철퇴하거나, 타인에 대해 배려를 하지 못하는 성격적 특징을 지니게 된다. 특히 부모가 지나치게 엄격하게 강압적인 배변훈련을 하고, 유아가 이에 대항할 경우 항문 폭발적 성격이 된다. 항문 폭발적 성격은 잔인하고 파괴적이며 난폭하고, 적대감을 공개적으로 표현하며, 불결한 특성을 보이기도 한다. 이와는 반대로 부모가 정한 규칙에 동조하고 순응하는 유아들은 질서정연하게 정돈하고 결백한 행동을 하려는 강박적 욕구가 발달하여 지나치게 통제된 행동을 하게 된다. 이러한 성격유형은 항문 강박적 성격이라고 불리며, 자신의 분노감정을 표현하지 못하고 소극적이고 완고한 행동을 하며, 자신의 계획을 다른 사람에게 강요하고, 검소하며, 깔끔하고 인색한 것이 특성이다.

(3) 남근기

남근기(phallic stage)는 3세에서 6세까지로 아동이 자신의 성기를 만지고 자극하는 데서 쾌감을 느끼는 시기를 말한다. 프로이트는 이 단계에서 유아가 이성의 부모에 대하여 무의식적인 성적 소망을 갖게 된다고 본다. 프로이트는 남아가 겪는 갈등을 오이디푸스 콤플렉스(Oedipus complex), 여아가 겪는 갈등을 엘렉트라 콤플렉스(Electra complex)라고 불렀다. 이 시기에는 유아가 동성의 부모를 적대시하고 이성의 부모에 대하여는 근친상간적 소망을 가지기 때문에, 동성 부모와는 경쟁자로서의 관계를 형성하고, 질투와 분노 감정을 갖게 되며, 갈등을 경험하게 된다. 이러한 갈등관계의 형성에는 유아의 성에 따라 약간의 차이가 있다. 남아의 경우에는 처음에 어머니를 사랑하여 어머니를 소유하고 싶어 하므로 아버지와 경쟁관계를 맺게 된다. 남아는 어머니에 대한 사랑의 감정을 아버지가 용서하지 않을 것이라고 생각하고 아버지의 보복을 두려워하며, 언젠가는 아버지가 자신을 해칠 것이라는 불안과 공포를 경험하게 된다. 이러한 아버지에 대한 두려움이 바로 거세불안(castration anxiety)이다. 이러한 갈등 상황에서 남아는 가학적 또는 피학적 공상에 빠져들게 되는데, 남아는 억압을 통해서 무의식적인 오이디푸스 갈등을 억누르려 한다. 결국 아버지에게 느꼈던 적대감을 억압하고 아버지와 동일시함으로써 아버지와의 경쟁관계를 해결하고, 아버지를 통하여 어머니를 대리 소유하는 방식을 선택함으로써 오이디푸스 콤플렉스를 해결하게 된다.

여아의 경우에도 첫사랑의 대상은 역시 어머니이다. 그러나 여아는 자신이 이미 거세되었다는 사실을 인식하게 되며, 자신이 거세된 것이 어머니의 탓이라고 보고 어머니를 미워하게 된다. 그러고는 자신의 음핵(clitoris)이 남근처럼 자랐으면 하는 공상을 하게 되고, 가치 있는 기관을 가지고 있는 아버지를 소유하고 싶어 하는데, 이러한 공상을 프로이트는 남근선망(penis envy)이라고 하였다. 그러나 여아는 자신이 영구적으로 거세되었으며 남근을 갖는 것이 불가능하다는 사실을 인식하게 되고, 이를 대치할 수 있는 대상, 즉 음핵에 대한 자위를 통해 성적 만족을 추구하며, 자신과 같은 처지에 있는 어머니와 동일시하게 된다.

남근기의 중요한 결과 중의 하나는 동성의 부모와 동일시하는 것이라고 하였으며, 그 과정에서 초자아의 분화가 이루어진다고 보았다. 이러한 동일시를 통하여 유아는 부모의 이상과 가치를 받아들일 수 있게 된다. 유아가 부모의 도덕적 금지를 수용함으로써 자신의 나쁜 생각이나 행동에 대해 스스로 나무라기도 하고 죄의식을 갖기도 한다.

남아와 여아 모두 외상적 갈등(traumatic conflict)을 성공적으로 해결할 경우 성적 역할의 동일시와 성적 정체감을 가질 수 있게 된다. 이 단계의 발달과업을 적절히 이행하게 되면, 성인이 되어서는 성행위를 통하여 이러한 성적 욕망을 해소할 수 있고, 충성심, 효도, 헌신, 낭만적 사랑과 같은 많은 감정을 통하여 표현할 수 있다. 하지만 남근기에 고착된 성인 남자의 경우에는 대부분 경솔하며, 과장이 심하고, 야심적이다. 이에 반해 남근기에 고착된 성인 여성의 경우에는 성관계에 있어서 순진하고 결백해 보이지만 난잡하고 유혹적이며 경박한 기질을 보이거나, 또 어떤 여성은 자기주장이 아주 강하고 남성을 능가하는 슈퍼우먼이 되기 위하여 노력하기도 한다(권중돈, 2014).

(4) 잠복기

잠복기(latency stage) 또는 잠재기로 불리는 이 시기는 6세부터 사춘기까지 지속되며, 유아적인 성적 에너지가 무의식 속으로 잠복하는 성적 수면 상태에 속하는 시기이다. 이와 같이 유아적인 성적 에너지가 무의식 속으로 갇히게 되는 이유를 프로이트는 생리학적 발달에 기인하는 것으로 보고 있지만, 남근기의 충격적인 정신적 외상에서 벗어나서 평온한 상태를 유지하기를 원하는 아동의 심리적 요인에 기인한다는 해석도 있다. 그러나 이러한 성적 소망은 완전히 사라지는 것은 아니며 그 강도가 약화될 뿐이다. 그리고 남근기에서의 정신적 외상이 남아보다 여아가 약하기 때문에, 여아의 잠재 기간이 상대적으로 짧은 것이 일반적이다.

이 단계에서는 이성에 대한 관심이 매우 낮아지며, 심한 경우에는 이성의 또래와는 배타적 관계를 형성하고 동성의 또래와만 어울리는 경우도 있다. 이러한 또래집단과의 놀이를 통하여 아동은 삶에 필요한 여러 가지 사회적 기술을 습득하기도 한다. 그런데 잠복기에 고착되면 성인이 되어서도 이성에 대한 정상적 친밀감을 갖지 못한다. 예를 들어, 동성 간의 우정에 고착되면 생식기에 가서도 분리되지 못하고 동성애로 발전할 수 있다. 또는 이성과의 성적 관계를 회피하고 정서적 감정 없이 단지 공격적 방식으로 성적 행동을 하기도 한다(이인정 · 최해경, 2001).

(5) 생식기

생식기(genital stage)는 사춘기부터 성적으로 성숙되는 성인기 이전까지의 시기로서 심한 생리적 변화가 특징이며, 격동적 단계로 불린다. 호르몬과 생리적 요인들로 인해 그동안 억압되었던 성적 감정들이 크게 강화되면서 잠복기 동안 억제되었던 성적 · 공격적 충동이 자아와 자아의 방어를 압도할 정도로 강해진다. 따라서 이전의 방어방식들이 부적절해지면서 광범위한 재적응이 요구된다.

이 단계의 중요한 특징은 생산적으로 활동하거나, 깊은 사랑을 하거나, 성적 오르가즘을 느낄 수 있는 능력이 형성된다는 것이며, 대부분의 사람들이 완전한 성숙을 성취할 수 있다. 그러나 프로이트는 사춘기 이후의 주요 과제가 부모로부터의 독립이라고 지적한 것 이외에는 사춘기의 위기나 이후 성인기에서 이루어지는 발달에 대해 별다른 관심을 갖지 않았다(권중돈 · 김동배, 2009).

4) 방어기제

방어기제에 대한 최초의 체계적 이론을 수립하여, 성격발달에서 방어기제의 역량에 관한 이해를 확대시킨 사람은 지그문트 프로이트의 막내딸 안나 프로이트이다. 안나 프로이트는 아버지 지그문트 프로이트가 제기한 자아의 방어기능에 관한 관점들을 정리하여 방어기제에 대한 체계적 이론을 수립하였다.

자아방어기제(ego defense mechanism)란 자아가 갈등과 불안에 대응하고 대처할 때 활용하는 심리적 전략을 말한다. 자아방어기제는 정신내적 갈등의 원천을 무의식적으로 억압, 대체, 왜곡, 차단하며, 대부분 한 가지 이상의 방어기제가 동시에 사용되는 경우가 많다. 이러한 자아방어기제는 불안을 줄일 뿐만 아니라 긍정적인 사회적 결과를 가져오기도 하므로, 긍정적 자아상을 유지하고 사회적응을 도모하며 정신건강을 향상시키기도 한다(김춘경 외, 2010). 하지만 자아방어기제를 너무 과다하게 사용하게 되면 다른 자아기능의 발달에 투입되어야 할 정신에너지가 고갈되어 정신병리가 나타나기도 한다. 어떤 사람들은 특정한 방어기제를 다른 것들보다 더 자주 사용한다. 어릴 때부터 발달된 불안에 대처하는 양식이 어른이 되어서도 지속되므로 방어 스타일이 그 개인의 전체적 성격패턴의 일부가 된다.

현실생활에 잘 적응하는 사람은 방어기제를 고정시켜 사용하지 않고 유연하게 선택적으로 사용하는 경향이 있다. 안나 프로이트는 방어가 정상적인지 혹은 병리적인지를 확인하려면 ① 균형(한 가지 방어를 사용하는지 혹은 여러 가지 상이한 방어들을 사용하는지), ② 방어의 강도, ③ 사용된 방어의 연령적절성, ④ 철회 가능성(자아가 위험에 빠지는 것을 막기 위해 사용된 방어가 그 위험이 사라지고 나서도 사용되는지 혹은 사용되지 않는지)과 같은 네 가지 요소를 고려해야 한다고 제시했다(A. Freud, 1965). 이들 네 요소에 근거하여 정상적 성격 혹은 병리적 성격이 결정된다는 것이다.

(1) 불안

방어기제와 관련된 불안의 개념은 프로이트에 의해 수립되었다. 불안이란 지나친 원초아의 욕구나 초자아의 규제로 인해 발생한 갈등 때문에 자아가 과도한 부담을 느낄 때 발생하는 부정적인 감정을 의미한다.

프로이트는 자아를 위협하는 근원(외부환경, 원초아, 초자아)에 따라 세 가지 유형의 불안(현실적 불안, 신경증적 불안, 도덕적 불안)을 설명하였다(Freud, 1933).

첫째, 현실적 불안은 외부세계에 객관적인 공포대상이 현존하고 있을 때 두려워하는 것으로 정상인의 타당한 불안이라 할 수 있다.

둘째, 신경증적 불안은 원초아의 충동, 즉 성적 본능이나 공격적 본능이 표출되는 것에 대해 자아가 조절할 수 없을 것이라는 위협을 느낄 때 발생하는 불안이다.

셋째, 도덕적 불안은 자아가 초자아로부터 처벌을 예감할 때 생기는 불안이다.

강한 자아를 가진 사람은 현실적 불안에 효율적으로 대처할 수 있으며, 본능적 충동을 통제해 적절하게 그 충동을 방출할 수 있고, 가치관과 규범을 조화롭게 적용할 수 있으므로 불안은 높은 수준에 도달하기 전에 감소한다.

(2) 방어기제의 종류

① 억압

억압(repression)이란 의식에서 용납하기 어려운 생각, 욕망, 충동 등을 무의식 속에 머무르도록 눌러놓는 것이다. 억압을 통해서 자아는 위협적인 충동, 감정, 소원, 환상, 기억 등 위험적 요소들이 의식화되는 것을 막는다. 특히 죄책감, 수치심 또는 자존심을 상하게 하는 경험일수록 억압의 대상이 된다.

② 반동형성

반동형성(reaction formation)이란 무의식 속의 받아들여질 수 없는 생각, 욕구, 충동 등을 정반대의 것으로 표현하는 경우이다. 이는 원래의 생각, 소원, 충동 등을 의식화하지 못하게 하는 기제로, 겉으로 드러나는 태도나 언행이 마음속의 욕구나 생각과 정반대인 경우의 방어기제이다. 예를 들면, 위협적인 성적 충동에 사로잡혀 있는 사람이 정반대로 포르노그래피를 맹렬하게 비판하는 경우 등이다.

③ 퇴행

퇴행(regression)이란 심한 스트레스 또는 좌절을 당했을 때, 좀 더 안전하고 즐거웠던 초기의 발달단계로 후퇴하거나 미성숙한 반응을 하는 방어기제이다. 예를 들면, 배변훈련이 충분히 된 아동이 동생이 태어난 후에 부모의 관심이 동생에게 집중되자 대소변을 가리지 못하게 되는 것이 대표적인 예라고 할 수 있다.

④ 격리

격리(isolation)란 극심하게 고통스러운 불안을 야기하는 사건에 대한 기억과 연관된 감정을 의식에서 떼어내는 것이다. 즉, 가슴 아픈 사건은 기억하지만, 그 기억에 동반된 감정은 기억되지 않는 것이다. 예를 들면, 너무나 충격적인 사건을 경험했던 사람이 그 당시의 상황을 아주 담담하게 이야기하는 것은 그 사건과 관련된 너무나 고통스러운 감정을 무의식적으로 격리시킨 결과라고 볼 수 있다.

⑤ 부정

부정(denial)이란 현실에서 일어난 위협적인 사건을 감당할 수 없을 때, 무의식적으로 위협 요소가 존재한다는 사실을 인정하지 않음으로써 현실과 관련된 정신적 고통을 피해 보려고 하는 방어기제이다. 예를 들면, 갑자기 말기 암 진단을 받은 환자가 의사의 오진일 것이라고 생각하면서 의사의 진단을 부정하는 것이다.

⑥ 투사

투사(projection)는 자신의 용납할 수 없는 충동, 생각, 행동을 무의식적으로 다른 사람이 이러한 충동, 생각, 행동을 느끼거나 행한다고 믿는 것이다. 예를 들면, 내가 어떤 대상을 미워한다는 감정을 인정하고 싶지 않을 때, 상대방이 나를 미워한다고 생각하는 것이 투사에 해당된다.

⑦ 투입

투입(introjection)은 외부의 대상을 자기 내면의 자아체계로 받아들이는 것으로 투사와 반대되는 개념이다. 우울증(depression)을 일으키는 중요한 기제로서 외부 대상에 대한 적대적이거나 부정적인 감정을 자신에게로 지향시킨다. 투입은 강한 감정, 즉 애증 등을 직접적으로 표현하는 것을 피하기 위해 다른 사람을 자기로 간주하는 것을 의미한다. 예를 들면, 어머니를 미워하는 것이 자아에 수용될 수 없기 때문에 나 자신이 미운 것으로 대치하는 것을 들 수 있다.

⑧ 전치

전치(displacement)는 본능적 충동의 표현을 재조정해서, 실제 대상에서 덜 위협적인 대상으로 옮겨가는 것을 말한다. "동대문에서 뺨 맞고 남대문에서 화풀이 한다"는 속담과 부모님께 꾸중 들은 아이가 적대감을 부모님께 표현하지 못하고 동생을 때리거나 개를 발로 차는 경우를 예로 들 수 있다.

⑨ 취소

취소(undoing)는 용납할 수 없거나 죄책감을 일으키는 행동, 사고, 감정을 상징적인 방법을 통해 취소 또는 무효화하는 것을 말한다. 예를 들면, 비서에게 성적으로 끌리는 것을 깨달은 남자가 부인에게 줄 비싼 선물을 사는 경우를 들 수 있다.

⑩ 합리화

합리화(rationalization)는 자신의 용납할 수 없는 태도, 신념, 또는 행동을 정당화하기 위한 시도로서 사회적으로 그럴듯한 설명이나 이유를 대는 것이다. 그 설명이나 이유는 합리적이고 이성적이며 자아가 받아들일 수 있는 내용으로 꾸민다. 합리화가 거짓말이나 변명과 다른 점은 전적으로 무의식의 차원에서 이루어진다는 것이다.

⑪ 승화

승화(sublimation)는 리비도를 성적 목표로부터 더욱 고상한 사회적 목표로 전환하는 것으로, 용납할 수 없는 소원들을 사회적으로 바람직한 행동으로 표출하는 가장 성숙한 방어로 간주된다. 프로이트는 전치(displacement)에서 대치물이 높은 수준의 문화적인 목적을 가지고 있는 경우에 승화라고 하였으며, 이는 인류의 문명발달의 원동력이 되었다고 보았다. 창조적 예술 작품은 성적 또는 공격적인 본능의 승화로 여겨진다. 경쟁적인 운동을 즐기는 것도 공격적 본능의 승화에 해당한다.

⑫ 보상

보상(compensation)은 개인의 결함이나 열등감을 극복하기 위한 수단으로서, 어떤 약점이나 제한이 있는 사람이 이를 보충하기 위해 다른 어떤 것을 과도하게 발전시키는 것을 말한다. 예로 “작은 고추가 맵다”는 속담을 들 수 있다.

⑬ 동일시

동일시(identification)는 어떤 사람이 다른 사람의 제반 성격을 받아들여 그것을 자신의 성격의 한 부분으로 합쳐버리는 것을 말한다. 즉, 이것은 다른 사람의 행동을 따름으로써 긴장을 감소시키게 되는 것으로 자기보다 더 욕구를 만족시키는 것으로 보이는 사람을 본보기로 삼는 것이다. 그래서 아동은 자기 부모와 동일시하게 되는데 이는 아동에게는 부모가 전능한 존재로 보이기 때문이다. 아동은 부모와의 동일시를 통해 사회화되어 간다.

⑭ 전환

전환(conversion)은 심리적 갈등이 신체감각기관과 수의근육계의 증상으로 표출되는 것을 의미한다. 예를 들면, 시험공부를 많이 못한 사람이 시험지를 받아들자 앞이 안 보이는 경우나, 너무 싫어하는 사람을 만나야 할 일이 생겼을 때 다리에 마비가 오는 경우를 말한다.

2. 에릭슨의 심리사회적 성격이론

에릭슨은 프로이트의 정신분석이론의 영향을 많이 받았기 때문에 신프로이트학파(Neo-Freudian)라고도 불리지만 프로이트 이론과는 뚜렷한 차이가 있다. 프로이트가 인간행동의 동기를 원초아(id)에 두고 원초아를 중요하게 생각한 것에 반해, 에릭슨은 자아(ego)의 기능을 중요하게 생각하였기 때문에 그의 심리이론은 자아심리이론으로도 불린다. 그리고 그는 성격형성에 부모뿐 아니라 사회적 힘이 중요한 영향을 미친다고 보았기 때문에 그의 이론을 심리사회적 이론(psychosocial theory)이라고 부르고 있다.

에릭슨은 프로이트의 5단계의 심리성적 발달단계를 더욱 정교화하여 인간발달을 8단계에 걸친 전 생애로 확장하여 설명하였다.

1) 에릭슨(Erikson, Erik Homburger, 1902~1994)의 생애

에릭슨의 부모는 덴마크 사람으로 그가 태어나기 전에 이혼을 했고 그의 어머니는 에릭슨이 세 살 때 소아과 의사와 재혼했다. 그는 어린 시절 홈부르거가 그의 양부라는 사실을 알지 못했다. 그러나 그의 어머니와 계부는 유대인이었으나 에릭슨은 외모부터 전혀 달라 주위에서 이방인이라는 별명으로 불렸다(Coles, 1970). 에릭슨은 의학을 공부하라는 계부의 조언을 듣지 않은 채 고등학교 졸업 후 집을 떠나 유럽여행을 했고, 여행에서 돌아온 후 잠시 동안 예술학교에 적을 두었다가 다시 이탈리아 전국을 방황하면서 시간을 보냈다. 그는 이 시기를 자신의 유예기간이라고 일컬었다. 이방인으로 불렸던 인종적 소외감과 계부 밑에서의 성장과 같은 에릭슨의 가족배경과 청년기의 방황경험이 그의 심리사회적 성격이론, 특히 자아정체감이나 심리사회적 유예기간과 같은 주요 개념들을 정립하는 데 큰 영향을 미쳤다고 볼 수 있다.

1927년 25세 때 친구의 부탁을 받고 비엔나에 있는 작은 유치원의 교사가 된다. 어린이 연구소로 알려진 이곳은 정신분석가가 되고자 하는 이들을 위해 안나 프로이트와 아우구스트 아이크혼(August Aichhorn)이 세운 곳이다. 그는 이 학교에 있는 동안 안나 프로이트와 아우구스트 아이크혼의 지도 아래 정신분석 훈련을 받았으며, 빈 정신분석학회에서 주관하는 세미나에 고정으로 참석했다. 그는 프로이트의 주변 그룹들과 교류를 하였고, 정신분석을 하기 위해 종종 찾아간 프로이트의 집과 사교행사에서 프로이트를 만났다.

1929년 캐나다인 조안 세르손(Joan Serson)과 결혼하여 1933년 코펜하겐으로 이주하여 덴마크 국적을 회복하려고 했으나 실패했다(정태연 · 조은영, 2009). 그는 자서전에서 자신의 이론적 작업의 많은 부분이 혼란과 소외감의 영향을 받았다고 회고했는데, 이러한 주제는 그의 정체감 위기에 대한 연구에서 드러나 있다. 코펜하겐에서 잠시 머문 후 1933년 미국 보스턴으로 이주하여 아동분석가로 개업을 했다(Sheehy, N., 2004). 그리고 1936년부터 1939년까지 인간관계연구소(Institute of Human Relations)와 예일 대학 의대 정신과에서 일했다. 그는 여기서 문화인류학에 관심을 갖게 되어 그 후 지속적으로 인류학과 역사에 대한 관심을 가지고 상이한 문화적 환경에서 성장하는 아동들과 일반아동들의 생활에 관한 연구를 계속했다. 에릭슨은 정식 대학교육을 받지 못했고 학위도 없었지만, 임상가와 대학교수로 왕성한 활동을 하였으며, 1994년 미국에서 사망하였다.

2) 주요 개념

(1) 자아와 자아정체감

프로이트는 건강한 사람의 경우에 자아(ego)를 인간행동의 조정자로 보았지만 그것은 자율적인 위치에 있는 조정자로 보지 않고, 언제나 원초아(id)의 보조적인 존재로 간주했다. 그러나 프로이트의 이러한 입장과는 대조적으로 후기 일부 정신분석가들은 자아의 자율성을 고양시키는 데 많은 노력을 기울였다.

에릭슨은 자아의 발달과 기능에 큰 관심을 기울이고 프로이트가 주장한 원초아와 초자아에는 거의 관심을 기울이지 않았다. 에릭슨의 주요한 이론은 주로 자아의 성장에 관한 것이다(최순남, 2002). 이러한 에릭슨의 이론에서는 인간행동이 의식 수준에서 통제가 가능한 자아에 의해 동기화된다고 보며, 인간을 합리적이고 창조적인 존재로 본다. 에릭슨은 자아가 개인이 직면하는 갈등이나 문제에 대한 합리적인 해결 방안을 탐색하고, 현실을 검증하고, 창조적으로 믄제를 해결해 나가며, 실패하였을 경우에는 새로운 대안을 모색할 수 있는 존재로 규정하고 있다.

에릭슨의 이론에서는 개인이 자아정체감을 발전시키는 과정에 초점을 둔다(Erikson, 1959). 자아정체감은 총체적인 자기 지각이라 할 수 있다. 개인에게 부여되는 유일감, 시간상의 연계성 등이다. 시간이 변함에 따라 발달이 이루어지고 과거의 자신과 현재의 자신이 같은 존재라는 것을 지각할 수 있는 것이다. 에릭슨은 자아정체감을 시간적 동일성과 자기 연속성을 인식하는 것으로 보았다(이영주 외, 2011 : 67). 자아정체감 형성은 인생에 대한 개인적 철학과 통합된 가치체계의 형성을 포함하는 발달과업으로, 일생 동안 지속되는 과정이다.

(2) 점성의 원칙

에릭슨의 심리사회적 성격이론에서는 인간은 전 생애에 걸쳐서 자아발달이 이루어지며 자아발달은 점성원칙(epigenetic principle)에 따른다고 했다. 점성적(epigenetic)이라는 용어는 epi(근거하여)와 genetic(유전)을 합성한 말로서, 발전이 유전적 요인에 근거한다는 뜻이다. 즉, 점성원칙이란 성장하는 모든 것은 기초안(ground plan)을 가지며, 이 기초안에 근거하여 발달한다는 것이다. 기초안에 의하면 각 부분의 발달에는 최적의 시기(결정적 시기)가 있기 때문에, 성장발달은 미리 정해진 시간표에 따라 이루어진다. 예를 들면, 하나의 강낭콩 씨앗 안에는 기초안이 있으며, 이 기초안은 파종 후 대략 며칠이 지난 후 떡잎이 나고, 그 후 얼마가 지나면 꽃이 피며, 얼마가 지나면 열매를 맺는다는 것이다. 그런데 각 발달의 결정적인 시기에 환경적 요인이 열악했을 경우에는 충실한 열매를 수확하기가 어려울 것이다. 즉, 개화기에 계속된 비와 악천후로 꽃의 수정이 이루어지지 않았을 경우에는 수정이 이루어졌어야 할 그 결정적인 시기가 지난 후에는 아무리 날씨가 좋아져도 많은 강낭콩 수확을 기대할 수는 없을 것이다. 왜냐하면 수정의 결정적 시기를 놓쳤기 때문이다. 이처럼 인간의 심리사회적 발달도 각 특성이 발달할 결정적 시기에 적절한 사회환경적 요인이 제공되어야만 건강한 성장발달을 기대할 수 있다.

3) 심리사회적 발달단계

에릭슨은 인간의 자아발달은 점성의 원칙에 의해 전 생애에 걸쳐 이루어진다고 보았으며, 유아기부터 노년기까지 8단계로 나누어 설명하였다. 8단계로 구성된 각각의 심리사회적 발달단계마다 인간은 생리적 성숙을 하면서 동시에 심리적 위기를 경험한다고 하였다. 이때 단계별 심리사회적 위기는 각각의 단계에서 해결해야 하는 발달과업으로 볼 수 있다. 따라서 성격은 심리사회적 위기가 어떻게 해결되었는지 그 결과에 의해 결정된다. 에릭슨은 심리사회적 발달단계를 거치는 것은 인간발달의 보편적 현상이지만, 각 개인이 문제를 해결하는 방법에는 문화적 차이가 있다고 보았다.

심리사회적 발달단계의 특징은 다음과 같다.

(1) 기본적 신뢰감 대 불신감 : 희망

심리사회적 발달의 첫 번째 단계인 기본적 신뢰감 대 불신감(basic trust vs mistrust)이라는 위기는 출생~2세에 일어나며, 프로이트의 구순기에 상응하는 단계이다.

에릭슨은 영아는 생래적으로 양육적 보호자와 사회적 상호작용을 하려는 강한 욕구를 지니고 있다는 점을 강조하였다. 에릭슨은 영아가 신뢰를 형성할 수 있는 정도는 어머니와 할머니, 또는 보육교사와 같은 모성인물(mother figure)로부터 받는 양육의 질에 의해 결정된다고 본다. 이때 양육자의 보살핌에서 영아가 일관성, 신뢰성, 예측성을 느끼는 것이 중요하다. 이를 느끼면 영아는 다른 사람에 대한 기본적 신뢰와 자신에 대한 확신 및 신뢰감을 발달시키기 쉽다. 그러나 이와는 반대로 영아에 대한 양육자의 보살핌이 적절하지 못하여 일관성이 없고 거부적인 경우, 영아는 불신감을 형성하게 된다.

신뢰감은 심리적으로 건강한 사람을 만들며 타인과의 유대감과 애착을 형성하는 데 필수적이다. 그러나 건전한 성장은 전적으로 신뢰감만으로 이루어지지는 않는다. 에릭슨은 건전한 성장발달은 신뢰와 불신의 적절한 비율의 경험에 의해 이루어진다고 했다. 실제로 어느 정도의 불신은 누구나 혹은 무엇이나 믿어서는 안 되는 험난한 현실세계에 적응하는 데 유용한 도움이 될 수 있다. 유아가 분별력 있는 신뢰를 하기 위해서는 상당한 정도의 불신을 경험해야 하지만, 지나친 불신은 과도한 경계심을 유발하므로 다음 단계의 위기를 해결하는 데 필요한 강한 토대를 마련하지 못하게 만든다. 따라서 불신보다 기본적 신뢰를 더 많이 획득한 유아에게서 잘 기능하는 자아의 기초가 만들어질 수 있다(이인정 · 최해경, 2001).

기본적 신뢰감 대 불신감의 갈등을 성공적으로 해결하여 얻은 심리사회적 능력이 곧 희망이며, 실패의 결과는 공포이다. 신뢰는 희망의 토대가 된다. 희망은 외부세계와 그것이 갖는 의미를 신뢰할 수 있다고 확신하는 데서 발달한다.

(2) 자율성 대 수치심과 의심 : 의지력

두 번째 심리사회적 발달단계는 자율성 대 수치심과 의심(autonomy vs shame and doubt)이며, 프로이트의 항문기에 해당한다. 이 단계에 속하는 2~4세경의 유아들은 다양한 신체적 및 정신적 능력이 빠르게 발달하여 스스로 변의 배설과 보유를 조절할 수 있을 정도로 괄약근도 발달한다. 특히 이 시기의 유아들은 움직임이 자유로워지면서 모든 것을 스스로 하겠다는 자율성이 발달한다. 유아들은 자신들이 새롭게 할 수 있는 기능과 능력들에 대해 자부심을 갖게 되고 가능하면 스스로 많은 것들을 하려고 한다. 이 단계에서 부모가 유아의 행동에 대해 통제를 가하는 정도에 따라 수치심 혹은 의심이 발달하게 된다.

유아들의 배변훈련은 자신의 행위에 대한 독립심을 키워주게 되어 자율성 개발의 기초가 된다. 배변훈련 과정에서 부모가 자녀를 칭찬해 주고 유아가 능력을 발휘할 수 있도록 적절히 도와주면 자신의 신체와 주변 환경을 통제할 수 있다는 것을 깨닫게 되면서, 이러한 자신감이 자율성으로 발전된다. 그러나 아동이 미성숙한 상태에서 외부통제가 너무 빨리 또는 엄격하게 가해지는 경우 아동은 자신의 통제능력이 미약하고 외부 압력자를 통제할 수 없다는 무력감으로 수치심과 회의를 갖게 된다. 수치심과 회의는 사회의 기대와 압력을 과도하게 의식하는 데서 생긴다. 수치심은 다른 사람의 눈에 자신이 좋지 않게 보일 것이라는 느낌이며, 회의는 다른 사람이 반드시 자기를 통제하리라는 느낌에서 비롯된다.

이 단계의 위기를 성공적으로 극복하면 의지력이 생긴다. 반면 위기 극복에 실패한 아동은 자신의 의지력을 불신하게 되어 자기의심, 무기력 등과 같은 심리사회적 태도를 갖게 된다.

(3) 솔선성 대 죄의식 : 목적

세 번째 심리사회적 발달단계는 솔선성 대 죄의식(initiative vs guilt)이며, 대략 4~6세경에 해당한다. 프로이트의 남근기에 상응하는 시기이다.

에릭슨은 이 단계에서 유아는 성적 관심보다는 놀이와 자신이 선택한 활동에 더 많은 관심을 가지고 있다고 주장하여, 전통 정신분석적 사고와 다른 관점을 제시하였다. 이 시기의 유아는 새로운 것을 해보려는 호기심이 강하여 자신의 활동을 계획하고 목표를 세우며, 이를 달성하고자 노력한다. 이때 유아의 솔선성의 발달 정도는 부모가 유아의 솔선적 행동에 어떻게 반응해 주는가에 달려 있다. 부모가 유아에게 탐색하고 실험할 수 있는 자유를 허용하고, 유아의 질문에 충실하게 답해주면 솔선성이 발달하게 된다. 반면 부모가 유아 스스로 어떤 일을 완수하도록 기회를 부여하지 않고, 꾸지람을 하면 죄의식을 갖게 된다.

이 단계의 심리사회적 위기를 성공적으로 극복하면, 유아는 목적의식을 발전시킨다. 그러나 과도하게 방해받으면, 목표달성에 대한 의지와 용기가 부족하고, 금지의 감정, 즉 생각과 표현의 자유를 방해하는 억제가 강하게 나타난다. 이 단계의 위기를 성공적으로 극복한 건강한 성인은 모든 일에 목적의식을 가지고 열정적으로 참여하게 되지만, 이러한 위기를 성공적으로 해결하지 못한 경우에는 소극성, 성적 무기력, 불감증 등을 초래할 수 있다(Hjelle & Ziegler, 1994).

(4) 근면성 대 열등감 : 유능성

네 번째 심리사회적 발달단계는 근면성 대 열등감(industry vs inferiority)이며, 대략 6~12세경에 해당한다. 프로이트의 잠재기에 상응하는 시기이다.

이 시기의 아동은 공식적 교육을 통하여 문화에 대한 기초기능을 배운다. 이 시기의 아동이 성취해야 할 중요한 과업은 인지적 기술과 사회적 기술을 숙달하는 것이다. 즉, 이 시기의 아동은 정해진 놀이 규칙에 따라 또래와 협동하고 어울릴 수 있는 능력뿐만 아니라 사회의 가치관과 규범을 획득하고, 자기통제 등의 능력을 발전시켜야 한다. 이때 아동에게 무엇을 성취하도록 기회를 제공하고, 성취한 과업에 대해 주변 사람들의 강화가 뒤따르게 되면, 근면성이 발달된다. 이에 반하여 아동들이 자신의 능력이나 지위가 또래에 비하여 열등하다고 느끼거나, 성취한 결과에 대하여 주변에서 비난하거나 무리한 요구를 하여 좌절을 경험하게 되면 열등감을 갖게 된다. 따라서 이 시기에는 아동이 열등감을 극복하고 자신의 재능을 발견하여 근면성을 발달시킬 수 있도록 아동을 격려하고 지지해 주는 교사나 부모의 태도가 중요하다.

근면성 대 열등감의 위기를 잘 극복하면 유능성을 획득하게 된다. 유능성은 자신이 해야 할 일을 수행하고 완성하는 것에 있어서 자신의 기술적 능력과 지혜를 활용할 수 있는 힘을 의미한다.

(5) 자아정체감 대 자아정체감 혼란 : 성실성

다섯 번째 심리사회적 발달단계는 자아정체감 대 자아정체감 혼란(identity vs identity confusion)이며, 대략 12~22세에 해당한다. 프로이트의 생식기에 상응하는 시기이다. 이 시기의 주요 발달과업은 자신이 누구인지를 탐구하고 자신의 정체성을 확립하는 것이다. 에릭슨은 청소년기의 자아정체감의 확립을 전 생애를 통하여 가장 중요한 발달과업으로 보았다. 이 시기에는 급격한 신체성장과 생식기의 성숙으로 자신의 동일성과 연속성에 관한 의문이 생기기 쉬우며, 지금까지와는 다른 사회적 압력과 요구가 나타나는 시기이다. 따라서 청소년은 이러한 새로운 상황에 어떻게 대처해야 할 것인지를 결정하게 되며, 자신의 존재에 대해서 새로운 의문과 탐색이 시작된다. 모든 심리사회적 발달과 마찬가지로 청소년기의 자아정체감 형성은 이전 아동기에서 영향을 받는다.

에릭슨은 청소년이 자신의 정체감을 형성하고 받아들이는 것은 매우 어렵고 불안한 과업이라고 여겼다. 왜냐하면 청소년은 자신에게 가장 적합한 것을 결정하기 위해 여러 가지 다른 역할이나 이데올로기를 시험해 보아야 하기 때문이다. 에릭슨은 청소년기를 아동기와 성인기 사이에 있는 시기로서 역할과 자아상 형성을 위해 절대적으로 필요한 심리적 유예기간이라고 보았다(노안영 · 강영신, 2002).

이 단계의 심리사회적 위기를 성공적으로 극복하면 성실성이 발달한다. 성실성은 사회적 관습, 윤리, 가치를 지각하고 이를 지키는 능력을 의미한다. 이 단계의 실패는 불확실성을 초래한다.

(6) 친밀감 대 고립감 : 사랑

여섯 번째 발달단계는 친밀감 대 고립감(intimacy vs isolation)이며, 이 시기는 청소년기 후반부터 성인 초기(22~34세)에 해당된다. 에릭슨이 말하는 친밀감은 그 범위와 의미가 매우 다양한데, 친구, 배우자, 그리고 가족과 친밀한 관계를 형성하는 것으로 보았다. 즉, 성적인 것 이상을 의미하며 사회적 친밀감을 포함한다. 이 시기에 진정한 친밀감은 합리적인 자아정체감이 형성되었을 때에 가능하다. 왜냐하면 자아정체감을 형성한 사람만이 다른 사람과의 상호관계에 몰두할 수 있기 때문이다.

자아정체감을 확립하는 과제에서 실패한 사람은 친밀감을 가질 수 없어 고립에 빠지거나 또는 진지한 관계가 아닌 난잡하고 일시적인 관계들을 통해 거짓된 친밀관계를 만들어 낸다. 이와 같은 부적절하거나 미성숙한 반응은 다른 사람들로부터 멀어지게 만들며 깊은 인간관계를 유지할 수 없게 한다. 자아도취에 빠진 사람은 피상적이고 공식적인 인간관계만을 추구한다. 이러한 사람들은 친밀감의 요구를 위협으로 느끼기 때문에 진정으로 어떤 일이나 관계에 동참하지 못한다.

친밀감 대 고립감의 갈등을 성공적으로 해결하면 사랑의 능력이 생긴다. 사랑은 자신을 타인에게 관여시키고 이 관여를 유지하는 능력이다. 이러한 사랑은 다른 사람에 대한 보호, 존경, 책임으로 나타난다.

(7) 생산성 대 침체 : 배려

일곱 번째 심리사회적 발달단계는 생산성 대 침체(generativity vs stagnation)이다. 이 시기는 34~65세까지의 기간으로, 어느 때보다 다양한 삶의 경험을 통해 지혜를 터득하며 가정과 사회에서 중요한 역할을 수행하는 인생의 황금기이다.

생산성이란 다음 세대를 이끌어 주고 돌봐주려는 일반적인 관심으로서 자녀를 출산하고 양육하는 것 이외에 더 나아가 다음 세대로의 사상의 전수까지도 포함한다. 인간은 이와 같은 생산성으로 인하여 후세대를 양육하고 가르치며 지도 감독하는 활동을 함으로써, 이전 세대의 문화와 의식이 후세대로 연결될 수 있게 만든다.

이 단계의 위기를 성공적으로 극복한 사람은 타인을 배려할 줄 안다. 배려는 심리적 무관심의 반대 개념이다. 그러나 생산성이 결여된 사람은 사회의 일원으로서 생산적 기능을 다하지 못하고 자신의 욕구만을 충족하기 위하여 살아가기 때문에, 인간관계가 황폐화되고 중년기의 위기, 즉 절망과 인생의 무의미함을 느끼게 된다.

(8) 자아통합 대 절망 : 지혜

심리사회적 발달단계의 마지막 단계는 자아통합 대 절망(integrity vs despair)으로서 노년기에 해당한다. 이 단계는 자신의 전체 삶을 되돌아보면서 평가하고 숙고하는 시간이다. 자아통합을 성취하기 위해서는 이전 단계들을 성공적으로 통과해야만 한다. 즉, 자아통합성은 모든 관점에서 자신의 인생을 돌이켜보고 겸허하게 그러나 확고하게 '나는 만족스럽다'라고 확신하는 능력에서 생긴다(Hjelle & Ziegler, 1994).

이 단계의 심리사회적 위기를 성공적으로 극복하면 지혜, 자기수용, 지나온 생이 옳고 적합했다는 느낌, 죽음을 위엄과 용기로 직면할 수 있는 능력이 생긴다. 그러나 자아통합에 실패할 경우에는 절망에 빠지게 된다. 절망은 현재 남은 시간이 없고 다른 인생을 시작하기엔 늦었다는 느낌을 나타낸다. 자아완성의 부재나 상실은 죽음에 대한 공포로 나타난다. 죽음에 대한 공포, 실망, 분노 때문에 삶을 돌아보기가 고통스럽고 현재가 불만스러운 것이다. 절망은 인생을 돌이킬 수 없다는 후회, 그리고 자신의 부족과 결함을 외부세계로 투사하는 것으로 흔히 표현된다.

이 단계의 심리사회적 위기를 성공적으로 극복하여 얻게 되는 지혜는 한 시대를 살면서 얻은 지식으로, 인생에 대한 초연하면서도 적극적인 관심을 갖는 것을 의미한다. 이 단계에서 실패한 결과는 인생이 무의미하다고 느끼는 것이다.

에릭슨의 심리사회적 발달단계와 각 단계에서 극복해야 할 중요한 심리사회적 위기, 그리고 이의 극복을 통해 획득하게 되는 심리사회적 능력 등을 정리하면 <표 3−1>과 같다.

〈표 3−1〉 **에릭슨의 심리사회적 발달단계**

시 기	연 령	심리사회적 위기	획득된 심리사회적 능력	중요한 관계범위	중요사건	프로이트 발달단계
영아기	출생~2년	신뢰감 대 불신감	희망	어머니	스스로 먹기	구강기
걸음마기	2년~4세	자율성 대 수치심과 의심	의지력	부모	스스로 용변보기	항문기
학령전기	4~6세	솔선성 대 죄의식	목적	가족	운동	남근기
아동기	6~12세	근면성 대 열등감	유능성	이웃, 학교	취학	잠복기
청소년기	12~22세	자아정체감 대 자아정체감 혼란	성실성	또래집단	또래집단	생식기

성인기	22~34세	친밀감 대 고립감	사랑	우정 애정	애정관계	
중년기	34~65세	생산성 대 침체	배려	직장 확대가족	부모역할과 창조	
노년기	65세 이후	자아통합 대 절망	지혜	인류 동족	인생회고와 수용	

3. 융의 분석심리학적 성격이론

융의 분석심리학적 성격이론은 무의식을 강조했다는 점에서는 프로이트의 정신분석이론과 일반적으로 동일시되고 있지만, 프로이트가 개인 무의식에 집중했던 것과는 달리 융은 집단 무의식을 강조했다. 집단 무의식의 개념은 융의 성격이론 중에서 가장 독창적이고 특징적인 이론이다. 융은 이 집단 무의식이 모든 인류에게 공통적으로 유전되어 정신의 심층에 내재함으로써 성격의 전체 구조의 기반을 이룬다고 주장했다.

프로이트는 인간을 불변적이고 결정론적인 존재로 보았지만, 융은 가변적 존재로 보았고, 인간의 정신구조는 살아가는 과정을 통해 후천적으로 변할 수 있다고 보았다. 그리고 프로이트가 인간의 발달을 사춘기까지만 설명하고 그 이후에 이루어지는 발달에 대해서는 별다른 관심을 가지지 않았던 것에 비하여, 융은 성격발달(개성화 과정)은 전 생애에 걸쳐 이루어진다고 보면서, 특히 중년기를 성격발달에 있어서 중요한 시기로 본 것이 특징적이다.

1) 융(Carl Gustav Jung, 1875~1961)의 생애

융은 1875년 7월 26일 스위스의 케스빌에서 개혁파 목사의 맏아들로 태어났다. 융의 가계에는 목사가 대단히 많아서 아버지, 친삼촌 2명, 외조부와 외삼촌 6명 전부가 목사였다. 어머니와 외조부, 외삼촌이 초자연적인 것에 대한 믿음을 가지고 있었으며, 특히 융의 사촌 중 1명은 자신이 영매(靈媒)라고 주장하였다. 융이 종교와 초자연적인 현상에 조예가 깊은 것은 이런 가정배경과 관련이 있다. 융은 아홉 살까지 부모와 같이 살았는데 아버지 폴(Paul)과 어머니 에밀(Emile)은 갈등이 심해 그의 유년시절은 고독하고 불행했다. 어린 시절부터 고독하게 지낸 경험은 이후 자기분석에 큰 도움이 되었다. 1900년 바젤대학에서 의학을 공부하여 학위를 받고 난 후, 외과를 전공하려고 생각했다가 결국에는 이전부터 꾸준히 관심을 가지고 있었던 정신의학 쪽으로 옮기게 된다.

융은 1900년 프로이트의 『꿈의 해석』을 읽은 후에 프로이트와 서신을 주고받으면서, 처음 몇 년 동안은 그와 매우 가깝게 지냈다. 1907년 융과 프로이트는 처음 만난 자리에서 13시간 동안 대화를 나눌 정도로 즉각적인 교감을 나누었으며, 1911년 융은 프로이트가 설립한 국제정신분석학회의 초대회장으로 선출되었다. 그러나 곧 그들의 관계는 금이 가기 시작하였는데, 그들이 학문적으로 틀어진 주된 이유는 리비도에 대한 견해 차이가 컸기 때문이다. 융은 리비도적 에너지가 근본적으로 성적이라는 프로이트의 견해에 회의를 갖기 시작했고, 리비도를 성욕을 포함한 더 큰 창조적 생명력으로 생각했다. 그는 리비도의 범위를 확장하여 인간의 철학적이고 정신적인 욕구를 포함시켰다(정태연 · 조은영 공역, 2010).

융과 프로이트의 갈등은 학문적인 충돌 이상이었다. 1912년 그들은 서신 교환을 중단했고, 2년 후에 그들의 우정관계는 깨졌다. 프로이트와 절교한 후, 융은 우울증을 앓을 정도로 많은 어려움을 겪었지만, 이 시기는 융이 자신만의 독특한 성격이론을 발전시키는 가장 창조적인 시기이기도 했다. 이 시기에 융은 모든 사회적 지위나 활동을 버리고 자기 자신의 세계를 관조하는 데 몰두하면서 근원적 원형론의 틀을 잡기 시작한다.

1920년부터 1926년까지 융은 튀니지와 알제리 등을 여행하고, 케냐와 우간다 원시종족을 방문하여 무의식에 있어서의 근원적 심성이 현존하는 원시인들 속에 어떻게 반영되고 있는가를 찾아보았는데, 결국 이 답사는 그의 원형론을 시험하기 위한 작업이었다. 1948년부터 정신요법에 대한 본격적인 수련장을 만들기 위해 스위스 취리히에 '융 연구소'를 설립하여 후진양성에 힘썼다. 그는 1961년 86세의 일기로 사망했다.

2) 주요 개념

(1) 자아와 의식

의식은 인간이 직접 인식하고 있는 정신의 부분이며, 자아에 의해 지배된다. 자아(ego)는 정신의 전체 속에서는 비록 작은 부분을 차지하고 있지만, 의식에 이르는 문지기라는 아주 중요한 역할을 한다. 이렇게 자아가 의식의 문지기 역할을 하므로 감각이든 관념이든 기억이든 자아에 의해 의식으로 인지되고 받아들여지지 않으면 보이지도 들리지도 생각나지도 않는다. 그러므로 자아는 선택적이다. 무수히 많은 체험을 해도 대부분은 의식에 도달하기 전에 자아에 의해 제거된다.

인간은 자아를 통해 자신의 내면세계를 탐색하고 자신을 외부에 표현하거나 외부현실을 인식한다. 융은 자아가 의식 여부를 결정하는 것은 부분적으로 심적 기능에 의해 좌우된다고 보았다. 예를 들면, 감정적 유형인 사람의 자아는 정서적 경험이 의식되는 것을 허용하기 쉽다. 의식화 여부는 그 경험이 자아에게 얼마만큼 불안을 일으키느냐에 따라 결정된다. 즉, 불안을 일으키는 경험은 의식되기가 어렵다.

(2) 페르소나

페르소나(persona)는 라틴어로 배우가 쓰는 가면을 뜻하는데 융의 심리학에서는 자아의 가면으로 개인이 사회적 요구들에 대한 반응으로 밖으로 내놓는 공적 얼굴이다(노안영 · 강신영, 2003). 그러므로 페르소나는 진정한 자기 자신이 아니라, '타인에게 보이는 개인' 또는 '사회가 그 개인에게 담당하기를 기대하는 배역'이라 할 수 있다. 즉, 페르소나는 진정한 자신은 아니며, 주위의 일반적 기대에 맞추어 만들어 낸 자신의 태도이다. 그러므로 개인이 사회적 역할(페르소나)에 지나치게 사로잡혀 자아가 이 사회적 역할만 동일시하기 시작하면 성격의 다른 측면들이 발달하지 못한다(Jung, 1961). 즉, 자아가 페르소나와 지나치게 동일시되면, 자신의 내면세계로부터 유리되어 자신의 본성에서 소외되어 가고, 고독해지며, 외부현실과의 관계에서 부적응을 겪게 될 것이다.

(3) 음영

음영(shadow)이란 인간의 동물적 본성을 포함하고 있어 용납하기 어려운 특질과 감정으로 구성되어 있다. 대부분의 음영은 인간의 어둡거나 사악한 측면을 나타내기 때문에, 긍정적인 자아상(self-image)과는 상반되는 것이다. 즉, 음영은 인간이 가진 본성의 어두운 면이며 우리 자신이 볼 때 열등하고 야만적인 면이다. 따라서 인간이 사회생활을 별문제 없이 하기 위해서는 음영에 포함된 동물적 본성을 자제해야 하므로 페르소나를 발달시키게 된다. 그러나 음영은 동물적 본능의 근원일 뿐 아니라 생명력, 자발성, 창조성의 원천이기도 하다. 따라서 자아가 음영을 지나치게 억제시키면 생명력과 활력이 없기 때문에 음영과 페르소나 사이의 적절한 조화가 필요하다.

(4) 개인 무의식

융은 무의식(unconsciousness)을 개인이 의식하고 있는 것 너머에 존재하는 미지의 모든 정신세계라고 보고, 무의식이 개인 무의식(personal unconsciousness)과 집단 무의식(collective unconscious)이라는 2개의 층으로 구성되어 있다고 하였다. 융 이론에서의 개인 무의식은 프로이트 이론에서의 전의식과 무의식을 포함한 개념이다. 개인 무의식은 인간에 의해 의식되었지만 그 내용이 중요하지 않거나 매우 고통스러운 것이기 때문에 망각되었거나 억제된 자료의 저장소이다. 다시 말해서, 개인 무의식은 우리 마음속에 떠오르는 괴로운 생각과 해결되지 않는 문제, 개인적인 갈등, 도덕적인 문제 등과 같이 일단은 의식적으로 경험되었으나 여러 가지 이유로 억압되어 방치된 것들이다.

(5) 집단 무의식과 원형

집단 무의식은 융의 성격이론 중에서 가장 독창적이고 특징적인 이론이다. 융은 이 집단 무의식이 모든 인류에게 공통적으로 유전되어 정신의 심층에 내재하여 성격의 전체 구조의 기반을 이룬다고 주장했다. 즉, 집단 무의식은 인간의 조상 대대의 과거로부터 물려받은 의식(儀式), 관습, 문화 등 인간의 잠재적 기억의 저장소인데, 그 과거란 인간의 종족(種族)적 역사뿐만 아니라, 인간 이전의 동물조상의 종족적인 역사까지도 포함한 것이다(Jung, 1928).

집단 무의식은 개인이 한 번도 직접적으로 의식하지 못한 정신세계이며, 인류 역사의 산물인 신화, 민속, 예술 등이 지니고 있는 영원한 주제를 통해 간접적으로 관찰될 수 있다. 집단 무의식은 조상으로부터 물려받은 본래적인 잠재적 이미지와 소질이므로, 한 개인은 자신의 조상과 같이 세계를 경험하고 세계에 반응하는 잠재적 소질을 이미 지니고 있다. 그러나 집단 무의식이 어느 정도 발달하고 표현되는가는 개인의 경험에 달려 있다. 경험이 풍부할수록 집단 무의식이 더욱 발달하고 표현될 수 있으므로, 풍부한 환경과 교육, 그리고 학습의 기회가 필요하다(Hall & Nordby, 1973).

집단 무의식을 구성하는 것은 다양한 원형(archetypes)이다. 원형은 시간, 공간, 문화나 인종과 관계없이 모든 인간이 갖는 보편적 · 집단적 · 선험적 심상들로 융의 분석심리학에서 성격의 주요한 구성요소이다. 예를 들면, 인간은 태양이 떠오르고 지는 것을 헤아릴 수 없이 많은 세대를 거쳐 보아왔다. 이러한 인상적인 경험의 반복은 결국 태양신의 원형으로 집단 무의식 속에 고정되었다. 그래서 최고신(supreme deity)에 대한 어떤 상(像)이나 개념들은, 이렇게 강하고 지배적이고 빛을 주는 천사로서 인간이 신성시하고 예배하는 태양신의 원형에서 갈라져 나온 것이다. 그리고 인간은 어두움이나 뱀을 무서워하는 경향이 있는데, 그것은 원시인들이 어두운 데서 많은 위험을 겪었고 독사에게 희생되었기 때문으로 추측된다. 이러한 잠재적 공포의 경향이 원형으로 집단 무의식에 잔존하여 인간으로 하여금 그러한 경험에 대해 보다 민감하게 반응하도록 만들었다. 이러한 원형은 인간이 갖는 보편적 · 집단적 · 선험적인 이미지로, 그 수가 무수히 많으며 언제 어디서 생겼는지 알 수 없지만 이미 형성되어 있는 것이다(이부영, 1998; Sharf, 2000).

이러한 원형은 본능과 거의 구별하기 어려우며, 뿌리를 같이하는 현상이다(이부영, 1998). 다만, 본능이 인간의 복잡한 행동을 불러일으키는 충동이며 정동(affect)인 반면, 원형은 그러한 복잡한 행동을 선험적으로 이해하는 관점이라는 점에서 차이가 있을 뿐이다. 그러나 이 둘은 서로 떼어놓고 생각할 수 없는 하나의 생명현상이자 집단 무의식을 형성하는 요소이다.

(6) 아니마와 아니무스

융은 인간은 본질적으로 양성동물이라고 표현했다. 인간은 생물학적으로 양성의 성질을 가지고 있으며 심리적으로도 양성적 특질을 가지고 있다. 그러나 성장하면서 유전적인 성차와 사회화의 영향으로 양성의 성질이 억압되고 약화된다고 보았다. 그런데 이러한 양성은 사라지지 않고 무의식 속에 존재한다. 이러한 양성과 관련하여 융은 남성 속의 여성적 원형을 아니마(anima)라 했고, 여성 속의 남성적 원형을 아니무스(animus)라고 불렀다. 문화적으로 남아는 남성적 역할을, 그리고 여아는 여성적 역할을 학습하도록 기대하기 때문에 페르소나의 발달은 조장하는 반면, 아니마와 아니무스는 발달하지 못하게 억압한다. 그러므로 겉으로 보기에는 남자다워 보이고 남자답게 행동하는 사나이가 내면으로는 연약하고 고분고분한 특성을 보이게 된다(Hall & Nordly, 1973). 그리고 여성의 경우에는 외적으로는 매우 여성답지만 무의식적으로는 남자의 외적 행동에서 흔히 볼 수 있는 과격한 성격을 지니고 있는 경우도 있다.

조화롭게 균형을 이루는 성격은 남성 성격의 여성적 측면과 여성 성격의 남성적 측면이 의식과 외적 행동에 잘 나타나는 것이다. 따라서 남성성의 속성은 이성(logos)이고, 여성성의 속성은 사랑(eros)이므로, 성숙한 인간이 되기 위하여 남성은 이성을 바탕으로 내부에 잠재해 있는 사랑을, 그리고 여성은 사랑을 바탕으로 내부에 잠재해 있는 이성을 개발하여야 한다(노안영·강신영, 2003). 그리고 남성은 자신의 내부에 존재하는 아니마 덕분에 여성을 이해할 수 있고, 여성은 아니무스 덕분에 남성의 성질을 이해할 수 있게 된다고 보았다.

(7) 콤플렉스

융에 의하면 콤플렉스(complex)는 특수한 종류의 감정으로 이루어진 개인무의식 속의 관념 덩어리이다(김형섭 역, 1997). 콤플렉스는 감정, 기억, 사고, 지각 등의 유사한 내용이 모여 하나의 무리를 형성하고 있는 정서적 색채가 강한 심리적 내용의 묶음이다(Corsini & Wedding, 2000). 즉, 콤플렉스는 어떤 핵심 요소를 중심으로 유사한 정신적 요소가 무리 지어진 것인데, 마치 자석을 중심으로 철분들이 들러붙어 하나의 자장을 형성하는 것과 같다(이부영, 1998). 콤플렉스는 개인의 사고 흐름을 방해하거나 의식의 질서를 일시적으로 또는 장기적으로 교란하며, 감정적으로 동요하거나 흥분하게 만들고 이를 행동으로 표현하게 만들기도 한다.

(8) 자기와 자기실현

자기(self)는 집단 무의식 내에 존재하는 타고난 핵심 원형으로서 모든 의식과 무의식의 주인이자 중심점이며, 모든 콤플렉스와 원형을 끌어들여 성격을 조화시키고 통일시키며 안전성을 유지하는 원형이다(Hall & Nordly, 1973). 자아(ego)가 '일상적 나', '경험적 나'라고 한다면 자기는 '본래적 나', '선험적 나'이고, 이러한 자기는 의식 초월적 존재이므로 의식으로 파악될 수 없고 개인의 내부에서 스스로 작용하는 것이다. 즉, 자기는 성격의 주인으로서 의식과 무의식을 포괄하고 둘 사이의 균형을 유지하며, 모든 부분을 통일하고 일체성을 부여한다(권석만, 2012).

성격의 궁극적인 목표는 자기실현(self-actualization)이지만, 자기실현을 완전히 달성한 사람은 극소수의 성인뿐이다. 자기의 원형은 중년이 될 때까지 거의 드러나지 않는데, 이는 자기(self)가 드러나기 위해서는 성격(personality)이 개성화를 통해 충분히 발달되어야 하기 때문이다. 융은 중년이 되면 성격이 충분히 개성화되고 정신에너지가 발달하므로, 외향적 관심이나 태도가 내향적으로 전환되어 가치체계의 재평가를 시도하기 때문에 자기실현이 가능할 수 있다고 말했다. 융은 한 개인이 이 인간정신의 궁극적 목표인 '자기'를 달성해 가는 마음의 성장과정을 '개성화(individuation)'라고 불렀다.

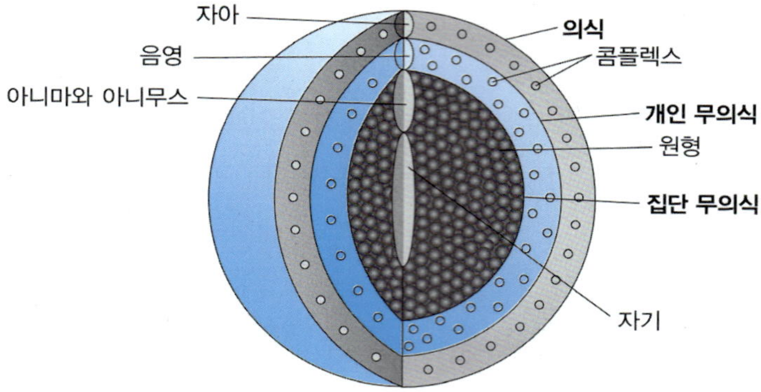

그림 3-2 융이 제시한 정신구조

출처 : 이부영(2001).

3) 성격의 발달

융은 성격의 발달을 개성화(individuation)의 과정을 통한 자기실현 과정이라고 본다. 개성화란 고유한 자기 자신이 되는 것으로서, 무의식적 내용을 의식화하고 통합해 가는 과정이라 할 수 있다(Hall & Nordly, 1973). 융은 성격발달, 즉 개성화의 과정이 전 생애에 걸쳐 발달한다고 보지만, 특히 중년기를 성격발달에 있어서 중요한 시기로 보았다. 즉, 중년기를 전환점으로 하여 그동안 인생의 전반기에 외부로 지향하고 있던 정신에너지의 흐름이 후반기에는 내부로 향하게 된다고 하였다. 따라서 자신의 내면세계에 대한 탐색이 강화됨에 따라 인생 전반기에 분리된 자아가 다시 자기에 통합되면서 개성화를 이루게 된다고 하였다. 융은 전 생애에 걸친 성격발달 가운데 특징적인 변화가 일어나는 4단계로 나누어 성격발달을 기술하였다(Jung, 1933, 1961; Jacobi, 1957, 이인정, 2007 재인용).

(1) 아동기

출생 후 몇 년 동안은 정신이 완전히 본능에 의해 지배되므로, 이 시기 동안 아동은 전적으로 부모에게 의존한다. 유아의 행동은 본능에 의해 지배되므로 심리적 문제는 있을 수 없고 사실상 있지도 않다. 심리적 문제란 의식부에 자아가 존재해야 생기는 것인데 이 시기에 자아는 아직 형성되지 않았기 때문이다. 따라서 의식의 연속성도, 자아정체감의 감각도 없다. 자아가 발달하고 논리적인 사고와 언어가 발달하면서 아동은 어느 정도 객관적으로 사물을 판단하기 시작한다.

(2) 청소년기와 성인기

융은 청소년기를 정신적 탄생(psychic birth)이라 불렀다. 정신적 탄생과 부모로부터 자아의 의식적 분리는 청소년기에 일어난다. 생리적 변화가 이러한 정신적 혁명을 수반한다. 청소년기는 본인도 부모도 어려운 시기이다. 성인기는 외양적으로 팽창하는 시기이며, 성숙의 힘에 이끌려 자아가 발달하고 외부세계에 대처하는 능력이 발달한다. 따라서 경력을 쌓고 가정을 이루며 사회적 성공을 얻기 위해 노력한다. 이때 남성과 여성은 각기 다른 특성과 기술을 발달시킬 필요가 있다. 이 시기는 외부환경의 요구에 적극적으로 대처해야 하기 때문에 내향적인 사람보다는 외향적인 사람이 더 잘 적응할 수 있다.

(3) 중년기

35세부터 40세를 전후하여 정신적 변화가 오게 되며, 외향적 목표와 야망은 중년이 되면 그 의미를 잃기 쉽다. 융은 중년기에 한때 위기가 찾아온다고 가정했다. 젊은 시절에 자신이 목표했던 야망들이 서서히 그 의미를 잃어감에 따라 불완전함과 우울함과 침체감을 느끼게 된다. 중년기 위기에서 정신은 인간으로 하여금 내면으로 시선을 돌려 생의 의미를 음미하도록 촉구하여 위기에서 벗어날 출구를 제시한다. 즉, 중년기에는 그동안 외부세계를 정복하는 데 쏟았던 에너지를 자신의 내부에 초점을 맞추도록 자극을 받으며 자신의 잠재력에 깊은 관심을 갖게 된다. 이에 따라 남자는 여성적 측면을, 여자는 남성적 측면을 표현하게 된다. 이는 성격의 태도 면에서 내향적으로 되면서 의식에만 집중하던 경향이 무의식의 세계를 깨달음으로써 바뀌기 때문이다.

중년기 때까지 아직 청소년기나 성인기의 가치와 목표에 여전히 매달려 있으면 더 이상 발달을 하지 못한다. 그 가치들은 이미 의미를 상실했으므로 새로 의미를 찾아야 하는데 그러지 못하면 절망에 빠지게 된다.

(4) 노년기

노년기에는 자신에 대해 진지한 관심을 가지는 것이 의무이고 필수이다. 그런데 많은 노인들은 그렇게 하는 대신 지나치게 건강을 염려하고, 인색하며, 공리공론과 과거에 대한 찬양만 하면서 인생의 후반부도 전반부의 원리로 살아가려는 환상을 가진다. 융은 “사람이 나이가 들어 명상과 회고를 많이 하면 자연적으로 내적 이미지가 이전과 달리 큰 비중을 차지하게 된다”고 하였으며, “노인은 죽음 앞에서 생의 본질을 이해하려고 애쓴다”고 말했다(Jung, 1961 : 309). 그는 노인이 내세의 이미지를 갖고 있지 않다면 건전하게 죽음에 직면할 수 없다고 믿었다. 나이 든 사람에게도 미래를 향한 목표는 필요하며 죽음의 불가피성은 어느 정도 죽음 자체가 하나의 목표로 간주되어야 함을 시사한다. 죽음에서 인간이 추구할 수 있는 목표를 발견하는 것이 건전하며, 죽음을 회피하는 것은 인생 후반부의 목적을 빼앗는 것으로 불건전하고 비정상적이라는 의미이다.

4) 심리적 유형

융은 심리적 유형에 관한 연구에서 자아의 태도와 자아의 정신기능이라는 두 가지 잣대를 제시하였으며, 이들의 여러 가지 결합으로 성격유형이 나누어진다고 설명했다.

(1) 자아의 태도

융은 자아의 태도를 외향성과 내향성의 두 가지로 구분했다. 자아의 기본적 태도는 태어날 때부터 결정되는 것으로 간주된다.

① 외향성

외향성은 정신에너지인 리비도가 객관적 세계로 지향하며, 성격의 특성은 쾌활하고 남성적이며 적극적이고 능동적이다. 따라서 외향적인 사람은 활동적이고 사교적이며 주위의 일들에 흥미를 가지며 환경에 잘 적응하지만, 사려가 깊지 못하고 때때로 공격적이 되기도 한다.

② 내향성

내향성 태도는 리비도가 주관적인 정신구조와 과정으로 향하고 자신의 주관에 의해 판단하며 주관이 뚜렷하다. 따라서 내향적인 사람은 자신의 내적 세계에 대해 사색하고 분석하는 일에 흥미를 갖는다. 그는 고독하고 비사교적이며 자기 일에만 관심을 가지고 정확하지만 융통성과 결단력이 없고 적응력이 부족하다.

모든 사람은 외향성과 내향성을 양쪽 다 가지고 있으나 어느 한쪽의 상대적 우세가 그 유형을 결정한다.

(2) 자아의 정신기능

융은 의식에 외향성과 내향성 의에 자아의 기본적인 심리적 기능이 있다는 것을 이후 추가하였다. 그는 외향성과 내향성이라고 해서 모두 똑같지 않음을 발견했는데, 특히 합리적 혹은 비합리적인 차원에서 다른 점을 주목하였다. 융은 그 심리적 기능을 ① 사고, ② 감정, ③ 감각, ④ 직관이라는 네 가지로 보았다. 이들 네 기능 중 어떤 한 기능이 우세하면 그에 상응하는 유형이 된다. 즉, 자아의 기능은 사고형, 감정형, 감각형, 직관형으로 분류된다.

융은 자아의 태도(외향성, 내향성)와 자아의 정신기능(사고, 감정, 감각, 직관)을 조합하여 외향적 사고형, 외향적 감정형, 외향적 감각형, 외향적 직관형, 그리고 내향적 사고형, 내향적 감정형, 내향적 감각형, 내향적 직관형이라는 여덟 가지 성격유형이 결정된다고 보았다. 융의 성격유형론을 참작하면서 독창적인 부분을 가미한 측정도구가 MBTI(Myers-Briggs Type Indicator) 성격검사이다(김정택·심혜숙, 1991). MBTI는 마이어와 브릭스(Myer & Briggs)가 융의 성격유형 분류에 근거하여 개발한 성격검사로서 심리적 선호경향을 근거로 하여 16개의 성격유형을 제안하고 있다.

4. 아들러의 개인심리이론

아들러는 인간을 전체적으로 보는 관점을 가지고 있었다. 즉, 인간은 유일하고, 더 이상 분해할 수 없고, 자아 일치적이고, 통합된 총체이기 때문에 인간의 어떤 삶의 표현도 분리해서 생각될 수 없으며, 부분으로 나누어서는 도저히 생각할 수 없다고 보았다(권중돈, 2014). 그래서 아들러는 자신의 이론이 개인심리학(individual psychology)이라고 불리기를 원했다.

개인심리이론에서는 열등감과 보상, 그리고 우월성 추구를 중요한 개념으로 들 수 있다. 열등감은 누구에게나 존재하며, 인간이 성숙해지고 자신의 잠재력을 실현하는 데 필요하다고 보았다. 즉, 이러한 열등감을 보상하려는 욕구에서 우월을 향한 노력이 나온다고 보았다. 아들러는 우월성 추구가 인간에게 공통된 기본적 동기라고 보았다(Adler, 1930). 그리고 아들러는 가족 및 사회적 요인에 의해 개인의 생활양식이 발달한다고 보았으며, 특히 가족 내 출생순서가 각자의 생활양식 형성에 중요한 영향을 미친다고 보았다.

1) 아들러(Alfred Adler, 1870~1939)의 생애

아들러는 오스트리아 비엔나 근교인 펜치히에서 1870년 2월 7일 5남 2녀 중 셋째이며, 남자 형제 중 둘째로 출생하였다. 세 번의 죽을 고비(폐렴과 두 번의 사고)를 넘기는 등 만성적으로 병약했던 아동기를 보냈던 아들러는 육체적인 놀이에서 형이나 친구들의 경쟁상대가 되지 못하여 자신의 허약함과 신체적 열등감을 극복하려고 꾸준히 노력하였다. 학교생활에서도 수학성적이 좋지 않아 교사에 의해 '학교를 그만두고 구두 만드는 일을 하라'고 권유받을 정도로 심한 열등감을 경험했으나 끊임없는 아버지의 격려와 자신의 노력으로 나중에는 우수한 성적을 올릴 수 있게 되었다.

아들러는 자신이 성장과정에서 직접 경험한 열등감과 보상 추구, 출생순위, 사회적 관심 등을 토대로 오늘날까지도 적용될 수 있는 훌륭한 이론을 만들어냈다는 평가를 받고 있다. 그는 1939년 5월 28일, 강연여행 도중에 심장마비로 사망하기까지 300여 권의 책과 논문을 발표하는 등 왕성한 활동을 하였다.

2) 주요 개념

(1) 열등감과 보상

아들러는 "인간이 된다는 것은 자신이 열등하다는 것을 느끼는 것을 말한다"라고 할 정도로 열등감의 개념을 중시하였다(Rundin, 2001). 아들러(1956)는 열등감이 근본적으로 모든 인간의 우월 추구에 대한 동기유발의 근거가 된다고 보았다. 즉, 모든 개인의 성장과 발달은 상상에 의한 것이든, 사실에 입각한 것이든 열등감을 극복하려는 시도에서 나온다는 것이다. 이처럼 아들러는 열등감과 이의 보상을 위한 노력이 모든 발전과 성장의 근원이 된다고 믿었고, 열등의식이 결코 약점이나 비정상이 아니고 모든 사람에게 공통으로 존재한다고 보았다.

인간은 열등감을 극복하고 보상하기 위한 노력을 통해서 자아를 실현하고 문화를 발전시켜 왔다. 예를 들면, 생물학적으로 말해서, 열등성에 대한 의식은 우리로 하여금 적응을 잘하도록 노력하게 하였다. 따라서 현재 생활의 조건에 대해 부적절함을 느끼지 못했더라면 상상해 보지도 않았을 새로운 사회와 기술을 창조하게 했다. 즉, 열등감은 우리로 하여금 우리의 상황을 재검토하도록 하며, 우리의 상황을 변화시키기 위해 할 수 있는 것이 무엇인가를 결정짓게 한다.

이처럼 아들러는 인간의 모든 전진이나 상승을 위한 움직임은 그 자신의 열등감을 보상하기 위한 시도에서 나온다고 보았다. 그런데 열등감에 대한 보상 시도가 성공적으로 이루어지지 못했을 경우에는 병적 열등감(inferiority complex)에 빠지게 된다. 아들러는 병적 열등감에 이르기 쉬운 세 가지 자녀양육환경을 ① 신체 열등, ② 버릇없이 또는 응석받이로 양육, ③ 방임이라고 보았다.

(2) 우월성 추구

우월성 추구는 열등감에 대한 보상과 관련된 개념이다. 아들러는 우월성 추구가 인간에게 공통된 기본적 동기라고 보았다(Adler, 1930). 우월성 추구는 열등감을 보상하려는 욕구에서 나오며 환경을 더욱 잘 통제할 수 있도록 권력 혹은 힘을 성취하려는 것이다. 아들러는 우월성 추구를 마이너스(−)에서 플러스(+)로 나아가는 것으로 해석하였다. 아들러는 우월성 추구가 선천적이라고 생각했는데(Adler, 1964a : 39), 우월을 향한 선천적 노력은 잠재적으로 존재하나 이 잠재력이 실제로 어떻게 구현되는지는 개인마다 다르다고 했다. 이것은 우월을 향한 목표가 저마다 고유한 것이며, 각자가 인생에 부여하는 의미에 따라 다르기 때문이다.

개인은 각자 사회적 관심의 정도에 따라 우월성을 추구하는 방향을 설정한다. 다른 사람의 복지에 많은 관심을 갖고 있다면, 그 개인이 추구하는 방향은 돌봄, 동정, 사회적 협력, 공공의 복지에 기여하는 것 등으로 표현되듯이 사회적으로 유용한 삶의 측면이 된다(Mosak, 1991). 이와 대조적으로 사회적 관심의 정도가 낮으면 그가 추구하는 것은 사회적으로 유익을 주는 것이 아니라 반사회적인 것이 된다. 그러한 개인은 관련된 모든 사람을 이롭게 하기보다는 그들 주변 사람을 이용하여 자신의 우월성을 획득하고자 한다.

(3) 사회적 관심

독일어의 공동체 의식(Gemeinschaftsgefühl)을 영어로 번역한 '사회적 관심(social interest)'은 여러 가지 용어르 번역되었다. 즉, '사회적 느낌(social feeling)', '공동체감(community feeling)', '공공의 의도(communal intention)', '공동체적 관심(community interest)', 그리고 '사회적 관심(social interest)'인데, 그중 마지막 번역인 '사회적 관심'이 가장 많이 사용되는 용어이다. 사회적 관심은 사회적 상황에 반응하려는 타고난 성향이다. 사회적 관심은 타인과 공동체에 대한 관심, 특히 공동체와 그 속에 살고 있는 사람들의 복지에 대한 관심을 포함한다.

아들러의 개인심리학은 사회적 관심의 개발을 통한 이상적인 사회의 실현을 그 목표로 삼는다. 아들러(1958)는 "인간의 삶이란 동료 인간에 대해 관심을 갖는 것이며, 전체의 일부가 되는 것이고, 인류의 복지를 위해 기여하는 것을 의미한다"고 했다. 아들러 심리학의 기본 토대인 사회적 관심은 선천적으로 타고난 인간의 잠재성이면서도 부모의 양육, 교육, 그리고 훈련을 통해 지속적으로 개발해야 하는 것이다.

아들러는 사회적 관심을 향상시키는 데 특히 어머니의 역할과 아동교육의 중요성을 강조하였다. 자녀로 하여금 다른 사람과 이웃, 그리고 더 광범위한 사회에 대해 관심을 갖게 하고 공동체감을 발달시키는 데 어머니의 역할은 매우 중요하다. 어머니가 남편, 다른 자녀, 그 외의 다른 사람에 대해 갖는 애정이 아동에게는 본보기가 된다. 아들러는 아동의 사회적 관심에 영향을 미치는 두 번째 중요한 인물로 아버지를 들고 있다. 아버지는 우선 아내, 일, 사회에 대해 긍정적 태도를 지녀야 한다. 또 자녀와의 관계에서 성숙한 사회적 관심을 보여주어야 한다. 아들러는 이상적인 아버지란 자녀 모두를 동등한 인격체로 대하고 아내와 동등한 위치에서 협력하며 자녀를 돌보는 사람으로 본다.

사회적 관심은 개인의 정신건강의 수준을 평가할 수 있는 기준이다. 사회적 관심이 없는 사람은 건강할 수 없는 반면, 사회적 관심이 있는 사람은 건강하다는 것이다. 아들러는 사회적 관심이 정신건강의 정의 자체임을 강조한다. "사회적 관심은 정신건강에 대한 설명, 즉 정의이다. 그것은 정신건강의 발달 이유나 원천을 서술하는 것이 아니라 무엇이 정신건강인가를 서술하는 것이다(Bickhard & Ford, 1976 : 49, 김필진, 2007 재인용)." 따라서 사회적 관심은 긍정적인 사회적 적응의 주요한 준거가 된다. 아들러는 "사회적 관심은 아이들의 정상성의 척도이다. 우리가 유심히 지켜보아야 할 준거는 아동이나 개인이 유지하고 있는 사회적 관심의 정도다(Adler, 1956)"라고 말했다. 참된 사회적 관심은 사회나 인류에 대한 공헌의 형태를 취한다. 사회적 관심은 완전에 가장 부합하는 목표, 즉 모든 인류의 이상적인 공동체를 추구하는 것이며, 사회적 진보의 궁극적인 성취를 지향하는 것이다. 여기서 우리는 이상주의적 낙관론자로서 아들러의 형이상학적 입장을 엿볼 수 있다(Ansbacher & Ansbacher, 1964).

(4) 창조적 자아

아들러는 인간의 행동을 형성하는 요인으로 환경과 유전을 부인하지는 않았다. 즉, 개인은 유전과 경험이라는 재료를 사용하여 성격을 형성한다는 것이다. 그러나 중요한 것은 사람들이 무엇을 소지하고 있느냐가 아니라 그것을 어떻게 사용하느냐는 것이다. 개인마다 재료를 이용하는 방법이 다르기 때문에 사람 간에 성격적 차이가 나타난다는 것이다. 다시 말해 유전과 환경이 개인의 인격발달이나 삶에 매개변수를 제공하기는 하지만, 이러한 자신의 유전이나 환경을 어떻게 인식하고 이용할지는 개인에게 달려 있다. 유전이나 환경보다도 개인이 선택한 목표와 개인이 취하는 태도가 중요하다는 것이다. 아들러는 "아이는 선택한 목표대로 정해진 노선을 따라서 발달하려고 노력한다(Adler, 1929 : 34)"고 말하였다.

아들러는 또한 개인의 창조적인 힘에 의해 생활양식이 발달한다고 주장한다. 창조적인 자아는 개인의 인생 목표와 그 목표를 추구하는 방법을 결정하며, 사회적 관심을 발달시킨다. 개인이 지닌 창조력은 지각, 기억, 상상, 환상, 꿈에도 영향을 주어 각 개인을 자주적인 사람이 되게 만든다. 그러므로 사람들은 자신의 존재와 행동에 대한 책임을 스스로 져야 한다는 것이다. 아들러가 강조하는 것은, 개인의 주관적인 인식과 선택, 그리고 책임이다. 어떠한 상황이나 경험이든 간에 개인이 그 상황과 경험을 어떻게 주관적으로 인식하고 의미를 부여하며 대응하느냐에 따라 그 결과가 달라진다. 즉, 중요한 것은 위기 자체가 아니라 개인이 자신의 위기를 적극적으로 대처하면, 성장과 발전의 기회로도 삼을 수 있다는 것이다(김필진, 2007).

(5) 가상적 목표

아들러는 인간을 목적론적 관점에서 이해하고 있으며, 인간의 모든 행동은 어떤 목표를 지향하고 있다고 보았다. 그러므로 인간은 누구나 자신의 인생에서 실현하고자 하는 궁극적 목표를 가지고 있는데, 이를 가상적 최종목표(fictional finalism)라고 하였다. 아들러는 개인의 가상적 최종목표는 자기 스스로 결정한 것이므로, 자기의 창조력에 의해 형성되며 각 개인마다 독특한 것이라고 하였다. 그러므로 개인의 우월성 추구 성향, 생활양식, 사회적 관심 등은 이들이 가지고 있는 가상적 최종목표에 의해 결정된다. 따라서 가상적 목표를 알게 되면 그 사람의 행동의 의미도 알 수 있게 된다. 개인마다 가상적 최종목표를 가지고 있지만, 대부분의 경우 그것을 명확하게 자각하지 못하는 경우가 많다. 그럼에도 가상적 최종목표는 성격통합의 원리로 작동하고, 개인의 삶을 인도하는 초점이 된다(권석만, 2012). '열심히 노력하면 성공할 수 있다'와 같은 가상적 목표는 개인의 긍정적인 변화에 기여할 수 있고 개인이 현실에 효과적으로 대처하는 데 큰 도움이 된다. 그러나 가상적 목표가 일상생활을 수행해 나가는 데 도움이 되지 못하다면 그런 목표는 수정하거나 포기해야 한다고 아들러는 주장했다. 가장 극단적이고 위험했던 가상적 목표의 예로는 히틀러가 가졌던 아리안 민족이 가장 우수한 민족이라는 신념일 것이다.

(6) 생활양식

아들러의 독특한 개념인 '생활양식(style of life)'은 개인의 성격을 형성하고 삶의 방식을 나타내는 체계적 원리이다. 그것은 개인의 독특성, 즉 삶의 목적, 자아개념, 가치, 태도 등을 포함하는 것으로 삶의 목적을 달성하는 독특한 방법이다. 아들러의 심리학에서 생활양식은 개인의 성격이나 성격 특성, 자아(ego)에 상응하는 용어이다. 따라서 생활양식은 개인이 어떻게 인생의 장애물을 극복하고, 문제의 해결방법을 찾으며, 어떤 방법으로 목표를 추구하는지를 결정한다(Sharf, 2000). 아들러는 4~5세경에 생활양식이 기본적으로 결정되어, 일생 동안 거의 변하지 않는다고 하였다(Adler, 1963). 생활양식은 자기 자신과 타인, 세계, 현실에 대한 주관적인 인식이나 신념에서 비롯되는 것이다. 아동은 부모의 양육과 훈련 방법, 사회문화의 영향을 포함하여 여러 가지 요소의 영향으로 각자의 생활양식을 형성한다. 다시 말해 생활양식은 아동이 중요한 다른 사람과 또래친구, 그리고 사회와 교류하는 상호작용을 통해, 또한 그들의 문화적 경험과 공동체적 경험, 그들의 생물학적 성장과 역기능을 통해, 그리고 아마도 가장 중요한 것으로는 그들의 주관적 인식과 선택을 통해서 발달하는 것이다.

아들러는 개인의 생활양식은 개인이 그의 인생문제에 접근하고 해결하는 방법을 통해 알 수 있다고 하였다. 즉, 세 가지 중요한 인생과업인 직업, 우정, 사랑과 결혼의 문제를 해결하는 방법도 생활양식에 달려 있다는 것이다. 아들러는 일, 우정, 사랑과 결혼이라는 세 가지 주요 인생과업에 대한 태도와 행동에 따라 개인의 생활양식을 분류하였다(Dreikurs, 1967). 이 분류는 사회적 관심이 한 차원이 되고, 활동수준이 다른 차원이 되는 이차원적 모델이다. 활동수준이란 인생과업과 문제를 해결하려는 개인의 움직임을 말하며, 소위 분투 또는 에너지를 쏟아붓는 수준을 의미한다. 그리고 사회적 관심은 개인의 이익보다는 사회발전을 위해 다른 사람과 협력하는 것을 뜻한다.

아들러는 생활양식을 지배형, 획득형, 회피형, 사회적으로 유용한 생활유형의 네 가지로 구분하였다.

① 지배형

지배형의 생활양식은 사회적 관심은 낮으나 활동수준은 높은 유형으로 독단적이고 공격적이며 활동적이지만, 사회적인 인식이나 관심이 거의 없는 사람이다. 이런 사람은 자신의 욕구충족을 위해 다른 사람의 안녕이나 고통은 생각하지 않고 공격적이며 반사회적인 경향을 나타낸다. 이런 태도는 그들의 모든 관계에서 나타난다(Adler, 1929). 지배형의 사람은 다른 사람을 지배하고 통제하고자 한다. 아들러는 지배형에 속한 사람으로 알코올 중독자, 약물중독자, 비행을 저지르는 사람, 독재자, 그리고 가학성애자가 포함된다고 기술하였다. 이런 유형의 사람들은 그들이 더 활동적일수록 더욱더 직접적으로 타인을 공격할 것이다. 그들은 다른 사람들에게 상처를 주거나 다른 사람들을 착취함으로써 그들 자신의 우월성을 성취한다(Lundin, 2001, 노안영·강영신, 2005 재인용).

② 획득형

획득형(기생형)은 활동수준이 중간이고 사회적 관심은 낮은 유형으로, 기생적인 방식으로 외부세계와 관계를 맺으며 다른 사람에게 의존하여 자신의 욕구를 충족한다. 인생의 주된 관심은 가능한 한 많은 것을 다른 사람들에게서 얻어내는 것이다. 활동수준이 낮아 다른 사람에게 의존하는 것이 지배형과 비교해서는 덜 위험하다.

③ 회피형

회피형은 사회적 관심도 낮고 활동수준도 낮은 유형으로 성공하려는 욕구보다 실패에 대한 두려움이 더 강하기 때문에 인생과업으로부터 도피하는 행동을 주로 한다. 인생의 모든 문제에서 회피함으로써 실패를 면하려 한다. 이런 유형의 사람은 문제를 회피하는 현실 도피자다. 아들러는 신경증환자와 정신병자를 회피형에 속하는 사람의 전형적인 예로 들었다. 정신병자는 현실세계로부터 자기 자신을 전적으로 철퇴시킬 수 있는 사람이다.

④ 사회적으로 유용한 유형

사회적으로 유용한 유형은 활동성이 높고 사회적 관심도 높은 이상적인 생활양식 유형이다. 이런 유형의 사람은 자기 문제를 잘 해결하는 정상적인 사람이며 성공적인 사람이다. 그들의 활동은 타인에게 도움이 되며, 인류의 이익을 위해 협동할 준비가 되어 있다. 그들은 타인의 행복에 관심을 보이며, 공동선과 공공복리를 위해 협력적으로 일한다. 네 가지 유형 중 이 유형만이 심리적으로 건강한 사람이다. 그 외 다른 세 가지 유형은 비건설적으로 또는 파괴적으로 사용될 수 있다(김필진, 2007).

아들러는 생활양식의 유형 구분에서 높은 사회적 관심과 낮은 활동수준을 보이는 유형은 제시하지 않고 있는데, 이러한 생활양식을 가진 사람은 현실적으로 존재하지 않기 때문이다. 즉, 사회적 관심이 높은 사람은 적극적으로 어떤 활동에 참여하지 않을 수 없다는 것이다.

3) 생활양식의 발달

(1) 생활양식을 왜곡시키기 쉬운 상황

아들러는 가족 및 사회적 요인에 의해 개인의 생활양식이 발달한다고 보았는데 이와 관련해 생활양식을 왜곡하기 쉬운 상황을 다음과 같은 세 가지 경우로 설명하였다(Adler, 1956).

① 응석받이로 자란 아동

지나친 사랑은 부적응의 주된 결정요인이 된다. 응석받이로 자란 아동은 다른 사람이 자기의 요구를 모두 들어주고 원하는 모든 것을 충족시켜 줄 것이라고 기대한다. 이런 아동은 특별대우를 기대하고 섬김을 받고자 하며, 자기 책임이나 다른 사람에 대한 책임을 이해하지 못할 것이다.

응석받이의 관심은 오직 자신에게만 쏠려 있으며 협동의 필요성이나 유익성을 알지 못하고 사회적 관심도 없다. 이런 사람은 문제나 장애물에 부딪힐 때 퇴행적 행동을 보인다. 즉, 문제를 극복하는 방법을 배운 적이 없으므로 열등감을 피하기 위해 퇴행하는 것이다.

② 병약하거나 허약체질 아동

아들러는 신체기관의 열세가 개인의 능력을 형성하는 데에 중요한 역할을 하는 것에 주목하였다. 신체기관의 불완전은 목표를 달성하려고 할 때 불리한 조건이 되기 쉽다. 즉, 신체기관의 열세가 능력이나 기술의 습득을 방해하는 신체적 혹은 정신적 제한이 되므로 능력이나 기술을 숙달할 수 없는 아동은 열등감을 경험하기 마련이다. 이에 아동은 마음속으로 자기의 불완전한 신체기관의 기능 정도를 헤아려 자신의 발달에 일정한 한계를 부여하기 쉽다. 이때 정신에 영향을 미치는 것은 신체적 결함 그 자체가 아니고 결함에 대한 태도와 훈련이다.

신체기관이 불완전한 아동은 관심을 자신에게만 집중하기 쉬우며, 타인에게 공헌하는 것을 인생의 의미로 받아들이기가 어렵다. 주위 사람들의 동정, 기피, 조소 등으로 열등감이 심각해지기도 한다. 물론 루스벨트 대통령, 헬렌 켈러 여사, 호킹 박사처럼 이러한 어려움을 극복하고 인간승리를 하는 사람들도 있는데, 이들의 신체적 불완전은 더 나은 발전을 위한 자극이 된 셈이다.

③ 거부된 아동

거부에서 비롯되는 불신감은 아동을 일생 동안 괴롭힐 수 있다. 즉, 거부당한 아동은 세상이 적대적이고 위협적이라고 지각하기 때문에 반항적이고 사람들과 잘 지내지 못한다. 거부당한 아동은 신뢰할 수 있는 사람을 접해본 적이 없기 때문에 사랑이나 협력 등을 알 기회가 없으며, 다른 사람에게 유익하게 행동을 함으로써 애정이나 존경을 얻는다는 것을 이해하지 못한다. 그들은 생활상의 모든 문제를 과대평가하고 자신의 능력은 과소평가하기 때문에 사회가 자신에게만 냉혹하다고 믿으며 항상 그런 상황만을 습관적으로 기대한다.

(2) 출생순서와 생활양식의 발달

아들러(1931)는 사회적 요인이 생활양식에 미치는 영향을 강조하면서, 유아기의 생활양식 발달에 있어서 가족과정(family process), 즉 가족성원 사이의 관계 분위기가 매우 중요한 역할을 한다고 하였다. 특히 아들러는 부모가 같고 거의 같은 가족환경에서 성장한 아동일지라도, 그들이 동일한 사회적 환경을 갖는 것은 아니라고 했다. 가족성원 사이에 형성된 가족관계상의 분위기는 자녀양육에 대한 부모의 태도와 양육의 질을 결정하며, 부모의 양육태도와 질에 따라 자녀가 경험하는 열등감이 달라질 수 있다.

아들러에 따르면 가족성원 간의 정서적 유대, 가족의 크기, 가족의 성적 구성, 출생순위, 가족역할모델 등의 가족 분위기를 의미하는 가족형상(family constellation)은 생활양식의 발달에 지대한 영향을 미친다. 아들러는 가족형상 중에서 형제의 출생순위를 매우 중시하였으며, 출생순위에 수반되는 상황에 대한 개인의 지각은 더 중요하다고 하였다. 그러나 일반적으로 어떤 특정 출생순위에 태어난 아이는 비슷한 특징을 가지고 있는 것으로 알려져 있다. 그는 특히 출생순위에서 첫째와 둘째, 막내, 그리고 외동자녀에 큰 관심을 보였다.

① 첫째

첫째 아이는 부모의 끊임없는 사랑과 관심을 받는다. 첫째는 둘째가 태어나서 자신의 즐거웠던 자리를 빼앗기기까지는 안전하고 평화스러운 생활을 즐긴다. 동생의 출생은 첫아이의 처지와 세계관을 극적으로 바꾸어 놓는다. 아들러는 가끔 첫아이를 폐위된 왕에 비유했고, 이것이 마음의 상처가 될 수도 있다고 했다. 이 상황은 매우 위협적일 수 있어 잃어버린 것을 다시 쟁취하기 위해 아동은 유치하게 퇴행하거나 파괴적으로 되거나 관심을 끌기 위해서라면 무엇이든 하려 들 수 있다. 따라서 빼앗겼다는 감정이 맏이의 생활양식을 형성할 수 있다. 그와 같은 생활양식을 형성한 맏이는 희망이 없으며, 그가 결코 사랑을 되찾을 수 없다고 상상한다. 따라서 적대감, 반항, 동생에 대한 공격을 표출하거나 혹은 아기 노릇을 하려고 하는 등 부모가 자기 존재를 재고하도록 노력한다. 또한 천식과 백일해 같은 질병을 오래 앓을 수 있다. 이러한 긴장은 두통, 편두통, 위장장애, 가벼운 발작 등을 낳을 수도 있다. 이 싸움은 오래 지속되며, 때로는 일생 동안 지속되기도 한다. 동생이 늦게 태어날수록 맏이의 행동변화는 더 합리적이고 이해 가능한 정도로 큰 문제가 안 되나, 동생을 너무 일찍 보게 되면 맏이는 앞에서 말한 본능적인 속성을 나타내기 쉽다. 맏이가 남자이고 둘째가 여자인 경우 맏이는 더 어려운 상황에 처한다. 동생에게 지는 경우 남매간의 긴장은 형제 혹은 자매간의 긴장보다 높다. 어떤 경우든 맏이의 스타일은 환경 속에서 다른 사람들의 반응과 그가 그 반응을 평가하는 방식에 의해 영향을 받는다. 그러나 부모가 맏이에게 애정의 확신을 주고 맏이가 동생에 대해 준비가 되어 있다면 그 위기는 잘 극복될 수 있다.

맏이는 나이가 들면서 부모의 명령에 동조하는 사람이 되기 쉽다. 부모가 특히 맏이에게 성숙과 책임을 기대하기 때문에 맏이는 윗사람들에게 동조하는 생활양식을 발달시키게 된다. 그가 지배했던 작은 왕국을 잃은 아동은 권력과 권위의 중요성을 다른 사람보다 더 잘 이해하므로 성장한 후 맏이는 권위를 행사하고 싶어 하며 규칙과 법을 중시하는 경향이 있다(이인정 · 최해경, 2007).

② 둘째

둘째 아이는 처음 태어날 때부터 형이나 누나라는 속도 조정자를 가지고 있으므로, 그들의 장점을 능가하기 위한 자극과 도전을 받는다. 이런 사실이 둘째 아이를 첫째보다 훨씬 빠른 속도로 발전하게 만들기도 한다. 아들러(1931)는 둘째 아이는 마치 경주를 하는 것처럼, 그리고 자기의 한두 발짝 앞에 누군가가 있어서 그를 앞지르기 위하여 서둘러야 하는 것처럼 행동하며, 항상 전속력을 다하고 있다고 묘사하였다. 그 결과 둘째 아이는 아주 경쟁심이 강하고 큰 야망을 가진 성격이 된다.

중간 아이는 위아래로 형과 누나, 동생을 두고 있으므로 압박감을 느낀다. 한편으로는 형과 누나를 따라잡으려 하고 다른 한편으로는 동생보다 앞서가기 위해 노력해야 한다. 중간 아이는 자기 능력에 대한 확신을 갖지 못하고 무력감을 느끼며 다른 형제자매에게 의존하는 태도를 보일 수 있다. 그러나 친구를 사귀거나 사회관계를 맺는 일에서 강점을 가지며, 가족갈등 조정자의 역할을 담당하기도 한다.

③ 막내

막내 아이의 상황은 여러 가지 측면에서 독특하다. 첫째, 막내는 동생에게 자리를 빼앗기는 충격을 경험하지 않고, 가족의 귀염둥이로 부모나 형제에 의해 응석받이로 자라게 된다. 둘째, 만일 부모가 경제적으로 넉넉하지 못할 경우, 막내는 자기 것이라고는 아무것도 없고 다른 가족에게서 물려받아야 하는 '늘 귀찮게 붙어 다니는 아이'의 위치로 전락할 수도 있다. 셋째, 모두가 자기보다 크고 힘이 세고 특권이 있는 형제에게 둘러싸여 있으므로, 독립심의 부족과 함께 강한 열등감을 경험하기 쉽다. 그럼에도 막내는 한 가지 이점을 가지고 있는데, 자유롭게 자신의 길을 추구하여 독특한 영역에서 탁월한 능력을 보이기도 한다. 아들러는 때때로 도전적인 막내가 혁명가로 성장할 가능성이 높다고 했다.

④ 외동아이

외동자녀는 경쟁할 형제가 없는 독특한 위치에 있으므로 응석받이가 되기 쉽다. 그들은 관심과 걱정의 대상이 된다. 경쟁할 형제가 없고 부모의 관심을 독차지하므로 자기중심적으로 되기 쉽다. 즉, 외동자녀는 노력 없이도 관심의 초점이 되고 응석받이가 되면서 다른 사람들의 후원을 받는 것이 생활양식이 된다. 이는 나중에 그들이 더 이상 만인의 귀염둥이가 아닐 때 현실적 문제를 야기할 수 있다.

여자형제들뿐인 가정의 외아들은 여성적 환경에서 어려움이 많다. 그는 집안에서 자기만 다른 사람이라고 소외되면서 자라기 쉽다. 특히 여자형제들끼리만 단결하는 경우 고립되기 쉽다. 맏이면 경쟁자가 될 여동생이 있을 수 있으며, 막내라면 누나들의 마스코트가 되기 쉽다. 만일 서열상 중간이면 양쪽에서 공격받는 최악의 경우가 될 수도 있다. 여성적 환경에서 자라면 여성적 성향을 띠거나, 반대로 여성적 분위기에 저항해 남성다움을 강조하게 된다. 남자형제들 틈에 끼인 외동딸도 매우 여성적이거나 남성적인 자질을 갖기 쉽다. 그러나 외아들이나 외동딸이 만일 다른 아이들과 접할 수 있는 기회가 충분하다면 이 문제는 쉽게 해결될 수 있다.

아들러의 출생순서에 따른 생활양식은 모두 가능성을 나타내는 것이다. 가족 내의 위치가 생활양식에 영향을 미치기는 하지만 각 가정마다 역동이 다르다. 아들러의 의도는 단지 가족 내의 서열상 위치에 따라 부딪히게 되는 독특한 문제들이 있을 수 있다는 점을 보여주려는 것이다. 다시 말해 생활양식에 영향을 미치는 것은 출생순서에서의 숫자가 아니라 태어난 상황이다.

chapter 04

행동주의 이론

행동주의적 성격이론은 당시의 지배적 성격이론이었던 정신분석이론에 반대되는 관점을 주장하면서 성격이론의 확대에 지대한 영향을 미쳤다. 즉, 정신분석적 성격이론이 본능, 충동, 욕구 등 내부 심리적 힘이 행동의 주요 원인이라고 주장한 것과는 대조적으로 행동주의 성격이론은 인간의 행동이 외적 요인, 즉 환경의 힘에 의해 획득되고 유지되고 수정된다고 주장했다. 사실상 모든 성격이론에서 인간성격에 대한 환경론의 흔적을 찾아볼 수 있기 때문에 행동주의가 환경을 강조하는 유일한 성격이론은 아니지만, 환경이 성격형성에 가장 중요하다고 강조한 이론은 현대 행동주의적 학습이론에서 가장 잘 나타나 있다고 볼 수 있다.

현대사회에서 가장 영향력 있는 심리학 중의 하나인 행동주의 심리학은 대부분의 인간행동은 학습되거나 또는 학습에 의하여 수정될 수 있다고 보기 때문에 학습이론이라고도 한다.

1. 고전적 조건형성이론

러시아의 생리학자 파블로프(Pavlov)가 주장한 고전적 조건형성이론(classical conditioning theory)은 자동적(무조건적, 반사적) 반응을 일으키는 자극과 함께 반복적으로 제공된 중립자극도 나중에는 자극들 간의 연합에 의해 반응적 행동을 유발한다는 것이다. 스키너는 파블로프의 조건형성에 대해, 다른 심리학자들이 주로 사용하는 '고전적 조건형성'이라는 표현 대신 '반응적 조건형성'이라는 표현을 사용했다. 따라서 고전적 조건형성과 반응적 조건형성은 같은 의미로 사용된다.

1) 파블로프(Ivan Petrovich Pavlov, 1849~1936)의 생애

파블로프는 모스크바에서 동남쪽으로 193킬로미터 거리에 있는 라이잔(Ryazan)에서 태어났다. 그는 마을 목사인 피터 디미트리비치 파블로프(Peter Dimitrievich Pavlov)의 11명의 자녀 가운데 맏이로 태어나, 라이잔의 교회 학교를 졸업한 후 아버지의 직업을 이어받기 위해 라이잔 신학교(Ryazan Ecclesiastical Seminary)에 입학했다. 그러나 신학교에서 공부를 마치지 않고 세인트 피터스버그 대학에서 자연과학에 대한 관심을 펼쳐나갔다.

그는 생리학자가 되기로 결심하고, 학위 논문을 쓰기 위해 순환시스템을 연구했으며, 1904년 소화계통에 관한 연구로 노벨상을 받았다. 조건화에 대한 그의 연구는 노벨상을 받은 연구, 즉 '소화반사의 적응적 현상에 대한 연구'로부터 발달했다. 후에 파블로프는 자신의 연구 초점과 방향을 '소화'에서 '조건반사'로 변경했으며, 조건반사를 규명하기 위해 많은 연구를 수행했다.

파블로프의 연구목적은 심리학 이론을 만드는 것이 아니라 신경계를 이해하는 것이었다. 그래서 파블로프의 이론적 틀은 해부학, 생리학이지만 심리학자들에게는 그의 이론적 틀이 행동과 신경계 간의 보이지 않는 연결

고리를 제공한 것처럼 보였다(Noel Sheehy, 2010). 그레이(1979)가 "동물의 학습을 연구하는 데 파블로프가 미친 영향력은 과거 어느 때보다도 지금 더욱 강력하고 더 직접적이다. 그리고 그러한 영향력은 점점 더 커지고 있다"고 주장했듯이 파블로프가 행동주의 심리학에 미친 영향은 매우 크다고 할 수 있다.

2) 주요 개념

(1) 조건반사와 고전적 조건형성

파블로프는 개가 음식에 대한 반응으로 타액을 얼마나 많이 분비하는가를 측정하는 과정에서 개가 음식을 보거나 냄새를 맡기 이전에 이미 침을 흘리기 시작한다는 사실을 발견했다. 보통 개는 음식이 혀에 닿으면 타액을 분비하는 것이 일반적인 모습이다. 그러나 파블로프는 개가 음식을 가져오는 주인의 발소리를 몇 번 반복해서 듣고는 그 발소리만 들어도 타액을 분비하는 것을 발견했다. 이러한 새로운 발견을 기초로 그는 조건반사에 관한 연구를 시작하였다(이성태, 2007).

파블로프는 이를 체계적으로 알아보기 위한 실험에서 개에게 먹이를 주기 전에 종을 울렸다. 이렇게 종을 울리면서 음식을 주는 행동을 여러 번 반복하면 마침내 개는 종소리만 듣고도 침을 흘리게 된다. 이것은 개가 종소리에 대해 반응하도록 조건형성이 된 것이다. 이러한 과정을 고전적 조건형성(classical conditioning)이라고 부른다. 이때 음식물을 주는 것은 무조건자극이며, 음식에 대해 타액을 분비하는 것은 무조건반응이다. 처음에 종소리는 타액의 분비와 관계가 없는 중립적 자극이지만 나중에 종소리만 듣고도 타액을 분비하면 종소리가 조건자극이 되며, 타액을 분비하는 것은 조건반응이 된다. 이러한 조건반응은 중립적 자극과 무조건자극의 연합이 지속될 경우에 더욱 강화된다.

조건화 전 단계	종소리(중립자극) → 무반응 음식(무조건자극) → 침분비(무조건반응)
조건화 단계	종소리(중립자극) + 음식(무조건자극) } → 반응(침분비) 여러 번 반복
조건화 후 단계	종소리(조건자극) → 침분비(조건반응)

| 그림 4-1 | 파블로프의 고전적 조건형성의 모형

우리가 일상생활에서 경험하는 고전적 조건형성의 예는 수없이 많다. 어린 아동이 보여주는 고전적 조건형성의 한 예는 개에게 물려 놀란 경험이 있는 아동이 강아지만 보아도 공포반응을 보이는 경우이다. 파블로프의 고전적 조건형성의 원리를 인간행동에 적용한 왓슨(Waston, 1927)에 의하면, 아동의 정서반응은 고전적 조건형성을 통한 학습에 영향을 받기 쉽다고 한다. 왓슨은 9개월 된 앨버트가 흰 쥐에 공포반응을 보이도록 흰 쥐와 큰 소리를 짝지어 제시했다. 처음에 흰 쥐를 두려워하지 않던 앨버트는 흰 쥐와 큰 소리가 몇 번 짝지어 제시된 후에 흰 쥐에 대한 공포반응을 보였다. 심지어 흰 쥐뿐만 아니라 흰 토끼나 털 코트에까지 공포반응을 보였는데, 이것이 바로 고전적 조건형성에서 나타나는 자극 일반화 현상이다.

2. 스키너의 조작적 조건형성이론

조작적 조건형성(operant conditioning)이란 고전적 조건형성과는 달리 유기체가 원하는 결과를 얻기 위해 환경에 선택적으로 작용하는 것을 의미한다. 즉, 고전적 조건화는 자극 간 연합에 의해 생성되지만 조작적 조건화는 행동과 결과 사이의 연합에 의해 생성되는데, 행동의 결과가 어떠한가에 따라 행동이 달라진다. 예를 들면, 특정 행동 후 그 결과가 긍정적이면 행동이 증가하고, 부정적이면 감소하는 것을 볼 수 있다.

1) 스키너(Burrhus Frederick Skinner, 1904~1990)의 생애

스키너는 1904년 펜실베이니아주 서스큐안나에서 태어났다. 그의 자서전에 따르면 그의 어린 시절은 따뜻하고 안정적이었다고 한다. 변호사인 아버지를 둔 안정적인 가정환경 속에서 옳고 그른 것을 잘 배울 수 있도록 적절하게 보상과 처벌을 제공하는 어머니의 훈육을 받으면서 스키너는 학습을 중시하게 되었다.

그는 어린 시절부터 물건을 발명하고 만드는 데 관심이 많았으며 그의 이러한 관심은 대학원생일 때 '누적기록계'를 개발하여 두각을 나타내었다. '누적기록계'는 피험자의 키 누르기와 같은 불연속적 행동을 누적된 연속선으로 기록하면 경험이 많은 관찰자는 이 기록을 이용하여 시간에 따라 변하는 특정 피험자의 반응패턴을 확인할 수 있는 것이다. 스키너는 자신이 심리학에 기여한 가장 큰 공헌이 '누적기록계'의 발명이라고 말했다.

스키너는 대학에서 영문학을 전공하고 작가가 되기를 희망했으나 자신이 쓴 작품에 실망하여 꿈을 접고 심리학에 대한 관심을 가지기 시작했다. 1928년 하버드 대학 심리학과 대학원에 입학하여 동물행동을 전공하여 1931년 박사학위를 받고 여러 대학에서 교수와 연구자로 활동하면서 탁월한 업적을 남겼다.

스키너의 둘째 딸 데보라(Deborah)는 스키너의 발명품 '공기로 된 아기침대'에서 컸다는 사실이 알려지면서 유명해졌다. 이것은 유리면과 에어컨이 있는 아기 침대로 편안하고 안전했지만 마치 수족관을 닮은 곳에서 아기를 키우려고 한 것처럼 보여 뒷이야기가 많았다.

스키너의 업적은 방대하다. 그는 심리학 분야의 뛰어난 인물 중의 한 사람일 뿐만 아니라 행동주의 심리학의 가장 영향력 있는 이론가로 동료 심리학자들로부터 많은 포상을 받았다. 그는 파블로프, 왓슨, 손다이크의 연구업적을 토대로 심리학의 행동주의 이론을 체계적으로 발전시켰다. 그는 인간의 행동은 그 사람의 환경에서 부과되는 힘의 결과라고 믿으며, 사회문제와 인간문제를 해결하기 위해서는 이 환경의 힘을 적절히 조작해야 한다고 믿었다.

그는 행동주의 심리학자로 큰 명성을 얻었지만 문학에 대한 열정으로 1948년에는 『Walden Two』라는 유토피아 소설을 썼다. 이것은 행동주의의 원리에 기초하여 쓴 이상적 사회를 묘사한 소설이었다. 스키너는 '유토피아에서 사회란 바람직한 행동에 대해 긍정적인 강화를 제공함으로써 시민을 조절하는 행동주의자들에 의해 만들어진다'고 묘사했다.

2) 주요 개념

(1) 조작적 조건형성

스키너의 핵심적 이론은 조작적 조건화에 기초를 두고 있다. 이 조작적 조건형성이론은 파블로프의 고전적 조건형성이론을 수용하여 더욱 발전시킨 것이다. 그러나 파블로프의 고전적 조건형성에서는 피실험자의 역할은 중요시되지 않은 반면 스키너의 조건형성에서는 피실험자의 역할에 관심을 가졌다. 그는 고전적 조건형성의 원리가 선천적인 반사행동의 학습을 설명하는 데는 유용하지만 유기체 스스로 조작하는 행동을 설명하기에는 부족하다고 믿었다. 스키너는 인간의 행동에는 고전적 조건형성으로 설명되는 음식물의 타액 분비나 큰 소리에 놀라는 반응과 같은 수동적이고 기계적인 반응 행동만 있는 것이 아니라, 능동적 존재인 유기체가 자발적으로 행동을 일으키기 위한 조작 행동도 포함된다고 주장하였다.

스키너가 조작적 조건형성을 연구하면서 사용한 실험상자는 '스키너 상자'로 널리 알려져 있다. 스키너 상자란 동물실험을 위한 조종 장치로서 쥐나 다른 동물이 먹이를 얻기 위해 지렛대를 누르도록 훈련시키는 장치이다. 스키너 상자에 24시간 굶주린 쥐를 넣으면 처음에 쥐는 새로운 환경을 탐색하기 위해 이리저리 돌아다니면서 여러 가지 행동을 한다. 즉, 걷고, 냄새 맡고, 몸을 핥는다. 이 같은 행동은 어떤 인식되는 자극에 의해 산출되는 것이 아니라 본능적으로 행하는 것이다. 쥐는 이러한 탐구활동을 하다가 우연히 지렛대를 누르게 되며, 그러면 작은 음식 덩어리가 자동적으로 접시에 나오게 된다. 지렛대를 누르는 행동이 처음에는 매우 간헐적으로 발생하기 때문에 이 행동은 먹이 찾는 행동과 무관하게 우연히 일어난 사건으로 간주될 수 있다. 그러나 이렇게 먹이를 받아먹는 긍정적 결과를 여러 번 반복하면 쥐는 점차 지렛대 누르는 행동을 학습하게 되는 것이다. 이 실험 결과는 유기체가 스스로 어떤 행동을 하고 그 행동의 결과가 긍정적일 때는 이후에도 그와 같은 행동이 나타날 확률이 높아진다는 것을 의미한다. 즉, 보상이 주어지거나 긍정적인 강화를 받는 행동은 반복해 나타나고, 강화되지 않거나 처벌된 행동은 다시 발생할 확률이 줄어든다는 것이다(김미영, 2010). 이와 같이 스키너는 쥐가 먹이를 먹기 위해 지렛대를 누르는 조작적 행동이 그에 따른 먹이 보상의 획득, 즉 강화에 의해 반복적으로 나타난다는 실험을 통해 조작적 조건형성의 원리를 주장하였다.

조작적 조건반응은 어떤 행동의 결과가 보상적이면 그 행동이 쉽게 재현되나, 그 행동의 결과가 고통스럽거나 도움이 되지 않는다면 그 행동이 재현되기 어려운 것을 말한다. 따라서 조작적 조건화는 고전적 조건화와 달리 유기체가 원하는 결과를 얻기 위해 실행하는 자발적인 반응인 것이다. 결국 조작적이라는 용어는 유기체가 바라는 결과를 얻기 위해 선택적으로 환경에 작용하는 것을 의미한다.

(2) 강화와 벌, 소거

조작적 조건화의 기본 전제는 행동이 그 결과에 의해 통제된다는 것이다. 즉, 어떤 결과는 행동이 다시 일어날 가능성을 높이는 반면, 또 다른 결과는 행동이 재현될 가능성을 낮춘다. 특정 행동에 뒤따르는 결과 중에서 행동 재현 가능성을 높여주는 것이 강화(reinforcement)이며, 가능성을 낮추는 것이 벌(punishment)이다. 그러나 어떤 것이 강화가 되고 어떤 것이 벌이 되는지는 기능적 분석, 즉 행동의 증가나 감소가 일어나는 것을 관찰하여야만 구분이 가능하다.

① 강화

강화는 행동의 재현 가능성을 높여주는 것인데, 강화에는 정적 강화(positive reinforcement)와 부적 강화(negative reinforcement) 두 종류가 있다. 정적 강화는 즐거운 결과를 제공하여 행동의 재현을 가져오도록 하는 것이고, 부적 강화는 혐오스러운 결과를 제거함으로써 행동의 재현을 유도하는 것이다. 이 두 가지 강화는 모두 행동의 빈도를 증가시킨다.

정적 강화의 예로는 초등학교에서 숙제를 잘 해온 학생들에게 선생님이 아이들이 좋아하는 예쁜 스티커를 제공(+ : 정적 강화물)함으로써 숙제해 오는 행동을 증가시키는(+ : 강화) 경우를 들 수 있을 것이고, 부적 강화의 예로는 초등학교에서 숙제를 잘 해온 학생들은 학생들이 하기 싫어하는 청소를 면제해(− : 부적 강화물) 줌으로써 숙제해 오는 행동을 증가시키는(+ : 강화) 경우를 들 수 있다.

강화계획

강화계획은 조작적 행동이 습득되고 유지될 수 있도록 강화물을 제시하는 빈도와 간격의 조건을 나타내는 규칙인데 매우 중요하다. 왜냐하면 강화계획에 따라 강화물이 제시되지 않는 상황에서도 동일한 반응이 유지되는 정도가 달라지기 때문이다. 강화계획은 강화간격과 강화비율이라는 두 가지 기준에 따라 구분할 수 있다.

먼저 연속적 강화계획은 행동이 일어날 때마다 강화물을 제시하는 것으로 초기단계에서 어떤 행동을 시작하게 하고 강화하는 데는 유용하지만 강화가 중지되면 그 행동이 소거될 가능성이 높다. 간헐적 강화계획은 행동을 통제하기 위해 시간 간격과 비율에 근거하여 강화물을 제공하는 것이다. 간헐적 강화계획은 고정간격 계획, 가변간격 계획, 고정비율 계획, 가변비율 계획의 네 가지 유형으로 나눌 수 있다.

- **고정간격 계획** : 고정간격 계획(fixed-interval schedule)은 반응에 대해 정해진 시간 간격이 지난 후 강화를 준다. 고정간격 계획으로는 월당이나 주급, 정기적 시험 등을 생각해 볼 수 있다. 이 강화 계획에 따른 반응률은 시간이 지나면서 증대되나 강화를 얻은 바로 직후에는 반응률이 낮다. 예를 들면, 학생들의 공부 양은 시험이 끝난 직후에 급격히 감소하다가 다음 시험이 다가옴에 따라 증가한다.
- **가변간격 계획** : 가변간격 계획(variable-interval schedule)에서는 강화를 주는 평균시간 간격은 일정하지만 실제 강화가 주어지는 시간 간격은 다른 경우를 말한다. 예를 들면, 평균치가 5분이면 어떤 반응이 강화를 받기 위해서 첫 번째 강화는 8분, 그 다음은 2분, 6분, 4분이 경과할 수도 있다. 결국 평균은 5분에 한 번씩 강화가 주어진 셈이다. 가변간격 계획에서는 강화를 받고 그 다음에 또 바로 강화가 주어질 수도 있고 오랜 시간이 경과한 후에야 받을 수도 있다. 그래서 가변간격 계획은 보상을 받을 시간을 예측하기 어렵기 때문에 고정간격 계획보다 더 높은 반응 빈도를 나타내고 천천히 소거된다.
- **고정비율 계획** : 고정비율 계획(fixed-ratio schedule)은 미리 정해놓은 또는 고정된 횟수의 반응을 수행한 후에 강화를 제공하는 것이다. 예를 들면, 상품의 판매량이나 생산량에 따라 보상이 주어지는 근로자의 성과급은 여기에 속한다. 고정비율 계획은 반응이 많을수록 더 많은 보상을 받기 때문에 유기체의 반응비율이 높게 나타난다.
- **가변비율 계획** : 가변비율 계획(variable-ratio schedule)은 강화를 받는 데 필요한 반응의 수가 어떤 정해진 평균치 범위 안에서 무작위로 변하는 것이다. 즉, 일정한 반응의 횟수 안에서 강화가 언제 주어질 것인가를 예측할 수 없는 것이다. 예를 들면, 일정한 횟수 안에서 거액이 나오도록 설계되어 있지만, 언제 나올 것인가를 알 수 없는 슬롯머신과 경마는 여기에 속한다. 가변비율 계획은 보상을 받기 위해서 유기체가 높은 비율의 반응을 나타내며 학습된 행동의 소거도 매우 느리기 때문에 행동을 유지하는 데 가장 효과적인 방법이다(Schultz & Schultz, 1994). 사람들이 슬롯머신이나 경마와 같은 도박에 쉽게 중독되는 이유도 가변비율에 의해 보상이 제공되기 때문이다.

이러한 네 가지의 강화계획들 중에서 가변비율 계획이 반응을 가장 높게 지속적으로 유지시키며, 그 다음으로는 고정비율 계획, 가변간격 계획, 고정간격 계획의 순으로 반응을 지속시킨다(최순남, 2002). 강화계획은 행동을 통제하거나, 수정하거나, 조성하는 데 효과적으로 활용될 수 있는 기술이기 때문에 임상현장과 산업현장을 비롯한 다양한 분야에서 폭넓게 적용될 수 있다.

② 벌

벌(punishment)은 행동 재현 가능성을 낮추는 것인데, 벌에도 정적 벌과 부적 벌 두 가지가 있다. 정적 벌은 특정 행동 뒤에 부정적이거나 혐오스러운 자극을 제시하여(+ : 혐오자극) 해당 행동의 빈도를 감소시키는 것이고, 부적 벌은 특정 행동 뒤에 유쾌한 자극을 철회(− : 유쾌자극)하여 해당 행동의 빈도를 감소시키는 것이다. 이 두 가지 종류의 벌은 모두 행동의 빈도를 감소시키는 데 목적이 있다.

정적 벌의 예로는 인수가 동생을 괴롭히고 울렸을 때 엄마가 인수의 손바닥을 회초리로 때려서(+ : 혐오자극) 동생을 울리지 않도록 했을 경우를 들 수 있고, 부적 벌의 예로는 동생을 울렸을 때 인수가 좋아하는 TV 만화영화를 보여주지 않음(− : 유쾌자극)으로써 해당 행동의 빈도를 감소시키는 것을 들 수 있다.

③ 소거

소거(extinction)는 더 이상 강화를 받지 못해서 행동이나 반응이 사라지거나 약화되는 것을 말한다. 소거는 행동빈도를 감소시키거나 제거하는 것을 목적으로 한다는 점에서는 벌과 같지만 그 방법에 있어서는 뚜렷한 차이가 있다. 처벌은 그러한 목적을 위해 좋은 자극을 제거(−)하거나 혐오스러운 자극을 제시(+)하는 방법을 사용하지만, 소거는 무언가를 철회(−)하거나 제시(+)하는 것이 아니라 아무런 강화도 주지 않는 방법을 사용한다는 데에 차이가 있다.

(3) 일반화와 변별

① 일반화

일반화(generalization)는 특정 자극상황에서 강화된 행동이 처음의 자극과 비슷한 다른 자극을 받았을 때 다시 발생하게 되는 것을 의미한다. 이때 일반화는 자극상황들의 유사성에 달려 있다. 예를 들면, 종소리에 침을 흘리도록 학습된 개는 종소리와 유사한 벨소리를 들려주어도 침을 흘린다. 이처럼 조건자극과 유사한 여러 가지 자극에 대해서도 침을 흘리는 조건반응이 나타나는 현상을 일반화라고 한다.

② 변별

변별(discrimination)은 자극 일반화와 그 이후 분화과정을 통해 나타나는 것으로, 어떤 자극에 반응하는 행동은 강화를 해주고, 다른 자극에 반응하는 행동은 강화하지 않음으로써 학습된다. 이때 변별자극은 특정한 반응이 보상되거나 보상되지 않을 것이라는 단서 혹은 신호로 작용하는 자극을 말한다(Skinner, 1953). 강화 받을 것이라고 생각하는 상황에서는 그 행동을 할 가능성이 더 커진다. 변별자극은 바람직한 결과를 얻기 위해 어떤 행동을 선택해야 할지를 암시한다.

예를 들면, 비둘기에게 탁구공을 쪼면 먹이를 주어서, 탁구공을 쪼는 행동을 학습시키면, 일반화에 의해 유사한 탁구공만 보면 쪼는 행동을 할 것이다. 그런데 이때 비둘기가 파란색 탁구공을 쪼면 먹이를 주고, 빨간색 탁구공을 쪼면 먹이를 주지 않으면 비둘기는 파란색 탁구공만 쪼게 됨으로써 색깔을 변별할 수 있게 된다. 이때 색(빨간색, 파란색)은 변별자극이다. 스키너는 건강한 성격은 일반화와 변별능력의 혼합 결과로 발달한다고 주장했다.

(4) 행동조성

행동조성(shaping)은 유기체의 행동이 바람직한 행동에 가까워질 때까지 점진적으로 행동을 형성해 가는 과정이다. 복잡한 행동이나 기술을 학습시키는 데 유용한 방법으로, 목표로 삼는 바람직한 행동에 접근할 때마다 강화가 제공되어 점진적으로 행동을 만들어 가는 과정을 말한다.

3. 반두라의 사회학습이론

주로 동물실험을 통해 밝혀지게 된 고전적 조건형성과 조작적 조건형성은 인간의 행동을 설명하는 데에 많은 기여를 하였지만, 사회적 상황에서 나타나는 다양하고 복잡한 행동의 습득과정을 설명하는 데에는 한계가 있다. 인간은 고전적 조건형성과 조작적 조건형성의 방법 외에도 다른 사람의 행동을 관찰하고 모방함으로써 새로운 행동을 학습하는 경우가 많다. 다른 사람이 행동하는 것을 관찰함으로써 이타행동, 공격행동, 공포반응과 같은 다양한 행동을 학습하게 할 수 있다는 것이 실험적으로 입증되었다. 이렇게 사회적 상황에서 다른 사람의 행동에 대한 관찰과 모방을 통해 새로운 행동을 학습하는 것을 사회적 학습(social learning)이라고 한다(권석만, 2013).

1) 반두라(Albert Bandura, 1925~)의 생애

반두라는 폴란드계 밀 농사꾼의 아들로 1925년 캐나다 앨버타 지방에서 태어났다. 그는 오직 2명의 교사와 20명의 학생밖에 없는 고등학교에서 어렵게 공부했지만, 1949년 벤쿠버에 있는 브리티시컬럼비아 대학에서 공부하여 학사학위를 받았다. 그리고 1951년에 아이오와 대학에서 석사학위를 받고, 1952년에 박사학위를 받았다. 반두라는 위치타 캔자스 가이던스 센터(Wichita Kansas Guidance Center)에서 1년간 봉사한 후 스탠퍼드 대학 심리학과에서 교수로 일했다(Phares, 1984).

행동주의는 환경이 행동에 미치는 영향을 강조하는데, 반두라는 행동이 환경에 미치는 영향에도 관심을 가졌다. 반두라는 환경 대 행동 간의 상호작용에 관한 자신의 개념을 '상호결정론(환경과 한 개인의 행동이 상호 영향을 미친다는 개념)'이라고 칭하였다. 그는 이러한 생각을 발전시켜 환경과 행동 및 개인의 심리적 과정 간의 상호작용을 고려하기 시작했다. 그는 정신적 이미지의 역할을 고려하면서 엄격한 행동주의자이기를 포기하고 인지심리학자가 되었다. 실제로 그는 종종 인지적 행동주의의 '초대 아버지'로 불린다(정태연 · 조은영, 2010).

행동주의에 인지개념을 도입한 것은 그가 전통적인 행동주의에서 분명히 이탈했음을 의미한다. 반두라의 이론적 입장이 바뀌어 가는 것은 그가 그의 이론에 대한 명칭을 변경하는 것에서도 드러난다. 즉, 좀 더 전통적인 행동주의 입장을 반영하는 '관찰학습'에서, 사회적 행동은 다른 사람을 관찰함으로써 학습된다는 점을 좀 더 강조하는 '사회학습이론'으로, 그리고 사회학습을 중재하는 인지과정을 좀 더 강조하는 '상호인지이론'으로 반두라는 자신의 이론에 대한 명칭을 변경해 왔다(정태연 · 조은영, 2010).

반두라는 심리학계에 그가 끼친 공로로 1972년 미국 심리학회로부터 우수과학자상(Distinguished Scientist Award)을 수상했으며, 1973년에는 미국 심리학회 회장으로 선출되었다.

2) 주요 개념

(1) 관찰학습

사회적 학습과정을 이론적으로 체계화한 대표적인 학자는 반두라이다. 그에 따르면 사회적 학습은 크게 세 가지 유형, 즉 모방학습(modeling), 대리학습(vicarious learning), 관찰학습(observational learning)으로 나눌 수 있다(권석만, 2013).

먼저 모방학습은 가장 단순한 형태의 사회적 학습으로서 인지적 요인의 개입 없이 다른 사람의 행동을 그대로 따라 하여 자동적으로 이루어지는 경향이 있다. 대리학습은 다른 사람들이 새로운 행동을 시도할 때 어떤 결과가 나타나는지를 관찰함으로써 자신이 그러한 행동을 했을 경우 초래될 결과를 예상하는 학습방법이다. 어떤 행동이 보상적 결과를 초래하는 것을 보게 되면 그 행동의 빈도가 증가하는 반면, 처벌되는 것을 관찰하게 되면 행동의 빈도가 감소한다. 이타적 행동을 한 또래친구가 교사에게 칭찬받는 것을 보고 난 후에 자신도 그와 같은 이타적 행동을 하는 아동의 경우가 이에 해당된다.

관찰학습이란 직접적인 강화 없이 다른 사람의 행동을 관찰함으로써 그 행동을 반복할 능력을 획득하는 것을 말한다. 이 과정에서 관찰의 대상이 되는 사람을 모델이라고 한다. 사람들은 모델을 관찰하여 학습한 모든 행동을 실행으로 옮기지는 않는다. 즉, 사람들은 관찰을 통해 학습한 어떤 행동은 수행하고 어떤 행동은 수행하지 않는다. 왜냐하면 인간은 인지능력을 통해서 행동 수행의 결과를 예측할 수 있기 때문에 모델을 통해 관찰한 행동의 수행 결과가 부정적이라고 판단하면 그 행동은 수행하지 않는다. 따라서 반두라는 행동의 학습과 수행의 차이를 구별하였다. 관찰학습은 단순한 모방이 아니라 개인의 적극적인 판단과 이해의 과정이다. 관찰학습의 과정은 다음과 같다.

① 주의집중 과정

관찰학습을 위해 가장 우선적으로 필요한 것은 모델을 단순히 보는 것만으로는 부족하고 모방할 행동의 중요한 특징들에 주의 깊게 집중하여 정확하게 지각하는 과정이다. 즉, 이 과정에서는 단순히 모델과 모델의 행동을 보는 것만으로는 불충분하며, 모델을 모방하는 데 이용할 적절한 관련 정보를 이끌어 낼 수 있도록 충분한 지각적 정확성을 가지고 모델에 주의를 기울여야 한다.

주의집중 과정에서는 노출된 무수한 관찰대상 가운데 무엇을 선택적으로 관찰할 것인지를 결정한다. 반두라에 따르면 어린 아동이 사회적 모델로 선택할 가능성이 가장 높은 대상은 다정하고 보살펴 주는 사람 또는 유능하고 강력한 힘을 가진 사람이다.

② 보존과정

보존과정은 언젠가 모델을 통해 주의 깊게 관찰한 행동을 기억하여 보존하는 과정이다. 반두라는 만일 사람이 전에 일어났던 사실들을 기억할 수 있는 능력이 없어서 아무것도 기억할 수 없다면 학습은 물론 행동도 변화되지 못할 것이라고 전제했다.

③ 운동재생 과정

인간은 모델을 모방하기 위해서 기억 속에 저장된 내용을 적절한 행동으로 옮겨야 한다. 이렇게 전환하는 과정을 재생과정이라고 한다. 모방한 행동을 재생할 때 대부분 처음부터 완전하게 실행하지는 못한다. 따라서 모델의 행동을 모방하여 처음으로 자신의 행동으로 바꾸어 옮길 때는 매우 서투르다. 지속적인 연습과 반복을 통해 모델의 행동을 재생하게 되는 것이다.

④ 동기과정

반두라는 아무리 사람이 모델의 행동에 주의를 기울이고, 그것을 기억한다고 할지라도, 그리고 행동을 수행할 수 있는 능력을 갖고 있다고 하더라도 충분한 자극(incentive)이나 동기가 없이는 행동을 수행하지 않을 것이라고 말했다. 다시 말하면, 사람은 모델의 행동을 습득하고, 기억하고, 능숙하게 수행할 수 있는 능력을 지니고 있을지라도, 그 행동이 부정적으로 승인되거나 바람직하게 받아들여지지 않는다면 그러한 학습은 좀처럼 자신의 외부행동으로 활성화되지 않을 수도 있다. 그러므로 관찰학습은 긍정적 자극이 주어질 때 빠르게 동기화되고 또 행동으로 전환될 수 있다(Bandura, 1977; Hjelle & Ziegler, 1992). 이처럼 인간은 다른 사람의 행동을 보고 배웠더라도 자신이 그 행동을 했을 때 결과가 어떠할지를 생각하고 학습한 행동을 행동으로 수행할지 아닐지의 여부를 결정한다. 따라서 반두라는 대부분의 인간행동을 외부자극이 통제한다는 스키너의 가정을 비판하면서, 스키너의 행동주의 이론이 스스로 계기를 만들고 자기강화를 가능하게 하는 인간의 능력인 인지능력을 고려하지 않은 점에 반론을 제기하였다.

오늘날 반두라의 이론은 사회인지학습이론이라고 불리기도 하는데, 이것은 그의 이론이 사회적 환경과 인간의 인지능력이 학습과 발달에 미치는 중요성을 강조하고 있기 때문이다(조형숙, 2014).

(2) 상호결정론

반두라는 행동의 원동력이 환경이라는 초기 행동주의의 기본적인 가정에서 벗어나 인간행동이 개인과 환경 간의 상호성에 의존한다는 상호결정론적 입장을 취했다. 이 이론은 반두라의 저서 『Social Foundations of Thought and Action : A Social Cognitive Theory(1986)』에서 '상호결정론(triadic reciprocal causation)'이라는 용어로 설명되었다.

상호결정론에 의하면 인간의 행동은 '개인(person)', '행동(behavior)', '환경(environment)' 세 요소들 간의 상호작용에 의해 이루어진다. |그림 4-2|에서 보듯이 상호결정론 모델은 상호작용의 삼각형을 구성한다. 여기서 개인(P)은 인간의 인지능력, 신체적 특성, 신념과 태도 등을 포함한다. 이것은 인간의 행동이나 환경에 영향을 미친다. 인간은 자신이 원하는 것을 선택할 뿐만 아니라(P → B) 인간의 행동은 자신에 대한 느낌, 태도, 신념에 영향을 미친다(B → P). 마찬가지로 이 세상이나 사람들에 대한 인간의 지식의 대부분은 TV, 책, 가족과 친구, 그 외 다른 환경으로부터 얻은 정보에 의한 것이다(E → P). 물론 환경도 행동에 영향을 미친다. 즉, 학습 이론가들이 주장하는 것처럼 개인의 행동 결과나 개인이 관찰하는 모델은 개인 자신의 행동에 영향을 미친다(E → B). 반두라는 인간의 발달심리를 완전히 이해하기 위해서는 이와 같은 세 가지 각각의 요인을 살펴보고 이 요인들 간의 관계를 모두 이해해야만 한다고 보았다(Lerner, 1990).

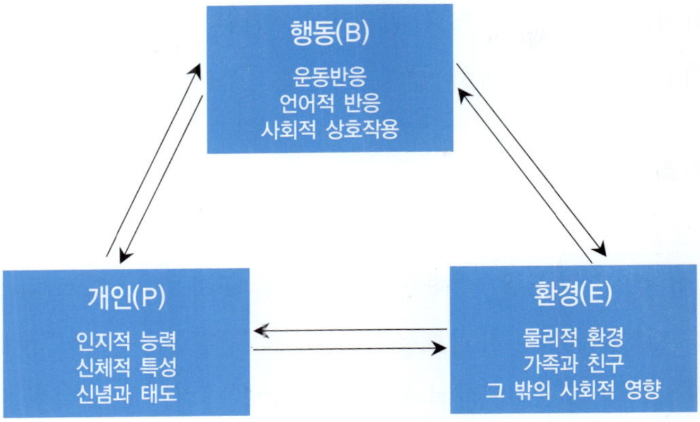

┃그림 4-2┃ 상호결정론 모델

출처 : 김미영(2010).

이 세 가지의 상호 관련성을 인지하며 특히 주목해야 할 것은 개인(P)이 환경(E)의 영향 아래 있을 뿐만 아니라 환경(E)도 개인(P)이나 개인의 행동(B)에 의해 영향을 받는다는 것이다.

(3) 자기강화

자기강화(self-reinforcement)는 각 개인이 자신의 성취 목표를 설정하고 그것을 달성하거나 초과하거나 또는 그 수준에 미치지 못하는 경우에 자기 자신에 대한 보상과 처벌을 스스로 내리는 것이다. 즉, 이것은 자신이 스스로 통제할 수 있는 보상과 처벌을 자기 자신에게 제공함으로써 자신의 행동을 개선하거나 유지하는 과정이다.

인간행동은 전적으로 외적인 영향에 의해서만 좌우되는 것이 아니며, 인간은 자신의 감정, 사고, 행동을 통제할 수 있는 능력을 가지고 있기 때문에 자기생성적 요인과 외적 영향요인의 상호작용에 의해 지배된다. 사람들은 대개 자신의 성취기준을 설정해 놓고 자신의 노력을 판단하여 평가하고 이를 보상하거나 처벌한다. 그들은 자신의 행동을 개선시키고, 자신의 성취를 칭찬하거나 비판하며, 자신이 이용할 수 있는 수많은 사회적 ·

물질적 보상과 처벌을 스스로 관리한다. 인간의 많은 행동들은 자기강화의 연속적인 과정을 통해서 규제된다.

(4) 자기효능감

자기효능감(self-efficacy)이란 자신이 어떤 일을 잘 해낼 수 있다는 개인적 신념으로서 어떤 행동을 수행할지 혹은 수행하지 않을지를 결정하는 요인이 된다(정옥분, 2009). 자기효능감이 낮은 사람은 자신이 행하는 노력이 실패할 것이라고 믿으며 점점 의기소침하게 된다. 그들은 어려운 일을 당했을 때 처음의 시도에서 문제를 효과적으로 잘 처리하지 못했을 경우에 쉽게 포기한다. 그들은 자신의 결함을 곰곰이 생각하고 과제가 실제보다 더 어렵다고 판단하게 된다. 따라서 이러한 개인은 자신의 결점에 지나치게 주의를 집중하고 당면 과제에는 충분한 주의를 기울이지 못함으로써 실패의 가능성이 높아진다. 그러므로 자기효능감이 낮은 사람은 성취 활동에 소극적이고 부정적 태도로 과제를 회피하려는 경향을 갖는다.

반면에 자기효능감이 높은 사람은 그들이 직면하는 사건이나 상황을 자신들이 효과적으로 처리할 수 있다고 믿는다. 그들은 어려운 일을 성공적으로 극복할 것이라고 믿기 때문에 과업을 잘 헤쳐나가고 그것을 높은 수준으로 수행하게 된다. 그들은 자기효능감이 낮은 사람들보다 자신의 능력에 대한 확신을 가지고 있으며 자기 의심을 거의 표현하지 않는다. 그들은 도전 의식이 강하며 능동적으로 새로운 상황을 추구해 나간다.

chapter

05

인본주의 이론

인본주의 심리학은 1960년대 초기, 당시 가장 영향력 있는 심리학의 두 학파인 정신분석학과 행동주의 심리학에 반대하여 탄생한 '제3세력의 심리학'이라고 할 수 있다. 인본주의 심리학은 정신분석학적 인간관, 즉 인간을 충동적 본능과 갈등을 지닌 존재로 묘사하며 음울한 비관론과 절망적으로 보는 시각과, 또 다른 한편으로 인간을 전적으로 외부환경에 의해 지배당하는 로봇으로 묘사하는 행동주의적 시각에 반대한다. 즉, 인본주의 심리학은 정신분석학과 행동주의 심리학에서 주장하는 인간의 본질에 대한 근본적 불만에서 나왔다.

인본주의자들은 인간에 대해 보다 희망적이고 낙관적이다. 그들은 모든 인간은 자신의 내부에 건전하고 창조적인 성장을 위한 가능성을 가지고 있다고 믿는다.

1. 로저스의 현상학적 성격이론

인본주의를 대표하는 가장 영향력 있는 이론가 중의 한 사람인 칼 로저스(Carl Ransom Rogers)는 인간의 본질은 근본적으로 선하며, 합목적적이고, 건설적이며, 현실적이고, 아주 신뢰할 만하기 때문에, 인간을 적당한 환경이 조성된다면 자신의 잠재력을 실현해 갈 수 있는 자유로운 존재로 결론지었다. 그는 인간의 삶에 있어서 최우선적인 동기는 자기 자신을 보존하고 실현하려는 것으로 보았다. 즉, 유전적인 특질이 허용한 한도 내에서 최선의 자기가 되게(becoming) 하는 것이다. 로저스는 이것을 자기실현 경향이라고 했다.

로저스는 자기실현이 완전히 최종단계는 아니라고 본다. 인간은 항상 발전시키고 향상시켜야 할 창조성이 있으며 또 그럴 만한 가능성이 무한히 잠재되어 있다는 것이다.

1) 로저스(Carl Ransom Rogers, 1902~1987)의 생애

로저스는 1902년 일리노이주 오크파크에서 6남매 중 넷째로 태어났다. 경제적으로 안정된 가정에서 그의 부모는 자상하고 애정이 깊은 반면, 종교적으로는 아주 엄격하여 청교도적 윤리를 강조하였다. 로저스가 열두 살 때 시카고 서쪽에 있는 농장으로 이사를 했는데, 이사의 가장 큰 이유는 아버지가 농장에 있고 싶어 하는 이유도 있었지만, 사춘기의 자녀들을 도시의 유혹에서 멀리 떨어지게 하려는 것이 큰 이유였던 것 같다. 위스콘신 대학 시절, 그의 관심과 전공은 농업에서 역사, 그리고 신학으로 바뀌었다. 3학년 때 북경에서 열린 세계기독학생연합회의에 참석했는데 이 경험은 그에게 사람들의 종교적 신념이 매우 다양하다는 사실을 깨닫게 해주었으며, 그의 사고를 확장시키는 매우 중요한 경험이었다. 그는 '나는 처음으로 부모의 종교적 사고로부터 크게 탈피했으며, 더 이상 부모와 같은 생각을 할 수가 없다는 사실을 깨달았다'고 말했다. 이때 그는 자신이 심리적으로 독립을 성취했다그 생각했다. 이러한 계기로 로저스는 위스콘신 대학에서 신학을 공부하다가 임상 및 교육심리학을 공부하기 위해 컬럼비아 대학으로 옮겼다. 1928년 컬럼비아 대학에서 석사학위를 마치고, 1931년 임상심리학으로 박사학위를 받았다.

로저스는 1987년 세상을 떠나기까지 말년에는 인류 간의 긴장완화와 세계평화를 위한 노력에 열정을 바치는 등 인본주의 심리학의 대변자로서 자신의 사상들을 잘 반영하는 삶을 살았다.

2) 주요 개념

(1) 현상적 장

현상적 장(phenomenal field)이란 경험적 세계(experiential world) 또는 주관적 경험(subjective experience)으로도 불리는 개념으로 특정 순간에 개인이 지각하고 경험하는 모든 것을 의미한다. 이러한 현상학 이론의 대변자 중의 한 사람이 로저스이다. 로저스는 동일한 현상이라도 개인에 따라 다르게 지각하고 경험하기 때문에 이 세상에는 객관적 현실이 아니라 개인적 현실(individual reality), 즉 현상적 장만이 존재한다고 본다.

개인의 모든 반응은 자기가 체험하고 지각하는 대로의 현상적 장에 근거한다. 여기서 현재 행동에 영향을 미치는 것은 과거 경험 속의 사실이 아니라 과거 경험에 대한 현재의 해석이다. 로저스는 사람이 그렇게 행동하는 이유는 그가 세계를 어떻게 지각하고 해석하느냐에 달려 있다고 본다. 즉, 행동이란 개인이 세계를 지각하고 해석한 직접적인 사건의 결과로 생긴다(최순남, 2002). 따라서 어떤 사람의 행동의 의미를 완전히 이해하기 위해서는 그 사람이 현실을 어떻게 체험하는지를, 즉 그의 현상적 장을 알아야 한다. 왜냐하면 누구나 인간은 자신의 지각을 근거로 현실을 구성하기 때문이다.

(2) 자기와 자기개념

로저스는 자기(self)와 자기개념(self-concept)을 비슷하게 사용하는데, 자기개념은 그의 이론에서 인간행동을 이해하는 데 중요한 개념이다. 자기 또는 자기개념은 개인이 자신에 대해서 지니고 있는 '자신이 어떤 존재인가?'에 대한 체계적 인식으로, 자기 자신에 대한 자아상(self-image)이다.

로저스는 자기개념이 현재 자신의 모습에 대한 인식, 즉 현실적 자기(real self)와 앞으로 자신이 어떤 존재가 되어야 하며, 어떤 존재가 되기를 원하고 있는지에 대한 인식, 즉 이상적 자기(ideal self)로 구성되어 있다고 본다. 로저스는 현실적 자기와 이상적 자기의 괴리가 큰 개인은 사회에 건강하게 적응할 수 없다고 하였다.

(3) 자기실현 경향성

인간은 자신을 유지하고 향상시키는 방향으로 자신이 지닌 모든 능력을 개발하려는 강한 성향, 즉 자기실현의 경향성을 가지고 있다. 로저스(1980)에 따르면, 인간은 근본적으로 자기실현을 추구하는 존재이다. 인간은 좀 더 가치 있는 존재로 성장하기 위해서 자신의 모든 잠재력을 발현시켜 유능한 인간이 되려는 생득적인 성향을 지니는데, 로저스는 이를 자기실현 성향(self-actualization tendency)이라고 불렀다. 로저스는 자기를 실현시키는 과정에서 각 개인은 유기체적 평가과정을 갖게 된다고 했다. 유기체적 평가과정이란 각 개인이 자신의 잠재력을 실현하는 체험과 잠재력을 실현하지 못하는 체험을 구분할 수 있는 타고난 신체적 지혜를 말한다. 따라서 유기체적 평가과정에서 자기를 유지시키거나 향상시키는 것으로 지각된 경험은 더욱 추구되고 긍정적으로 평가되며, 개인은 이러한 긍정적 경험으로부터 만족감을 얻는다.

3) 성격의 발달

로저스에 의하면 성격발달은 대체로 자기(self)를 중심으로 이루어진다. 그는 성격발달 그 자체에 많은 관심을 기울이지 않았기 때문에 자기개념을 획득하는 데 거치게 될 주요 단계의 구체적 시기는 언급하지 않았다. 그러나 유아기나 아동기 초기에 다른 사람들이 아동을 어떻게 평가하느냐에 따라 긍정적 또는 부정적 자아상이 발달한다는 것을 강조하였다.

(1) 무조건적인 긍정적 관심

로저스(1983)는 자기(self)가 처음 형성될 때 유기체적 가치평가 과정(organismic valuing process)의 지배를 받는다고 보았다. 유아는 내적 평가기준을 지니고 있기 때문에 부모의 도움이 없어도 새로운 경험이 자신의 선천적인 자기실현 경향을 촉진하는지 또는 방해하는지를 평가하고, 이에 따라 반응한다는 것이다. 예를 들어, 배고픔, 목마름, 추위, 고통과 갑작스러운 소음 등은 자기실현 경향을 방해하는 것이기 때문에 부정적으로 평가되는 반면, 음식・물・안정・사랑 등은 긍정적으로 평가된다. 이러한 점에서 유기체적 가치평가 과정은 유아의 욕구충족을 도모하는 점검체계(monitoring system)이다.

아동이 발달함에 따라 자신과 외부세계를 구분할 수 있게 되고, 자신에 대한 외부세계의 평가를 받아들이고, 그럼으로써 유기체적 가치평가 과정의 점진적인 변형이 이루어진다. 점차 개인은 부모, 이웃, 친구, 교사, 그리고 고용주와 권위적 인물이 자신을 어떻게 생각하는가에 따라 스스로를 평가하는 방법을 배운다(Raskin, 1985). 자기(self)의 발달은 환경과의 상호작용을 포함한 여러 요인들에 달려 있는데 그중에서 긍정적 관심(positive regard)에 대한 욕구가 결정적 역할을 한다. 자기에 대한 의식이 생기면 다른 사람들로부터 따뜻함, 수용, 존경, 숭배, 사랑을 받고 싶은 욕구가 생긴다. 로저스는 이 욕구를 기본적 욕구로 간주했다. 긍정적 관심을 받고자 하는 욕구의 충족은 타인에 의해서 가능해지기 때문에, 아동은 성장하면서 점점 더 다른 사람에게서 긍정적 관심을 받으려 하며, 점차 중요한 타인들(significant others)의 자기에 대한 기대와 태도에 영향을 받고 민감해진다(Rogers, 1959).

로저스는 건강한 성격의 발달을 위한 가장 중요한 요건이 무조건적인 긍정적 관심(unconditional positive regard)이라 보았다. 그는 아무도 가치의 조건을 완전히 피할 수는 없지만 부여된 가치와 상관없이 긍정적 관심을 주거나 받는 것이 가능하다고 생각하였다(Rogers, 1959). 무조건적인 긍정적 관심은 어떤 경우에든 주어지는 완전하고 진실된 사랑과 존중을 의미한다. 이는 조건 없이 있는 그대로 수용하거나 존중하는 것을 의미한다. 아동이 어떻게 행동하든 어머니가 사랑과 애정을 기울이는 것이 이에 해당된다. 물론 무조건적인 긍정적 관심은 아동의 모든 행동에 제한이 전혀 없어야 한다는 뜻은 아니다. 주위에서 한 인간으로 존중해 주는 무조건적인 긍정적 관심을 받을 때 그 사람은 자신을 가치 있는 존재로 판단하며, 유기체로서 자신의 욕구와 자기개념에 따라 행동하게 되므로 최대한으로 성장하게 된다.

(2) 조건부적 긍정적 관심

일반적으로 긍정적 관심이 어떤 조건들을 충족시킬 때 주어지게 되면, 이것이 가치의 조건(conditions of worth)이다. 예를 들면, 어떤 가정에서는 공부를 잘해야 긍정적 관심을 보이며, 스포츠나 음악에 뛰어난 것은 인정을 해주지 않는다. 가치의 조건은 사회화의 기준을 제공하는 중요한 기능을 하지만 위험한 측면도 있다. 긍정적 관심의 욕구 때문에 가치의 조건에 지나치게 사로잡혀 환경의 다른 측면들을 지각하지 못한다면 성장과 실현의 잠재력이 약화되기 때문이다. 삶에서는 주로 다른 사람의 조건부적인 긍정적 관심(conditional positive regard)을 경험하게 된다.

아동은 자기가 어떤 점에서는 중요한 타인들에게 가치 있게 여겨지며 다른 점에서는 그렇지 못하다는 것을 경험하는데, 아동에게 만족스러운 많은 체험들이 중요한 타인들로부터는 긍정적 관심을 받지 못할 수 있다. 아동은 중요한 타인들의 관심을 중요하게 여기기 때문에 자신의 개인적 체험을 무시하고, 중요한 타인들이 그 체험에 대해 갖는 견해를 받아들인다. 만일 어머니가 어린 자녀에게 조건부적인 긍정적 관심을 보인다면, 어머니의 이러한 태도는 아동에게 내면화되어 가치의 조건이 된다. 이는 그 아동이 특정한 조건에서만 자기가치(self-worth)를 느낀다는 의미이다(이혜성 역, 1982). 바로 이러한 이유 때문에 각자가 자기를 실현할 필요가 있음에도 다른 사람으로부터 사랑을 받기 위해 자기를 희생시켜야 하는 모순에 처하게 된다. 조건부적인 긍정적 관심이 가치부여 과정을 지배할 때 그 개인은 자신의 잠재력과의 접촉을 상실하며, 자기소외를 경험한다(이인정 · 최해경, 2007).

(3) 완전히 기능하는 사람

로저스는 훌륭한 삶이란 존재하는 상태가 아니라 과정이며, 목적이 아니라 방향을 뜻한다고 하였다(Rogers, 1961). 로저스가 생각하는 건강한 인간 혹은 이상적인 인간은 자기실현을 하는 사람이라고 할 수 있는데, 자기실현은 하나의 상태가 아닌 과정이다. 한편 자기실현을 하고 있는 사람은 진정한 자기 자신이 되며 자기가 아닌 어떤 것을 과장하거나 진정한 자기의 일부를 숨기지 않는다. 이러한 사람을 로저스는 완전히 기능하는 사람(fully-functioning person)이라고 불렀다.

완전히 기능하는 사람은 자기의 잠재력을 인식하고 능력과 자질을 발휘하며, 자신에 대해 완벽히 이해하고 경험을 풍부하게 하는 방향으로 나아가는 사람을 일컫는다. 즉, 완전히 기능한다는 것은 자기실현을 위한 노력으로서 진정한 자기 자신이 된다는 의미이다.

로저스는 완전히 기능하는 사람의 특징으로 ① 경험에의 개방성, ② 실존적인 삶, ③ 자신의 유기체에 대한 신뢰, ④ 자유의 경험, ⑤ 창조성을 제시하였다.

① 경험에의 개방성

완전히 기능하는 사람은 경험에의 개방성을 가진다. 경험에 개방적이라는 것은 개인이 지금까지 방어하거나 왜곡했던 경험들을 있는 그대로 자신의 경험으로 받아들이는 것을 의미한다. 어떤 경험을 억압하거나 부인하는 것은 그 경험이 개인의 자기개념과 상충되기 때문이다. 그러나 경험에 개방적인 사람은 긍정적인 감정뿐만 아니라 경험과 자기개념이 상충되는 부정적인 감정들까지도 자신의 부분으로 인정하고 수용함으로써 일치하고 진실한 자신이 되어간다.

② 실존적인 삶

완전히 기능하는 사람은 삶의 매 순간에 충실하게 살고자 하는 경향, 즉 실존적 삶의 태도를 지닌다.

③ 자신의 유기체에 대한 신뢰

자기 자신, 즉 인간 유기체의 경험을 신뢰하는 사람은 더 이상 어떠한 상황에서 어떤 행동을 선택할 것인지를 판단함에 있어서 제도적인 규칙이나 타인의 기대나 판단 등에 의존하지 않는다. 이들은 자신의 판단이 그 상황에서 가장 적합한 결정이며 신뢰할 만한 것임을 믿는다.

④ 자유의 경험

완전히 기능하는 사람은 인생을 자유롭게 선택하며 살아간다. 로저스는 인간이 심리적으로 건강할수록 선택이나 행동에 자유로움을 체험한다고 확신했다. 건강한 사람은 억제나 근심 없이 생각과 행동과정의 대안들 사이에서 자유롭게 선택할 수 있다.

⑤ 창조성

완전히 기능하는 사람은 창의적인 사람이다. 모든 체험에 대해 개방적이고, 유기체로서 자신을 신뢰하며, 결정이나 행동에 자유로운 사람은 자기 실존의 모든 영역에서 독창적 사고력과 창조적 삶으로 스스로를 표현한다. 창의적이고 자발적인 사람은 사회문화적 구속에 동조하거나 수동적으로 적응하지 않는다.

완전하게 기능하는 사람이라는 개념은 이상적 개념이다. 현실 속에서 이 경지에 이르는 사람은 없으며 상대적인 의미에서만 완전하게 기능하는 것이다.

(4) 로저스의 인간중심 치료

인본주의 심리학을 주도한 인물들 중에서 가장 중요한 위치를 차지하는 학자는 로저스이다. 그는 임상심리학자로 일하던 초기에 아동상담소에서 일하면서 주로 정신역동적인 입장의 영향을 받았으나 아동과 청소년에 대한 상담경험이 쌓이면서 서서히 자신의 새로운 이론을 정립하였다. 그의 이론은 비지시적 상담이론에서 시작하여 내담자 중심 이론(client-centered theory)으로, 그리고 1970년대 이후에는 인간중심 이론(person-centered theory)으로 발전하였다.

로저스의 이론은 정밀한 과학적 이론이라기보다는 상담경험에 근거한 인간론이라고 할 수 있으며, 특히 상담과 심리치료에 커다란 영향을 미쳤다. 로저스(1961; 1980)에 따르면, 인간은 근본적으로 자기실현을 추구하는 존재이다. 인간이 이상행동과 정신장애를 나타내는 것은 자기실현적 성향이 차단되고 봉쇄되었기 때문으로 본다.

로저스는 어린아이는 부모를 비롯한 타인의 보살핌을 통해 성장하게 되는데, 부모는 아이가 한 유기체로서 선천적으로 타고난 욕구, 재능, 행동양식을 무조건적으로 수용하지 못하고 자신들의 가치와 기대에 맞추어 조건적인 수용을 하게 된다고 하였다. 이러한 과정에서 아이는 자신의 유기체적 욕구와 부모의 애정을 얻으려는 욕구 사이에서 갈등하게 되며, 대부분 부모의 애정을 얻기 위하여 부모의 조건적 가치를 받아들이게 된다. 아이는 성장과정 속에서 부모의 가치에 따라 평가된 자기개념(self-concept)을 형성하게 되는데, 특히 자녀의 욕구를 잘 수용하지 못하는 부모에게서 양육된 아동은 자기개념과 자신의 유기체적 경험(organismic experience) 간의 심한 괴리를 나타내게 된다. 유기체적 경험은 개인이 몸과 마음을 통해 지각하게 되는 주관적 체험으로서 개인의 가치체계에 의해 평가되지 않는 순수한 형태의 체험을 말한다. 이러한 유기체적 경험과 자기개념의 괴리는 위협으로 느껴지고 불안을 일으키게 되며, 개인은 불안을 방어하기 위해 자신의 유기체적 경험을 왜곡하거나 부인하게 된다. 이런 과정을 통해서 자기개념과 유기체적 경험의 괴리가 점점 확대되면, 개인은 점점 더 심한 불안을 경험하게 되며 부적응 상태를 나타내게 된다. 그리고 그동안 왜곡하고 부인해 온 유기체적 경험을 직면할 수밖에 없는 상황에 도달하게 될 경우, 정신병적 혼란과 와해를 나타낼 수 있다.

로저스의 이론은 이상행동의 발생과정보다는 치료과정에 더 많은 시사점을 제공하고 있다. 즉, 심리치료는 내담자가 자기개념에 대한 위협이 없는 상황에서 유기체적 경험을 왜곡 없이 지각하여 이를 자기개념에 통합하도록 하는 일이다. 이를 위해서 치료자는 이전에 부모가 제공했던 조건적이고 가치평가적인 관계와는 다른 새로운 관계를 제공해야 한다. 이러한 성장 촉진적 관계를 위해서 치료자가 지녀야 할 중요한 세 가지 자세는 무조건적인 긍정적 관심(unconditional positive regard), 공감적 이해(empathic understanding), 진솔함(genuineness)이다. 즉, 내담자는 자신의 모든 것을 '무조건적으로 수용하고 긍정적으로 존중'하는 치료자와의 관계 속에서 자신의 경험에 대한 '공감적인 이해'를 받고 '진솔한 대화'를 나눌 수 있을 때, 그동안 왜곡하고 부인해 왔던 자신의 진정한 모습을 자각하고 수용함으로써 자기개념과의 통합을 이루게 된다. 달리 말하면, 유기체적 경험과 자기개념이 통합됨으로써 자신의 잠재능력을 원활하게 발현하는 자기실현적 인간으로 성장하게 되는 것이다. 이것은 로저스가 제안한 인간중심 치료(person-centered therapy)의 골자이다. 로저스는 현대의 심리치료자들에게 가장 많은 영향을 준 사람으로 여겨지고 있다(Norcross & Prochaska, 1982).

그러나 인본주의 심리학은 실험이나 체계적인 경험적 연구에 의해서 형성된 것이 아니라 대부분 내담자의 주관적 경험에 대한 임상적 관찰에 근거하고 있다. 따라서 인본주의 심리학은 비과학적인 이론적 주장에 불과하다는 비판이 제기되기도 했다. 이러한 비판에 대해서 매슬로우는 인간에게도 자연과학적인 방식으로 연구할 수 있는 측면이 있기는 하지만, 그러나 인간의 의지, 가치, 목적, 의디 등은 그러한 방식으로 접근할 수 없으며 이는 인간을 이해하는 새로운 방식, 즉 인본주의적 접근으로 가능하다는 견해를 피력했다(권석만, 2013).

2. 매슬로우의 욕구이론

매슬로우(Maslow, 1943; 1954; 1962 1970)는 자기실현의 동기를 인간이 지향하는 가장 상위의 동기로 보았다. 그에 따르면, 인간의 행동은 다양한 동기에 의해 유발되는데 이러한 동기들은 위계적 구조를 이루고 있다. 가장 기초적인 동기는 음식, 물, 산소와 같이 생존에 필요한 생물학적 동기로 이루어져 있으며, 그 위에는 안전의 동기, 애정과 소속감의 동기, 자기존중감의 동기가 있으며 가장 상위에는 자기실현의 동기가 있다. 인간은 먼저 하위 동기를 충족시키기 위해 행동하며 이러한 동기가 충족되면 바로 상위의 동기를 충족시키기 위한 행동이 나타나는데, 궁극적으로 인간의 삶은 자기실현을 지향하고 있다. 다만, 많은 사람들은 하위 동기의 좌절로 인해 자기실현 동기가 활성화되는 수준의 삶에 이르지 못할 뿐이다. 이처럼 자기실현 동기를 궁극적인 동기로 보는 인본주의 심리학은 성적 욕구를 인간의 가장 근본적 동기로 여기는 정신분석이론과는 대별된다.

1) 매슬로우(Abraham Harold Maslow, 1908~1970)의 생애

매슬로우는 1908년 뉴욕의 브루클린에서 러시아에서 이민 온 유대인 집안의 7남매 중 장남으로 태어났다. 그는 어린 시절 이웃에 유대인 친구가 거의 없어서 외로움과 불행함을 느끼며, 도서관에서 책과 씨름하면서 성장하였다. 그는 처음 아버지의 권유로 법학공부를 시작했으나 곧 그만두고 1930년 위스콘신 대학에서 심리학 학사, 1931년에 석사, 1934년에 심리학 박사학위를 받았다. 그가 위스콘신에서 심리학을 공부하기로 결심한 것은 존 왓슨(John Watson)의 행동주의에 결정적인 영향을 받았기 때문이다. 그의 박사학위 논문은 행동주의에 토대를 둔 '원숭이의 성적 특성과 지배 특성'에 관한 관찰연구였다. 그 후, 그는 그의 관심을 동물에게서 사람에게로 전환시켰으며, 콜롬비아에 있는 동안 유명한 행동주의 이론가인 손다이크(Thondike)의 연구조교로 한때 일했다. 행동주의에 대한 그의 열정은 첫딸이 태어나면서 사라지기 시작하였다. 아이가 나타내는 복잡한 행동은 그로 하여금 행동주의 심리학이란 사람보다는 동물을 이해하는 데 더 적절한 것이라고 생각하게 만들었다. 제2차 세계대전은 그의 인생방향을 크게 바꾸어 놓았다. 인간의 본성과 미움, 전쟁과 평화, 형제애 등에 대한 깊은 관심을 나타내며 자신의 실험과 연구조사를 통해서 검증할 수 있는 인간 본성에 대한 이론의 발전에 전념할 수 있는 계기가 되었다. 그는 인간의 어두운 면보다는 밝고 긍정적인 부분에 관심을 가지면서 전체적인 인간의 모습을 제공하고자 시도하였다.

그는 1951년부터 1970년에 심장마비로 사망하기까지 브랜디스(Brandeis) 대학의 심리학과 교수로 재임하였으며, 미국 심리학계의 인본주의 운동의 가장 주목받는 인물이었다.

2) 주요 개념

(1) 욕구의 개념

매슬로우는 인간행동의 동기를 '욕구'라고 보았다. 욕구는 그 자체로서 본능적이며 우리는 출생하면서부터 이러한 욕구로 무장된다. 그러나 욕구를 충족시키기 위해서 우리가 하는 행동은 선천적인 것이 아니며 학습에 의한 것이다. 따라서 이러한 행동은 사람마다 매우 큰 차이를 보인다. 가장 기본적인 욕구를 충족하고 나면 인간은 가장 최고의 욕구수준에 도달할 때까지 계속해서 다음 단계의 욕구를 갈망한다.

인간의 욕구는 강한 것에서부터 약한 것으로 위계를 가지며, 보편적이고 선천적인 동기에 의해 유발된다. 욕구의 위계적 순서는 생리적 욕구－안전의 욕구－소속과 애정의 욕구－자존감의 욕구－자기실현의 욕구로 구성되어 있다.

(2) 욕구의 형태

매슬로우는 다른 이론에서의 욕구개념과 구별하기 위해 욕구를 두 가지 형태로 구별하고 있다(Maslow, 1968).

① 제1의 형태 욕구 : 기본적 욕구 혹은 결핍성 욕구

제1의 형태 욕구는 기본적 욕구 혹은 결핍성 욕구(deficiency need)로 음식, 물, 쾌적한 온도, 신체의 안전, 애정, 존경 등의 욕구이다. 기본적 욕구 혹은 결핍성 욕구는 다섯 가지 객관적 특징과 두 가지 주관적 특징을 가진다(Maslow, 1968). ㉠ 결핍되면 병이 생긴다. ㉡ 충족되어 있으면 병이 예방된다. ㉢ 충족시키면 병이 회복된다. ㉣ 자유롭게 선택할 수 있는 상황이라면 충족이 결핍된 사람은 우선적으로 그것을 충족하려고 한다. ㉤ 건전한 사람에게는 결핍성 욕구가 기능적으로 존재하지 않는다. ㉥ 의식적 또는 무의식적 바람이다. ㉦ 부족감 혹은 결핍감으로 느껴지게 된다.

매슬로우는 신경증이 결핍성 질환이라고 보았다(Maslow, 1968). 즉, 기본적 욕구의 만족이 결핍되는 데서 신경증이 생긴다는 것이다. 대부분의 신경증은 안전, 소속과 동일시, 친밀한 애정관계, 존경과 위신에 대한 욕구가 충족되지 못한 것과 관련이 있다(이인정 · 최해경, 2007).

② **제2의 형태 욕구** : 성장욕구 또는 자기실현 욕구

제2의 형태 욕구는 성장욕구 혹은 자기실현 욕구(self actualization need)이다. 자기실현 욕구는 잠재능력, 기능, 재능을 발휘하려는 욕구이다. 매슬로우는 결핍성의 욕구를 저변으로 하여 자기실현 욕구를 정점으로 하는 체계를 가정했다. 그는 성장욕구도 결핍성의 욕구와 같이 선천적인 것이라고 보았다. 심리적 건강을 유지하고 완전한 성장을 이루려면 성장욕구를 만족시켜야 한다. 그는 성장욕구에 의해 동기화된 사람들이 진, 선, 미, 법, 질서, 정의, 완전을 추구한다고 보았다(Maslow, 1971).

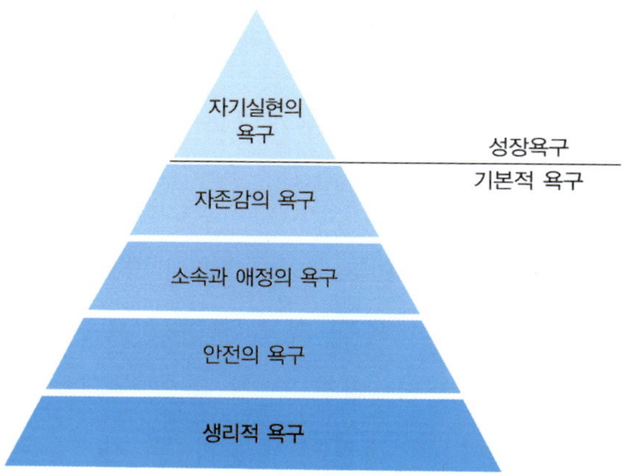

그림 5-1 매슬로우의 욕구위계구조

(3) 욕구체계의 단계

매슬로우는 인간은 선천적 욕구에 의해 동기화되는데, 그 욕구는 강도와 중요성에 따라 일종의 계층적 단계로 배열되어 있다고 했다. 일반적으로 위계 서열이 낮은 욕구일수록 강도가 강하며, 낮은 단계에 있는 욕구

가 어느 정도 충족되어야 더 높은 단계의 욕구를 의식하거나 동기가 부여된다는 가정을 하고 있다. 그러나 욕구의 단계 서열에 예외가 있다는 것도 인정했다(Maslow, 1970). 즉, 욕구 서열이 일반성을 가지나 이 서열이 절대적인 것은 아니라는 것이다. 예를 들면, 가장 기본적이고 강렬한 생리적 욕구를 억제하는 단식을 하면서 자기의 이상과 뜻을 관철시키려는 것 등은 욕구단계 서열의 예외에 대한 사례가 될 것이다.

① 생리적 욕구

음식, 물, 산소, 배설, 성, 수면 등과 같이 생존과 유지에 직접적으로 관련되어 있는 욕구이다. 이들 욕구의 충족은 생존을 위해 필수 불가결한 것이다. 생리적인 욕구는 모든 욕구 중에 가장 강력한 욕구이며, 가장 기본적인 욕구이기 때문에 다른 욕구가 충족되기 전에 이 욕구들이 우선적으로 충족되어야 한다.

② 안전의 욕구

생리적인 욕구가 만족되고 나면 안전의 욕구가 생겨난다. 안전의 욕구에는 신체적인 안전과 심리적 안정이 모두 다 포함된다. 안전, 안정, 보호, 질서, 불안과 공포로부터의 해방 등에 관한 욕구이다.

③ 소속과 애정의 욕구

생리적 욕구와 안전 욕구가 어느 정도 충족되면, 동반자와 가족에 대한 욕구가 생겨 남들과 어울리고, 애정을 나누고 싶어 하는 소속과 애정의 욕구가 생겨난다. 친구나 애인, 배우자, 자녀 등이 필요해지고, 이웃이나 직장 등에도 소속되고 싶어지는 것이 이에 해당한다.

소속과 애정의 욕구는 사랑을 받는 것뿐만 아니라 사랑을 주는 것을 모두 포함한다. 모든 개인은 사랑을 받고 수용되는 것을 통하여 자신이 가치 있는 존재라는 감정을 갖게 되며, 사랑을 받지 못할 때 공허감, 무가치감, 적대감 등을 갖게 된다.

④ 자존감의 욕구

사랑받고 남을 사랑하는 욕구가 어느 정도 충족되고 나면, 자존감의 욕구가 나타난다. 이러한 자존감에 대한 욕구는 자기존중과 다른 사람으로부터의 존경을 모두 포함하는 것이다. 전자는 능력, 신뢰감, 개인적 힘, 적합성, 성취, 독립, 자유 등을 포함하는 것으로, 자기 자신을 가치 있다고 생각하는 것이다. 다른 사람으로부터의 존경은 명성, 인식, 수용, 지위, 평판 등을 포함하는 것으로 타인으로부터 좋은 평가를 받기 때문에 자신을 가치 있는 사람으로 간주하게 된다. 이러한 자존감의 욕구가 충족되지 못할 경우 개인은 타인에 대하여 열등의식을 느끼고 자기비하를 하고, 삶을 대처하는 데 있어서 무력감을 경험하게 되며, 자신이 무용지물이라는 인식을 갖게 된다.

⑤ 자기실현의 욕구

지금까지의 모든 욕구가 충족된다면, 가장 높은 단계인 자기실현의 욕구(needs for self-actualization)가 등장한다. 매슬로우는 자기실현을 자기가 성취할 수 있는 모든 것을 성취하려는 욕구로 설명했다. 이러한 가장 높은 단계에 도달한 사람은 그 자신의 재능, 능력, 잠재력을 충분히 발휘하기 위해 노력한다. 자기실현은 자기향상을 위한 개인의 갈망이며 그가 잠재적으로 지닌 것을 실현하려는 욕구이다. 간단히 말해서 자기를 실현한다는 것은 자기가 원하는 종류의 사람이 되는 것, 즉 자신의 잠재력을 최고로 발휘하는 것이다.

매슬로우(1970)는 자기실현의 욕구를 충족한 사람들도 나름의 약점을 지니고 있기 때문에 결코 완벽한 인간이라고 할 수 없으며, 자기실현의 욕구를 성취하는 사람은 극소수에 불과하다고 주장한다.

(4) 자기실현자의 특징

매슬로우는 그가 생각하기에 건강하고 창의적인 사람을 대상으로 자기실현을 연구한 결과, 자기실현을 성취한 인물들의 특성을 다음과 같이 제시하였다(Maslow, 1970).

① 효율적인 현실지각

현실을 정확히 지각하며 편안해 한다. 그들 주변에 있는 물체와 사람들을 객관적으로 지각하며, 세계를 자기들이 원하거나 또는 필요한 방식으로 생각하지 않고 있는 그대로 본다.

② 자신의 본성과 타인을 수용

불만 없이 자신의 본성과 타인을 수용하며, 자신은 물론 그들이 알고 있는 사람들의 결점 및 모든 인류의 결점에 대해서도 관대하다. 자신의 본성에 대해 수용하므로 자기실현자는 자신을 왜곡하거나 변조할 필요가 없다.

③ 솔직성, 자발성 및 자연스러움

삶의 모든 측면에서 솔직하고 자발적으로 행동한다. 즉, 그들은 자기의 정서를 숨기지 않고 솔직하게 표현하며, 자연스럽게 자기 본성에 따라서 행동한다.

④ 자기 자신보다 외부의 문제에 관심

자기실현자는 일반적으로 자기 자신보다 외부의 문제들에 크게 관심을 가진다. 자기중심적이지 않고 문제중심적인 것이다.

⑤ 고독과 사적 자유 욕구

자기실현자는 보통 사람들보다 훨씬 더 고독과 프라이버시를 원한다. 자기실현자는 독립적이고 자율적이기 때문에 때로는 홀로 자신만의 시간을 가지면서 사색하며, 타인의 지지 및 애정에 매달리거나 요구하지 않는다.

⑥ 자율적 기능

자기실현자는 결핍성 동기가 아닌 성장 동기의 영향을 받기 때문에 만족을 위해 실제 세계, 다른 사람, 문화, 목적을 위한 수단, 부차적 만족에 의존하지 않고 오히려 자신의 발전과 성장을 위해서 자신의 잠재력과 잠재된 자원에 의존한다.

⑦ 계속적인 감상의 신선함

어떤 경험들을 반복적으로 감상할지라도 마치 새로운 것처럼 신선한 감각을 계속적으로 경험한다. 삶의 경험들을 싫증내거나 지루해하지 않으며, 그러한 일들을 당연한 것으로 여기지 않고 계속적으로 감사해 한다.

⑧ 절정경험

절정경험이라는 신비한 경험을 한다. 이는 눈앞에 끝없는 수평선이 펼쳐지는 느낌, 강력하면서도 동시에 스스로 어쩔 수 없는 느낌, 환희와 경이와 경외의 느낌 같은 것이다. 혹은 자기중심에서 벗어나거나 완벽한 순간에 느끼는 만족과 즐거움 같은 주관적 경험을 말한다.

⑨ 사회적 관심

모든 인간에 대해 강한 감정이입과 애정을 느낀다. 즉, 전 인류를 사랑하며 모든 사람들에게 형제애를 느낀다.

⑩ 깊은 대인관계

자기실현자는 보통 사람들보다 더 깊이 있는 인간관계를 맺는다. 그들은 다른 사람들이 가능하다고 여기는 것보다 더 밀착되고 더 사랑하며, 더 완전한 동일시를 한다. 따라서 자기실현자의 우정은 보통 사람들의 우정보다 더 강하고 심오하다.

⑪ 민주적 성격

자기실현자는 민주적인 성격 특성을 가진다. 그들은 계급, 교육수준, 정치적 신념, 인종, 피부색에 관계없이 누구에게나 우호적이다.

⑫ 목적을 수단보다 더 중요시

자기실현자는 수단과 목적을 분명하게 구분하며, 목적을 수단보다 훨씬 더 중요시한다. 그들은 또한 실제 생활에서 옳고 그른 것을 확실하게 구분한다. 그들은 윤리적이고, 분명한 도덕기준을 가지며, 옳은 일을 하고 그른 일은 하지 않는다. 그러나 자기실현자의 옳고 그른 기준은 인습적 기준이 아니다.

⑬ 철학적인 유머감각

자기실현자는 적의가 있는 유머, 우월적인 유머, 음탕한 유머, 권위에 반항적인 유머 등으로 다른 사람들을 웃게 하지 않으며, 철학적인 유머감각을 지니고 있다.

⑭ 창조성

자기실현자의 창조성은 세상에 물들지 않은 어린아이의 순진무구하고 광범위한 창조성에 가깝다. 대부분의 사람들은 문화의 영향을 받아서 이 창조성을 상실하게 된다.

⑮ 문화적응에 저항

자기실현자는 어떤 특정한 문화를 추월하기 때문에 문화의 동화를 거절한다. 자기실현자는 자부심이 강하고 자율적이므로 일정한 틀에 맞추어 생각하라고 강요하는 사회문화적인 압박에 자유스럽게 저항한다.

(5) 자기실현의 장애요인

매슬로우는 자기실현자들을 '완벽한 인간'이라고 보지는 않는다. 그들도 다른 사람들과 마찬가지로 인간적 허영심과 결점을 보인다. 때로는 성질도 부리고, 가혹한 행위도 하며, 남을 지루하게도 만들고, 또 자기 고집을 부리기도 한다. 이같이 자신들의 선택이 항상 건전한 것은 아닐지라도 그들은 자신이 하고자 하는 것과 되고자 하는 것이 무엇인지를 스스로 알고 결정한다. 다른 사람들이 그들에게 요구하고 기대하는 것에 크게 동요되지 않는다. 그들은 자신의 감정에 대해 다른 사람에게도 개방적이어서 인간관계가 꾸밈이 없고 자연스럽다.

비록 자기실현이 선천적으로 타고난 욕구이긴 하지만 저절로 이루어지는 것이 아니며, 또한 쉬운 일이 아니기 때문에 극히 소수(1% 미만)만이 자기실현의 경지에 도달할 수 있다고 말했다.

이처럼 자기실현이 어려운 이유에 대해 매슬로우는 다음과 같이 설명하고 있다.

① 많은 사람들이 그들의 잠재력에 대해 모르고 있다는 것이다. 오히려 그들은 자신의 능력을 의심하고 과소평가하며 심지어는 두려워하는 경향 때문에 자기실현을 할 수 있는 기회를 놓치고 마는 것이다.

② 인간의 욕구가 가져다주는 부정적인 측면이다. 인간이 보다 높은 차원을 성취하기 위해서는 실수를 무릅쓰는 용기와 도전적인 의지가 요구된다. 그러나 이것은 위험을 수반한다. 그러므로 대부분의 사람들은 실패의 위험으로부터 도피하여 안전한 상태에 머물려고 한다. 따라서 한 개인의 잠재력 발휘의 실현은 새로운 착상과 경험에 개방적이어야 한다.

③ 자기실현을 위한 성장기회의 상실이다. 즉, 그가 처한 삶의 위치가 그의 잠재력을 개발할 수 있는 기회를 제공하는 데 적합하지 않은 데 기인한다. 현대사회의 문명화는 한편으로는 많은 기회가 제공될 수 있는 다원화를 제공했지만 다른 한편으로는 혼란스럽고 몰인정한 사회적 환경이 자기실현을 억눌러 버리는 경우가 많다(최순남, 2002).

chapter 06

인지이론

인지이론은 사고의 획득과 기능에 초점을 두는 이론으로서 한 개인이 무엇을 어떻게 알게 되고 생각하게 되는지, 무엇을 느끼고 행동하는지에 초점을 두기 때문에 인간의 잠재력과 행동을 이해하고 이를 변화시키는 데 있어서 필수 불가결한 이론적 기반이 된다.

인지이론이라는 용어는 여러 인지이론을 집합적으로 표현하는 용어로서, 인지발달이론과 인지치료이론, 그리고 인지행동이론으로 나눌 수 있다. 인지행동이론은 행동주의 이론에서 다루었기 때문에, 여기서는 피아제의 인지발달이론과 엘리스의 인지적 심리치료이론을 살펴보고자 한다.

1. 피아제의 인지발달이론

피아제는 비네(Binet)와 데오도르 시몽(Theodore Simon)이 설립한 학교에서 시몽이 새로 개발한 정신능력검사를 이용하여 아동의 사고 및 추론에 관한 연구를 수행하던 중, 몇몇 문항에 대한 아동들의 대답이 성인들의 대답과는 질적으로 다르다는 사실에 깊은 인상을 받았다. 이러한 차이를 피상적으로 해석하면, 어린아이들의 대답은 단순히 틀린 것이고 성숙해지면서 옳은 대답을 배울 것이라고 결론을 내릴 수 있었지만 피아제의 생각은 달랐다. 그는 아이들이 성인들과는 다르게 생각하기 때문에 질문에 대한 답을 다르게 한다고 생각했다. 아동들의 생각을 이해하기 위한 이러한 접근은 아동의 사고 발달에 대한 그의 이론에서 핵심적 특성이 되었다. 피아제는 인지발달은 유기체와 환경과의 상호작용으로 이루어지는 적응과정이며 여기에는 질적으로 다른 4개의 단계가 있다고 주장했다.

1) 피아제(Jean Claude Piaget, 1896~1980)의 생애

피아제는 1896년 스위스의 작은 대학촌인 뉴샤텔(Neuchatel)에서 태어났는데, 아버지는 세심하고 논리적인 중세역사학자였고 어머니는 매우 지적이었으나 정서적으로 불안정하여 때로 가족 내에 긴장된 분위기를 조성하기도 했다. 피아제는 아버지의 학구열을 이어받아 21세 때 생물학으로 박사학위를 받았다. 그의 천재적인 과학자로서의 소질은 어린 시절부터 탁월했다. 피아제가 겨우 15세 때 발표한 논문을 보고 제네바 자연사 박물관장인 모리스 베도트(Maurice Bedot)가 그에게 연체동물학 조교 자리를 제안했을 정도로 그의 평판은 대단했다. 그러나 피아제는 나이 때문에 그 제안을 받아들이지 못했다.

그는 파리에 있는 비네(Bienet)연구소에서 아동지능검사 제작에 참여하면서 아동들의 사고체계가 어른들과는 전적으로 다르다는 사실을 확인하였으며, 이러한 발견이 그의 인지발달이론을 형성하는 계기가 되었다. 1925년 첫딸 재클린의 출생은 지능의 기원과 유아의 인지발달에 관한 연구를 시작하게 되는 중요한 계기가 되었다. 그는 아내(Valentine Chatenay)와 함께 그의 세 자녀의 행동을 주의 깊게 관찰하였으며, 그 결과는 『지능의 근원(The Origin of Intelligence)』, 『아동심리(Psychology of the Child)』 등의 저서에 수록되어 있다.

피아제는 아동심리학 분야에서만 40권의 저서와 100편 이상의 논문을 발표했으며, 1980년 84세로 사망했다.

2) 주요 개념

(1) 인지

인지(cognition)란 아는 것(knowing)에 관련된 모든 과정을 지칭하는 데 사용되는 용어이다. 인지의 의미는 정보를 획득하고, 저장하고, 활용하는 높은 수준의 정신과정을 말한다. 다시 말하면, 인간은 세계 속의 대상들을 어떻게 이해할 수 있는가? 어떠한 방식으로 정보를 받아들이고, 이를 필요할 때 적절히 활용할 수 있는가? 어려운 문제에 부딪혔을 때 그것을 해결할 수 있는 지혜는 어떻게 발달하는가? 어떠한 경로로 문제를 풀 수 있는 지능이 발달하는가? 이러한 모든 물음들이 인지에 관한 것들이다. 그러므로 인지에 속하지 않는 심리과정은 없다고 할 수 있을 것이다(Flavell, 1985). 따라서 인간의 심리과정을 이해하는 데 있어서 인지이론은 매우 중요하다.

(2) 도식

도식(schema)은 어원으로는 형태라는 의미이며, 일반적으로 사물이나 사건 또는 사실에 대한 전체적 윤곽이나 개념을 말한다. 즉, 사건이나 자극을 인식하고 그것에 대응하는 데 사용되는 기본적인 이해의 틀이다.

인간은 선천적으로 기본적 도식(빨기, 잡기 등)을 가지고 태어나며 이후의 적응과정에서 동화와 조절을 통해 새로운 도식을 개발하거나 기존의 도식을 변화시킨다. 인간의 최초의 도식인 잡기와 빨기는 반사적으로 외부 환경을 지각하고 반응하기 위해 작동한다. 예컨대, 신생아는 모든 접촉하는 사물을 빨면서 욕구도 충족하고 그 대상을 확인한다. 또한 신생아는 손에 닿는 모든 것을 잡는다. 이것은 잡기 도식이 작용하여 상황을 지각하고 반응하는 것이다. 도식은 일생에 걸쳐 계속해서 개발되며 수정된다.

(3) 동화

동화(assimilation)는 새로운 사물이나 사건을 이미 자신이 가지고 있는 이해의 틀, 즉 도식에 맞추어 해석하고 받아들이는 인지과정(cognitive process)이다. 예컨대, 어떤 아동이 '네발 달린 짐승은 개다'라고 하는 자기 나름의 도식을 가지고 있다면, 이 아동은 네발 달린 짐승을 보면 모두 개라고 인지하는데 이때 이것을 인지적 동화라고 한다.

(4) 조절

아동은 새로운 사건(자극)을 만나게 되면 그것을 이해하기 위해 그가 가지고 있는 기존의 도식에 동화시키려고 할 것이다. 그러나 그것이 불가능할 때가 있다. 왜냐하면 새로운 자극을 동화해 낼 수 있는 알맞은 도식이 자기의 기존 도식 속에 없을 수 있기 때문이다. 따라서 새로운 자극이 아동이 가지고 있는 기존의 도식으로 해석되지 않을 때, 도식의 수정과 변화가 필요하다. 이때 기존 도식의 변화와 수정 과정을 조절(accommodation)이라고 한다. 위의 예로서 설명한다면, 네발이 있기는 하지만 다리가 좀 더 길고 가늘며 뿔이 있으니 개와 비슷하기는 하지만 개는 아니다. 그러므로 이때 개가 아닌 어떤 다른 것, 말하자면 '사슴'으로 바꾸어 인지해야 한다. 이와 같은 기존의 도식을 수정해 가는 과정을 인지적 조절이라고 한다. 요컨대 조절이란 새로운 도식을 만들거나 기존의 도식을 알맞게 고치는 것이다. 이처럼 조절을 통해 도식의 형태에 질적 변화가 발생하므로, 조절은 새로운 도식이 형성되는 과정이라 할 수 있다. 동화와 조절의 경험이 인지구조의 발달을 초래한다.

(5) 평형화

평형화(equilibrium)란 경험과 인지 사이의 불일치, 즉 불평형을 곧 평형으로 옮기는 사고과정이다. 유아가 새로운 자극을 접했을 때 그 자극이 기존의 도식과 맞지 않으면 불평형 상태가 발생하고, 불평형 상태는 긴장과 갈등을 유발하여 평형상태로 되돌아가려는 노력을 활성화시킨다. 즉, 새로운 경험이 불균형을 일으켰을 때 유아의 도식이 변경을 통해 수정되고 균형을 맞추어 가는 것이다(Bukatko & Daehler, 2001).

피아제는 인간의 인지발달이 동화와 조절이라는 적응과정을 통하여 내면적인 평형이 이루어지면서 가능하다고 하였다. 그런데 이러한 평형은 새로운 사태를 접할 때 균형이 깨지게 된다. 따라서 다시 평형상태를 회복하기 위한 적응과정이 되풀이됨으로써 보다 높은 수준의 인지발달이 이루어지게 된다고 하였다.

3) 인지발달 단계

피아제의 인지발달이론에서는 출생에서부터 청소년기에 이르기까지의 인지발달 단계를 제시한다. 인지발달은 동화와 조절이라는 기제를 활용한 심리구조의 재구성을 통하여 이루어진다.

피아제는 인지발달을 감각운동 단계에서 출발하여, 전조작 단계, 구체적 조작 단계, 그리고 형식적 조작 단계의 4단계로 제시하였다. 각 발달단계에서 나타나는 사고의 특징과 정상적 발달연령 등은 다음과 같다.

(1) 감각운동기

감각운동기(sensory motor period)는 출생부터 대략 2세까지의 인지발달 단계를 말한다. 감각운동기 때 세상에 대한 영아의 인식은 감각기관과 운동기능을 통해 이해하는 것에 국한된다. 영아가 이해하고 기억하는 것은 자신이 직접 보고, 듣고, 느끼고, 행동하는 것에 의존한다. 즉, 감각기관을 통해 받아들인 정보가 인지발달의 중요한 내용이 된다는 것이다. 이 시기의 발달은 매우 빨라서 처음에는 생득적인 반사가 출발점이 되지만 마지막 단계에 가서는 감각운동적인 활동을 통해서 비교적 지적인 활동도 할 수 있게 된다.

피아제는 감각운동기를 다시 다음과 같이 6개의 하위 단계로 나누어 설명했다.

① 반사운동기(0~1개월)

영아는 세상에 대한 지식을 습득하는 일차적 자원으로서 빨기, 잡기, 큰 소리에 반응하기와 같은 반사적 행동에 의존한다. 영아는 다양한 반사능력을 가지고 이 세상에 태어나며, 이를 통해 외부세계를 이해하게 된다. 출생 직후부터 영아는 입에 닿는 것은 무엇이든 빨고, 손에 닿는 것은 잡으며, 소리 나는 쪽으로 고개를 돌리는 등 일련의 반사기능을 반복적으로 연습한다. 즉, 자신이 지닌 반사기능에 환경 내의 여러 자극들을 동화한다. 이러한 반복적인 동화과정에서도 젖꼭지의 크기에 따라 입술 모양을 조절하거나, 물체의 크기에 따라 잡는 방식을 달리하는 초보적인 조절도 일어나게 된다. 이 하위 단계의 중요한 특징은, 첫째, 자신과 외부세계 간의 구분이 없으며, 둘째, 다양한 반사도식들을 사용함으로써 영아는 환경의 요구에 보다 더 잘 적응할 수 있다는 것이다.

② 일차 순환반응기(1~4개월)

이 시기에 영아의 관심은 외부 대상보다는 자신의 신체에 있기 때문에 '일차' 순환반응기라 부른다. '순환반응'이라는 용어는 빨기, 잡기와 같은 감각운동의 반복을 의미한다. 즉, 영아가 우연한 행동을 통해 재미있는 결과를 초래하게 되면 계속해서 그 행동을 반복하게 되는 것을 말한다. 예를 들면, 영아가 손가락을 빠는 것이 아주 재미있는 일이라고 생각하게 되면 손가락을 자꾸 입속에 넣으려고 한다. 그러나 어떤 때는 그렇게 할 수 없다. 영아는 여러 번 실패한 후에 빠는 행위와 손동작을 조직화하여 엄지손가락을 빨 수 있게 된다.

순환반응의 목적은 기존 도식에 대한 수정이며 이 도식의 수정은 지적 발달에 대한 입증이다. 이 하위 단계 동안 영아는 다양한 반사들에 숙달되며 이 반사들은 서로 협응하게 된다. 예를 들면, 영아는 눈으로 흥미 있는 물체를 추적하면서, 한편으로는 그 물체를 잡으려고 팔을 뻗치기 시작한다. 빨기－잡기 도식과 보기－잡기 도식은 이 단계에서 획득되는 중요한 도식 간의 협응이다.

③ 이차 순환반응기(4~8개월)

이 하위 단계의 주요 특징은 영아가 자신의 외부에 있는 사건과 대상에 열중한다는 것이다. 그래서 '이차' 순환반응기라 불린다. 일차 순환반응과 이차 순환반응 간의 주된 차이점은 관심의 초점에 있다. 일차 순환반응기 동안 영아는 자신의 신체와 신체 주변에 있는 대상과 사건에 관심을 가진다. 그러나 이차 순환반응기에는 영아의 관심이 자신의 신체 외부에 있는 대상과 사건에 있다. 즉, 일차 순환반응은 영아의 여러 신체 부분들이 서로 협응하는 것을 말하고, 이차 순환반응은 영아가 그 자신이 아닌 외부에서 흥미로운 사건들을 발견하고 이를 다시 반복하려고 할 때 일어난다. 영아는 우연히 수행한 어떤 행동이 흥미 있는 결과를 초래할 경우 또다시 그 결과를 유발하기 위해 그 행동을 반복하게 된다. 예를 들어, 우연히 딸랑이를 흔들어 소리가 났을 경우 영아는 잠시 멈췄다가 다시 한 번 더 그 소리를 듣기 위해 딸랑이를 흔드는 행위를 반복하게 된다. 그러한 행동이 되풀이되는 것은 '의도성'이 나타나는 증거이며 심지어 목표지향적 행동의 초기형태가 시작된다는 증거이기도 하다. 그러나 이러한 행동은 우연적이며 처음부터 목적적이거나 의도적이지 못한 한계를 가진다.

④ 이차 순환반응의 협응기(8~12개월)

이 하위 단계에서 영아의 관심은 자신의 신체가 아니라 주위 환경에 있으며, 자신의 목표를 달성하기 위해 두 가지 행동을 협응하게 되기 때문에 이 단계를 이차 순환반응의 협응기라고 부른다. 영아기의 인지발달에서 중요한 두 가지 획기적인 사건이 이 하위 단계에서 발생한다. 즉, '인과개념의 발달'과 '대상영속성 개념의 획득'이다. 다음의 예는 아동의 인과개념의 발달과 대상영속성 개념의 획득을 잘 설명하는 사례이다.

어느 날 피아제의 아들 로렌(Laurent)이 성냥갑을 잡으려 했을 때 피아제가 손으로 그것을 가로막았다. 처음에 로렌은 피아제의 손을 무시하고 성냥갑을 재빨리 잡으려고만 하였지 손을 치우려고는 하지 않았다. 그러다가 마침내 로렌은 성냥갑을 잡기 전에 방해가 되는 손을 치우고 성냥갑을 잡는 데 성공하였다(Piaget, 1952). 위의 예에서, 로렌은 목적을 달성하기 위해 둘로 분리된 도식, 즉 방해물 치우기와 성냥갑 잡기를 협응케 하였다. 여기서 방해물을 치우는 행위의 도식은 또 다른 도식인 성냥갑 잡기라는 목적을 위한 수단이 되었다. 이 시기의 영아는 목적이 되는 하나의 도식에 도달하기 위해 수단이 되는 다른 도식을 이용하는 능력을 갖게 된다. 피아제는 이러한 수단과 목적 관계를 영아가 인과개념을 이해하는 첫 징후로 보았다. 피아제는 이러한 인과개념의 획득이 진정한 의미에서 지능의 첫 신호라고 믿었다. 또한 영아가 방해물을 치우고 숨겨진 물건을 찾아내는 행위는 두 번째 획기적인 사건인 대상영속성(object permanence)의 개념을 획득하기 시작했다는 사실을 보여준다. 이 시점까지는 어떤 물체가 영아의 시야에서 사라지면 그 물체는 더 이상 존재하지 않는 것으로 영아가 지각하는 것으로 보인다. 그러나 이 하위 단계에서는 어떤 물체가 눈앞에서 사라진다고 하더라도 그 물체가 없어진 것이 아니라는 것을 인식할 정도로 영아의 대상영속성 개념이 발달하기 시작한다(정옥분, 2014).

⑤ 삼차 순환반응기(12~18개월)

삼차 순환반응은 선행되는 두 순환반응과 구분하기 위해서 '삼차'라고 부른다. 일차 순환반응기 동안 영아는 자신의 신체에 관심을 가지며, 이차 순환반응기에는 외부세계에 있는 대상에 관심을 갖는다. 이제 삼차 순환반응기가 되면 영아는 실험적 사고에 열중한다. 즉, 영아는 새로운 원인과 결과 간의 관계에 대해서 이를 가설화한다. 이 하위 단계에서 영아는 매우 적극적이고 목적지향적이며 시행착오적으로 탐색하는 특성을 보인다. 시행착오 학습의 결과로 영아는 새로운 대상이 제시되면 그 대상을 다각도로 탐색하고, 정해진 목표를 달성하기 위해 전 단계와는 다른 새로운 수단을 발견할 수 있다. 즉, 삼차 순환반응은 단순한 목적을 지닌 반복이 아니라 새로운 행동이 어떤 결과를 가져올 것인가를 알아보기 위해 다양하게 반복적으로 실험해 보는 것이다. 예를 들면, 영아가 높은 곳에 있는 장난감을 가지려고 했으나 아무리 해도 팔이 닿지 않을 때 걸상을 이용하거나 막대기를 사용하여 밀어보는 시도를 할 수 있다.

⑥ **상징적 표상**(18~24개월)

이 하위 단계는 영아의 지적 능력이 놀랄 정도로 크게 성장하는 시기이다. 영아는 이제 눈앞에 없는 사물이나 사건들을 정신적으로 그려내기 시작하고, 행동을 하기 전에 머릿속에서 먼저 생각을 한 후에 행동한다. 전 단계에서처럼 시행착오 과정을 통해서 문제를 해결하는 것이 아니라, 행동하기 전에 상황에 관한 사고를 하기 때문에 문제를 더 빨리 해결할 수 있다.

피아제는 딸 루시엔(Lucienne)이 좋아하는 구슬을 성냥갑 속에 집어넣었다. 루시엔은 성냥갑 틈새로 손가락을 넣어 구슬을 꺼내려고 시도해 보았지만 구슬을 꺼낼 수가 없었다. 그러자 루시엔은 자기 입을 몇 번 벌렸다 다물었다 하더니, 재빨리 성냥갑을 열고 구슬을 꺼내었다(Piaget,1952).

위의 예에서, 루시엔이 입을 벌렸다 다물었다 하는 것은 성냥갑의 구조를 정신적으로 표상하고 있음을 반영하는 것이다. 정신적 표상이 가능해지면서 이전 단계까지는 불가능하던 지연모방(deferred imitation)이 가능하게 된다. 지연모방은 어떤 행동을 목격한 후 그 행동을 그 자리에서 곧장 모방하지 않고, 일정한 시간이 지난 후에 그 행동을 재현하는 것을 말한다.

피아제의 딸 재클린(Jacqueline)은 어느 날 한 남자아이와 함께 놀게 되었는데, 그 남자아이는 한참 재미있게 놀다가 갑자기 놀이방에서 나가려고 고함을 지르고 문을 두드리고 발을 구르며 울었다. 이런 광경을 처음 목격한 재클린은 놀라서 가만히 쳐다보고만 있었다. 그러나 다음 날 놀이방에서 놀다가 싫증이 난 그녀는 고함을 지르고 발을 구르면서 전날 그 남자아이가 한 것과 똑같은 행동을 했다(Piaget, 1962).

이것은 이미 사라진 모델의 행동을 상징화하여 그 행동을 나중에 그대로 본받음으로써 지연모방을 한 것이다(정옥분, 2014).

(2) 전조작기

전조작기(pre-operational period)는 대략 2세부터 6세까지에 해당하는 아동들의 발달단계를 말한다. 이 시기는 감각운동기와 조작적 사고가 가능한 단계의 과도기에 해당된다. 조작은 변형된 경험이나 대상을 논리적 규칙을 적용하여 원래 형태로 환원할 수 있는 능력이다. 전조작기 아동은 이러한 조작을 수행하지 못한다.

전조작기에는 감각운동기의 사고유형과는 달리 사물에 대해 상징과 심상을 사용하는 표상능력이 증가하고 자신의 주변에서 일어나는 일들에 대해 사고할 수 있게 된다. 그러나 이 시기의 사고는 논리적이지 않고 문제해결에 있어 여러 가지 조작적 사고를 할 수 없기 때문에 전조작기라 부른다. 전조작기의 인지적 특징은 다음과 같다.

① 자아중심성

유아는 다른 사람의 입장이 되어 사고하는 것이 어렵다. 유아의 이러한 특성을 자아중심성(egocentrism)이라 부르며, 이것은 이기적인 것과는 성격이 다르다. 이기적인 것은 타인의 관점을 알고 그들을 공감할 수 있음에도 타인보다는 자신의 이익을 우선시하는 것을 의미하는 반면, 유아의 자아중심성은 타인의 입장을 고려하고 공감할 수 있을 만큼 인지적 발달이 이루어지지 못하였음을 의미한다. 예를 들면, 4세 남아는 엄마의 생일 선물로 장난감 자동차를 고를 수 있다. 자신이 좋아하는 장난감을 엄마도 좋아할 것이라고 생각하기 때문이다. 이 유아는 엄마가 좋아할 만한 것을 공감할 만큼 발달이 이루어지지 못하였다. 이 시기의 유아는 자신의 관점과 상이한 다른 사람의 관점이 존재한다는 사실을 알지 못하기 때문에 모든 사람이 자신이 보는 것과 같이 세상을 보고 있다고 생각한다. 즉, 유아는 타인의 생각, 감정, 지각, 관점 등이 자신과 동일하다고 생각하는 것이다. 따라서 이 시기의 아동은 친구들과 함께 놀아도 상대방의 입장을 이해하지 못하므로 따로 노는 것이나 마찬가지이다. 이러한 자아중심성은 성인과의 관계보다 또래와의 상호작용을 통해 극복해야 한다.

② 상징놀이

상징놀이(symbolic play)는 실제로 존재하는 대상이 아닌, 아동의 내부에서 정신적 표상으로 대상을 만들어 놀이를 하는 것이다. 아이들은 빗자루를 총이라고 하면서 총싸움을 하고, 역할놀이를 할 때 친구가 엄마가 되고 자기는 아빠가 되기도 한다. 아동들은 이러한 상징놀이를 통해서 어떤 대상, 사람 및 상황의 속성을 재현할 수 있다.

③ 물활론적 사고

물활론(animism)이란 무생물을 생명과 의식이 있는 존재라고 믿는 것이다. 아동들이 무생물을 살아 있고 사람처럼 감정이나 의도를 가지고 있다고 생각하는 것으로, 이것은 어떤 의미에서는 자아중심성의 특별한 형태라고 할 수 있다(김미영, 2010). 즉 아동들은 모든 사물들이 자신들과 같이 기능한다고 생각하기 때문에 모든 사물이 자신과 같이 생명이 있다고 생각한다. 유아가 인형과 이야기를 하거나 인형을 때리면 인형이 아파한다고 생각하는 것은 물활론적 사고의 예가 될 것이다.

④ 직관적 사고

전조작기에 해당하는 유아는 직관적 사고(intuitive thought)를 한다. 직관적 사고는 유아가 아직 사물이나 사건의 여러 측면에 주의를 기울이지 못하기 때문에 그 속에 내재된 규칙이나 조작을 이해하지 못하고 사물이나 사건이 갖는 단 한 가지의 가장 두드러진 지각적 속성만으로 그것을 판단하는 것을 말한다. 예를 들면, 먼저 각각 7개씩의 공깃돌을 두 줄로 나란히 늘어놓고 유아와 함께 몇 개인지 수를 세어보았다. 두 줄 모두 각각 7개씩임을 확인하고 그 유아가 보는 앞에서 한 줄의 공깃돌을 더 길게 늘어뜨려 놓는다. 그리고 다시 어느 공깃돌이 더 많은지 물으면 이 시기의 유아는 길게 늘어뜨려 놓은 공깃돌의 수가 더 많다고 말하곤 한다. 이것은 유아가 이전의 과정을 기억하기보다는 현재 더 많아 보이는 것에 따라 답을 하는 직관적 사고를 하기 때문이다.

⑤ 중심화

성공적으로 문제를 해결하기 위해서는 여러 가지 사물의 속성을 같이 고려해야 하는 경우가 있다. 하지만 전조작기 유아는 중심적인 사고에 따라 여러 가지 속성을 동시에 고려할 수 없기 때문에 문제를 해결할 때 실수를 범한다. 즉, 전조작기 유아는 한 번에 한 속성에만 초점을 두는 성향, 즉 중심화 사고로 인해 여러 가지 속성을 동시에 고려할 수 없는 성향을 가지고 있기 때문에 두 가지 기준을 동시에 고려하며 문제를 해결하는 데 어려움을 겪는다.

⑥ 유목화(분류화) 능력의 미획득

유목화(classification)는 사물을 일정한 속성, 이를테면 전체와 부분과의 관계, 혹은 상위와 하위 유목 간의 관계에 따라 분류할 수 있는 능력을 말한다. 즉, 유목화를 이해한다는 것은 아동이 전체와 부분의 관계를 이해하여 상위 유목은 하위 유목보다 그 범위가 항상 넓다는 것을 안다는 것이다. 그런데 전조작기 유아는 아직 유목화의 능력이 형성되지 않았다. 예를 들어, 18개의 갈색 구슬과 2개의 흰 구슬이 모두 유리구슬이라 설명한 뒤, “갈색 구슬이 더 많니? 유리구슬이 더 많니?”라고 물으면 아동은 갈색 구슬이 더 많다고 대답한다. 이것은 유아가 아직 유목화의 능력을 획득하지 못하였기 때문이다.

⑦ 보존개념의 미획득

보존개념(conservation)이란 물체의 외형적인 변화가 일어나더라도 특정한 양과 질에는 변화가 일어나지 않음을 아는 능력을 말한다. 피아제에 의하면 전조작기 유아는 하나의 특성에만 초점을 맞추는 중심화 경향 때문에 보존개념의 획득이 어렵다고 한다. 또한 앞에서 말한 직관적 사고 또한 보존개념의 획득을 어렵게 만든다. 예를 들면, 유아가 보는 앞에서 2개의 동일한 컵에 동일한 양의 물을 담았을 때 유아는 두 컵의 물의 양이 같다는 것을 안다. 그러나 유아가 지켜보는 앞에서 컵의 길이가 길고 면적이 좁은 다른 컵(혹은 길이가 짧고 면적이 넓은 컵)에 물을 옮겨 담으면 유아는 두 컵의 물의 양이 다르다고 생각한다. 이것은 이 시기의 유아는 양에 대한 보존개념이 형성되지 않아, 컵의 모양은 달라도 물의 양은 변하지 않는다는 것을 알지 못하기 때문이다. 이 외에도 이 시기 유아들은 수, 길이, 무게, 부피, 면적 등에 대한 보존개념이 형성되지 않은 상태이다. <표 6-1>은 보존개념에 관한 간단한 테스트이다.

〈표 6-1〉 **보존 과제**

영 역	처음 제시	변형 후 제시	원 리
수	두 줄의 동전 수는 같은가? 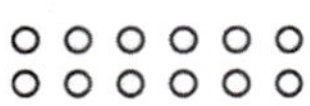	동전의 간격을 달리해도 동전 수는 같은가? 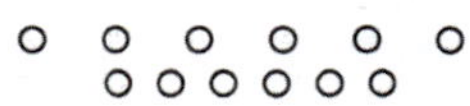	재배열 후에도 수는 동일하다.
길이	두 막대의 길이는 같은가? 	막대기를 옮겨놓아도 길이는 같은가? 	배열이 변화해도 길이는 변하지 않는다.
액체	두 컵의 물의 양은 같은가? 	넓적한 컵에 옮겨 부어도 양은 같은가? 	물을 담은 컵의 모양이 변하더라도 물의 실제 양은 동일하다.

질량	2개의 공 모양의 찰흙은 양이 같은가? 	찰흙으로 만든 공 하나를 변형하여도 양은 같은가? 	모양이 변해도 찰흙 양은 동일하다.
면적	두 마리의 소가 먹는 풀의 양은 같은가? 	풀의 위치를 바꾸어도 동일한 양의 풀을 먹을 수 있는가? 	면적의 위치가 변해도 그 면적은 변함이 없다.
무게	2개의 공 모양의 찰흙은 무게가 같은가? 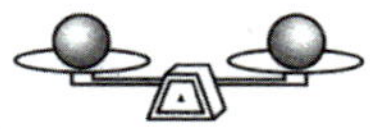	하나를 다른 모양으로 변형하여도 무게는 같은가? 	모양이나 부피가 변해도 무게는 동일하다.
부피	2개의 공 모양의 찰흙을 물에 넣으면 높이는 같은가? 	하나를 변형하여 넣어도 물 높이는 같은가? 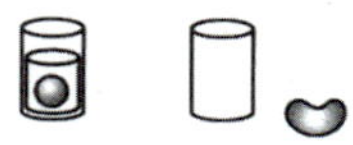	모양이 변해도 부피는 변하지 않으므로 물 높이는 동일하다.

출처 : 김미영(2010), Berk(1996) 재구성.

(3) 구체적 조작기

구체적 조작기(concrete operational period)는 대략 7세부터 12세까지 아동의 인지발달 단계를 말한다. 이 시기에 아동은 기본적 논리체계가 획득되어 전 단계의 비논리적 사고에서 논리적 사고로 전환한다. 구체적 조작기의 아동은 보존개념을 이해하고, 특정한 조작들을 수행할 수 있으며, 전조작기 아동들이 할 수 없는 다양한 지적 과업을 수행한다. 이 단계를 구체적이라 일컫는 이유는 조작의 대부분을 직접적 경험을 통해 획득하기 때문이다. 과거 경험의 도움 없이 순전히 언어적 지시만으로는 조작이 수행될 수 없으므로 이 시기의 아동은 여전히 지각의 한계를 벗어날 수 없다. 그들은 자신에게 익숙한 구체적인 상황에서나 구체적인 사물을 다루는 데는 논리적이지만, 가설적이고 추상적인 상황에서는 논리적으로 문제를 다루지 못한다. 구체적 조작기의 인지적 특징은 다음과 같다.

① 보존개념 획득

이 시기의 아동은 눈에 보이는 대로 사고하는 직관적 사고에서 벗어나 논리적 조작이나 규칙을 적용하면서 보존문제를 풀게 된다. 이렇게 이 시기의 아동이 보존개념을 획득할 수 있는 것은 '동일성의 원리', '가역의 원리', '보상성의 원리'를 이해함으로써 가능한 것이다. '동일성의 원리'란 모양이 변하더라도 질량은 변하지 않는다는 것을 이해하는 것이고, '가역의 원리'란 지각의 변화 과정을 역으로 거쳐 가면 본래의 상태로 되돌아갈 수 있음을 이해하는 것이다. 또한 '보상성의 원리'는 어떤 차원에서의 변형에 의한 양의 손실은 다른 차원에서 대신 얻어진다는 원리로, 즉 높이나 면적으로 인해 잃은 것은 다른 차원에 의해 보상될 수 있음을 인식하는 것을 말한다(김미영, 2010).

② 서열화와 유목화 개념 발달

구체적 조작기의 아동은 서열화 및 유목화의 개념이 발달한다. 이 시기의 아동은 대상과 대상 간의 공통점과 차이점 및 관련성을 이해할 수 있게 되어 크기, 무게, 밝기 등과 같은 특성의 양적 차원에 따라 나열할 수 있는 서열화가 발달한다. 또한 대상들을 여러 가지 군집들로 분류할 수 있는 유목화의 개념도 발달한다(이성태, 2007).

(4) 형식적 조작기

형식적 조작기(formal operational period)는 대략 12세경부터 성인이 되기까지의 시기로 가장 성숙된 인지적 조작을 할 수 있는 단계이다. 이 시기의 아동은 자신의 지각이나 경험보다는 논리적 원리의 지배를 받으며, 추상적 사고가 가능하기 때문에 경험하지 못한 사건에 대한 가설적이고 추상적인 합리화를 통하여 과학적 사고를 할 수 있게 된다. 이러한 형식적 조작 단계에서 나타나는 인지발달의 특성을 요약하면 다음과 같다.

① 추상적 사고

추상적 사고(abstract thinking)는 실제적·구체적으로 경험할 수 없는 사건을 머릿속으로 생각하는 것이다. 형식적 조작기에는 어떤 사물에 대해 다양한 요인을 함께 고려할 수 있을 뿐만 아니라 사물이 존재하는 방식과 기능하는 방식에 대해 창의적으로 사고할 수 있다. 또한 이 시기에는 자신의 미래에 대해서나 자신이 나아갈 사회에 대해서도 사고하게 되며, 현실과 다른 가상적 사회를 꿈꾸고 구상하기도 한다.

② 가설－연역적 사고

가설－연역적 사고(hypothetical-deductive thinking)는 제시된 문제에 내포된 정보로부터 하나의 가설을 설정하여 일반적인 원리를 바탕으로 특수한 원리를 논리적으로 이끌어 내는 것이다. 구체적 조작기에서는 어떤 문제 상황에 놓이게 되면 과거의 문제해결 경험을 바탕으로 문제를 해결하려고 하지만, 형식적 조작기에서는 문제해결 방안과 관련된 가설을 설정하고 체계적인 검증을 통하여 문제해결의 원리를 표출해 낼 수 있다. 즉, 가능성이 현실 속에서 어떻게 실현될 수 있을지 탐구하고 명제를 검증할 수 있다(만약 ~이면, ~이다).

③ 조합적 사고

조합적 사고(combination thinking)는 하나의 문제를 해결하기 위해 여러 가지 가능한 해결책을 논리적으로 구성하여 문제해결에 이를 수 있는 사고이다. 구체적 조작기에서는 문제해결을 위해 가능한 방법을 체계적으로 조합하여 생각하지 못하지만, 형식적 조작기에서는 문제해결을 위해서 사전에 모든 가능한 방법을 생각하고 체계적으로 조합할 수 있는 능력을 갖게 된다.

그런데 이러한 인지발달 단계는 다음과 같은 몇 가지 원칙을 가지고 있다.

첫째, 각 발달단계별 성취연령은 개인차가 있기 때문에 제시된 연령이 반드시 정확한 것은 아니다.

둘째, 모든 아동은 각 발달단계를 순서대로 통과하여 발달하며 절대로 단계를 뛰어넘을 수는 없다.

셋째, 다음 발달단계로 이동하는 과도기에는 두 단계의 인지적 특징이 함께 나타날 수 있다.

넷째, 형식적 조작기에 도달한 아동이나 고도로 인지발달이 이루어진 성인도 때로는 낮은 단계의 사고를 행하기도 한다.

4) 도덕성의 발달

인지발달 이론가들은 도덕적 판단능력은 일종의 인지능력이므로 아동의 도덕성은 인지발달과 관계가 있다고 한다. 그들은 도덕성 발달도 인지발달과 같이 연령에 따라 여러 단계를 거치면서 점차 발달해 간다고 보았다. 피아제는 아동들이 놀이의 규칙을 어떻게 이해하고 적용하는가에 대해서 실험 관찰을 하였다. 이러한 관찰 및 분석 결과를 통하여 도덕성 발달은 전도덕성 단계에서 타율적 도덕성을 거쳐 자율적 도덕성으로 발달해 나간다고 하였다.

(1) 전도덕성 단계

5세 이전 걸음마기까지 유아는 인지발달이 충분히 이루어지지 않아 도덕적 판단을 할 수 없다고 보고 이를 전도덕성 단계로 구분하였다.

(2) 타율적 도덕성 단계

5~7세의 아동들은 규칙은 신성하고 변화 불가능하며 신이나 아버지와 같은 절대자의 소관으로 믿고 있다 따라서 정해진 규칙이나 어른의 말은 절대적일 뿐만 아니라 선하며 이에 어긋나는 행위는 나쁘다고 생각한다. 이들의 개인행동에 대한 옳고 그름의 판단은 오직 결과를 중요시하고 그

행위의 뒤에 숨어 있는 의도나 동기는 고려하지 않는 것이다. 예를 들면, 피아제는 아동들에게 "순이는 어머니를 도와드리고 싶은 생각에서 어머니가 시장에 간 사이에 설거지를 하다가 실수로 접시 5개를 깨뜨렸다. 그런데 철수는 어머니 몰래 찬장에 둔 사탕을 훔쳐 먹다가 접시 1개를 깨뜨렸다. 그러면 누가 더 큰 벌을 받아야 하겠는가?"라고 질문을 했다. 그 결과 5~7세경의 아동들의 판단은 결과를 중요시하여 일을 크게 저지른 아이가 더 나쁘다는 응답이 많았으나, 9세 이후의 아이들은 동기를 이해하는 경향이 늘어간다고 보고했다.

(3) 자율적 도덕성 단계

10세 이후의 아동들은 더 이상 규칙을 절대적인 것으로 생각하지 않으며 상호 합의하면 바꿀 수 있다는 것을 인식한다. 아동들은 규칙이나 법률은 절대적인 것이 아니기 때문에 행위자의 동기나 사건의 정황을 고려해서 판단해야 한다고 생각한다. 그러므로 앞의 순이와 철수의 예에서 아동들은 순이의 동기를 더 많이 고려할 것이다. 즉, 규칙을 어겼다고 반드시 처벌받는 것은 아니며 정상 참작이 필요하다는 것을 인식한다.

인지발달이론에 입각한 인간의 도덕성 발달에 대한 연구는 피아제와 함께 콜버그(Kohlberg)의 연구도 유명하다. 콜버그(1927~1987)[1]는 피아제의 도덕성 발달이론을 청소년기와 성인기까지 확장하여, 피아제의 이론보다 세분화하고 체계적으로 발전시킨 자신의 독자적인 이론을 구축하였다. 아내를 살리기 위해 약을 훔친 하인츠 사례와 같은 가상의 여러 도덕적 딜레마 상황을 제시하고, 이때 어떻게 행동할 것인가, 그리고 왜 그러한 판단을 내리게 되었는가를 묻는 방법으로 연구하였다. 연구참여자들의 응답

---

1) 콜버그(Kohlberg, 1927~1987)는 미국의 명문 사립고등학교 Andover Academy를 졸업한 후, 대학에 진학하는 대신에 이스라엘 난민들을 수송하는 일을 한다. 1958년 시카고대학에서 박사학위를 취득하였으며, 예일대학, 시카고대학을 거쳐 하버드대학에서 교육학과 사회심리학을 가르쳤다. 그의 핵심적인 연구는 유년기에서 성년기에 이르기까지 도덕 발달의 단계들을 정립시키는 작업이었다. 불행하게도 생애 마지막 20년 동안 열대병과 도덕적 이상주의와 현실 간의 괴리로 인한 우울증으로 고통을 겪다가 59세의 나이에 자살로 삶을 마감한다. 주요 저서로는 『도덕발달의 철학』, 『도덕발달의 심리학』, 『교육과 도덕발달』 등이 있다(문용린, 1998; 송명자, 1996).

을 분석하여 도덕성 발달단계를 3수준 6단계로 나누어 제시하였다. 각 단계는 이전 단계와는 질적으로 다른 것이라고 가정하였고 이전에 나타난 기능적 내용이 분화되고 통합된 것이라고 보았다(오윤선, 2020; 이근홍, 2015).

콜버그의 도덕적 딜레마 : 당신이라면 어떤 선택을 할 것인가?

한 여인이 특수한 암에 걸려 죽음에 임박했다. 의사들은 이 여인을 구할 수 있는 약은 오직 한 가지라고 하였다. 그것은 라듐의 종류이며 이 여인과 같은 마을에 사는 한 약사가 최근 발명한 것이었다. 그런데 그 약사는 그 약에 실제로 든 비용의 10배나 되는 값을 제시하였다. 그 약을 만드는 데는 200달러가 들었는데 약 한 알에 2,000달러의 가격을 매긴 것이다. 병든 여인의 남편은 주변 지인들에게 돈을 빌렸지만 약 값의 반인 1,000달러 정도밖에 구할 수 없었다. 그는 약사에게 애원을 하며 더 싸게 구할 수 있게 하거나 아니면 나중에 절반의 약 값을 지불해도 되는지 부탁했다. 그러나 그 약사는 "아니요, 나는 이 약을 발명했고, 그것으로 돈을 벌려고 하고 있소"라고 대답했다. 남편은 절망적이 되어 그 점포에 침입하여 아내를 위하여 약을 훔쳤다.
남편의 행위에 대해 당신은 어떻게 생각하나요?

출처 : Kohlberg(1963), pp. 18-19.

콜버그는 도덕성 발달 수준을 전인습적 수준, 인습적 수준, 후인습적 수준으로 나누어 수준별 특징을 아동의 발달에 따라 설명하였고 각 수준별 단계를 나누어 그 특징을 파악하였다(강문희 외, 2009; 오윤선, 2020; 유종열, 2015; 이근홍, 2015).

① 전인습적 수준

이 수준의 아동은 사회의 규범이나 기대, 즉 인습을 잘 이해하지 못하여 자기중심적이고 이기적인 도덕적 판단을 하는 것이 특징이다. 도덕적 준거는 도덕적 규칙을 강요하는 권위자의 힘이나 권력 또는 자신의 개인적 욕구를 충족시키는 것과 관련하여 해석하며 다음의 두 단계로 나뉜다.

1단계 : 처벌과 복종지향

아동은 처벌을 피하기 위해 규칙과 권위에 복종하며, 선과 악을 판단하는 데 있어서 어떤 행동의 내용보다는 그 결과에 의해 판단한다. 자신보다 강한 사람에 의해 신체적 처벌을 피하기 위해서 복종하고 행동한다. 이 단계의 도덕 판단은 명성이나 권위에 대한 자기중심적 복종, 문제행동을 피하는 것에 의한 것이다.

2단계 : 상대적 쾌락주의

아동은 보상을 얻기 위해서 또는 개인적 목적을 위해서 규칙에 동조하며, 자신과 타인을 만족시키려는 도구로서 도덕적 행동을 정의한다. 즉, 자신의 욕구를 만족시켜 주는 것은 옳은 것이며, 그렇지 않은 것은 그른 것이라고 판단한다.

② 인습적 수준

인습이란 사회규범, 기대, 관습, 권위에 순응하는 것을 뜻하는 것으로, 이 단계에서는 자기중심적·이기주의적 사고에서 벗어나 다른 사람과의 상호작용을 고려한 사회 지향적 도덕성으로 발전하게 된다. 이 수준에서는 가정이나 집단 혹은 국가의 기대에 따르는 것이 도덕적으로 옳다고 생각하며, 다음의 3단계와 4단계가 포함된다.

3단계 : 착한 소년소녀지향

도덕이란 타인과 좋은 관계를 유지하는 것이라고 생각하며, 타인으로부터 칭찬을 받고 타인을 기쁘게 해주거나 타인에게 도움이 되는 행동을 도덕적이라고 판단하는 단계이다.

4단계 : 법과 사회질서

의무를 행사하는 권위에 대한 존경심을 나타내며 사회질서 자체를 유지하고 타인의 기대를 중시하는 단계이다. 3~4단계의 도덕 가치는 선하고 옳은 역할을 이행하며, 관습과 질서와 타인의 기대를 유지하고 중시하는 단계이다.

③ 후인습적 수준

가장 발달된 수준의 도덕성으로 행동의 판단은 사회의 법 자체보다는 인간으로서의 기본적 원리에 따른다. 이 수준에서는 5단계와 6단계가 포함되며 개인의 가치기준에 우선순위를 두고 도덕적 판단을 한다.

5단계 : 계약 및 법률 존중 단계

계약 및 법률에 따라 의무를 이행하고 타인의 의지나 권리에 위배되는 행동을 피하고 다수의 의지나 복지에 따라 행동하는 단계이다. 즉, 법이란 사람들이 화목하게 살기 위해 공동체가 동의한 장치지만 사람이 필요로 하는 바를 충족시키지 못하게 되면, 상호 동의와 민주적 절차를 통해서 언제든지 변경시킬 수 있는 유동적인 것으로 보는 단계이다.

6단계 : 양심 및 원리 지향 단계

이 단계는 사회적 규칙에 의해서가 아니라 논리적 보편성과 일관성에 따라 선택하고 행동하며 상호존중과 신뢰감으로 행하는 양심 지향적 단계이다.

2. 엘리스의 인지적 심리치료

심리학계에서는 1950년대 후반브터 인간의 내부적인 인지적 활동을 측정하는 다양한 연구방법이 개발되어 자극과 반응 간을 매개하는 인지구조와 과정에 대한 연구가 활발히 이루어지면서 소위 인지혁명(cognitive revolution)이 일어났다. 이러한 시대적 상황 속에서 1960년대에 인지적 입장을 선구적으로 주장한 사람은 엘리스(Ellis)와 벡(Beck)이다. 엘리스(1958; 1962)는 정신분석치료의 소극적 접근방식과 지나치게 긴 치료기간에 불만을 갖게 되어, 보다 적극적인 치료기법으로서 신념의 변화를 강조하는 합리 정서적 행동치료(REBT : Rational-Emotional Behavior Therapy)를 제안하였다.

1) 엘리스(Albert Ellis, 1913~2007)의 생애

엘리스는 1913년 피츠버그의 브롱크스에서 태어났으며 자칭 '반 고아(부모의 양육태만)'로 성장하였다. 수줍음을 많이 타고 내성적이었으며, 백만장자에 대한 꿈을 꾸기도 했다. 그리고 영문학을 전공해 소설을 쓰기도 하였다. 컬럼비아 대학에서 석·박사학위를 받고 정신분석가로서 비공식적 훈련을 받았지만, 1955년 인지를 강조하는 인지치료를 소개했다. 그러나 정서를 무시한다는 비판을 받고 인지, 정서치료로 접근법을 수정하게 되었으며, 1991년 인지, 정서, 행동치료로 이름을 고쳤다. 그는 인간을 성장지향적 존재라고 보았다. 그리고 인간의 문제는 외부사건에 의한 것이 아니라 인간 스스로의 잘못된 비합리적인 신념 때문이라고 생각했다.

2) 주요 개념

(1) 합리 정서적 행동치료

합리 정서적 행동치료(REBT : Rational-Emotional Behavior Therapy)는 가장 오래된 인지 재구성법이고 그 내용도 널리 알려져 있다. 엘리스에 의하면 정서장애를 유발하는 것은 생활사건 자체가 아니라 사건에 대한 왜곡된 지각 때문이라는 가정에서 출발한다. 이 왜곡된 지각 및 잘못된 생각의 뿌리에는 비합리적이고 자기 패배적인 신념이 깔려 있다고 본다. 치료에서는 비합리적 신념과 생각을 합리적이고 생산적인 것으로 대치하는 작업이 진행된다. 즉, 합리 정서적 행동치료는 심리·정서적 문제를 가진 사람들이 가지는 비합리적 신념을 논리적 논박을 통해 합리적 신념으로 바꾸어서 문제에서 벗어나도록 한다.

엘리스(1990)는 합리 정서적 행동치료를 **ǀ그림 6-1ǀ**과 같이 ABCDE로 도식화하여 설명하고 있다.

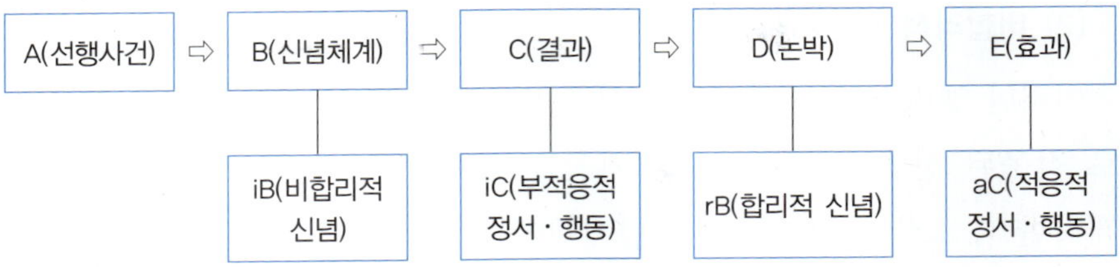

|그림 6-1| 엘리스의 ABCDE 모델

|그림 6-1|에서 선행사건(Activating event)은 개인에게 정서적 혼란을 야기하는 사건을 의미하며, 신념체계(Belief system)는 어떤 사건이나 행위 등과 같은 환경적 자극에 대해 개인이 지니고 있는 태도나 사고방식을 의미한다. 그리고 결과(Consequence)는 선행사건에 직면하였을 때 비합리적 태도나 사고방식을 가지고 그 사건을 해석함으로써 느끼게 되는 불안, 원망, 비판, 죄의식 등과 같은 정서적 결과를 의미한다. 논박(Dispute)은 개인이 가지고 있는 비합리적 사고나 신념에 대해서 도전해 보고 과연 그 사상이 합리적 인지를 다시 한번 검토해 보도록 치료자가 촉구하는 과정이다. 효과(Effect)는 내담자가 가진 비합리적 신념을 철저하게 논박함으로써 합리적인 신념으로 대치한 이후에 느끼게 되는 자기수용적인 태도와 긍정적인 감정의 결과를 의미한다.

인지치료의 목표는 내담자가 보이는 정서장애나 문제행동의 제거가 아니라 문제행동의 배후에 있는 비합리적이고 자기 패배적인 신념을 최소화하고 삶에 대하여 더욱 현실적이고 합리적인 가치관을 형성하는 데 있다. 엘리스는 합리 정서적 행동치료(REBT)에서 달성하여야 할 치료목표를 자기관심, 사회적 관심, 자기지향, 관용, 융통성, 불확실성의 수용, 창조적 추구, 과학적 사고, 자기수용, 모험시도, 장기적 쾌락 추구, 반이상주의, 정서장애에 대한 자기책임의 수용이라고 하였다(박경애, 1997).

(2) 비합리적 신념체계

이러한 엘리스의 합리 정서적 행동치료에 근거하여 볼 때, 정서장애는 바로 잘못된 신념체계에 의해 야기됨을 명백히 알 수 있다. 엘리스(1979)가 제시한 대표적인 비합리적 신념체계에는 다음과 같은 것들이 있다.

- 모든 사람들로부터 인정받고 사랑받아야 한다는 신념
- 모든 일을 잘해야 자신이 가치 있는 사람이라는 신념
- 나쁜 사람은 반드시 가혹하게 비난받고 처벌받아야 한다는 신념
- 모든 일이 자신의 의도대로 되지 않으면 파국으로 치닫는다는 신념
- 인간은 불행을 스스로 통제할 수 없다는 신념
- 감당하기 어려운 일이 있으면 항상 그것을 걱정하고 가능성을 염려해야 한다는 신념
- 삶의 어려움을 직면하기보다는 피하는 것이 더 좋다는 신념
- 인간은 자신보다 강한 의지할 대상이 있어야 한다는 신념
- 과거에 일어났던 중요한 일들이 미래에도 계속 반복해서 영향을 미칠 것이라는 신념
- 타인의 어려움이나 문제로 인해 자신이 몹시 당황하거나 속상해야 한다는 신념
- 어떤 문제든지 완전한 해결책이 있으며 이를 찾지 못하면 끝장이라는 신념

PART 03

인간발달

chapter

07

인간발달의 이해

1. 인간발달의 개념과 정의

인간발달이란 최초로 생명이 시작되는 수정부터 사망할 때까지 전 생애에 걸쳐 체계적인 과정을 따라 이루어지는 일련의 변화의 양상과 과정을 의미한다. 즉, 발달이란 인간의 수정에서부터 죽음에 이르기까지의 전 생애에 걸쳐 신체·심리·사회적 측면에서 나타나는 질서정연하고 연속적이며 상승적 또는 퇴행적 변화과정을 의미한다. 종래의 인간발달에 대한 연구는 유아기부터 청년기에 관심이 쏠려 있었기 때문에 자연히 발달이라는 개념도 상승적 변화만을 뜻하였으나, 발달심리학의 관심이 잉태에서 사망까지의 전 생애로 확대되면서, 근래에는 발달의 개념을 상승적 변화뿐만 아니라, 퇴행적 변화까지를 포함하여 다룬다. 이러한 발달과 유사한 의미로 사용되는 용어로는 성장, 성숙, 학습이라는 용어가 있다.

성장(growth)은 신체 크기의 증대, 근력 증가 등과 같은 양적 확대를 의미하며, 생래적으로 이미 설계되어 있는 계획표(programing)에 따라 양적 확대가 이루어지다가 일정한 시기가 지나면 정지되는 인간의 부분적 측면, 특히 신체적 부분에 국한된 변화를 설명하고자 할 때 주로 사용되는 용어이다. 이에 반하여 발달은 신체뿐만 아니라 심리적 측면과 사회적 측면에서의 변화를 모두 포함하며, 양적 확대뿐만 아니라 양과 질에서의 상승적 또는 퇴행적 변화를 모두 포함하기 때문에 발달이 성장보다 넓은 개념이다.

성숙(maturation)은 경험이나 훈련에 관계없이 인간의 내적 또는 유전적 기제의 작용에 의해 나타나는 체계적이고 규칙적으로 진행되어 가는 신체 및 심리적 변화를 의미한다. 즉, 성숙은 부모로부터 받은 유전인자가 지니고 있는 정보에 따라 일어나는 변화이다(권중돈 · 김동배, 2004; 김태련 · 장휘숙, 1994). 이에 반해 발달은 유전과 환경 사이의 상호작용에 의해 이루어지는 변화를 의미하므로, 발달이 더욱 광의의 개념이다.

학습(learning)은 경험, 훈련 또는 연습 등의 결과로서 일어나는 개인 내적인 변화이다. 그러나 발달이란 경험이나 훈련은 물론 유전적 요인에 의해 일어나는 변화까지도 포함하고 있으며, 내적인 변화뿐만 아니라 외적인 변화까지도 포함하고 있기 때문에 발달이 더욱 넓은 의미를 지니고 있다.

하지만 성장, 성숙, 학습은 상호 분리되어 있는 것이 아니라 서로 연결되어 있으며, 인간의 발달은 성장, 성숙, 학습이라는 세 가지 과정이 공존할 때 비로소 이루어진다. 즉, 일생을 통한 성장, 성숙, 학습에 의해 이루어지는 복합적 과정이 바로 인간발달이다(정옥분, 2014).

2. 발달의 원리

인간발달은 체계적이고 규칙적인 변화과정으로서 다음과 같은 일관성 있는 원리에 따라 진행된다.

1) 일정한 순서와 방향이 있다

발달에는 일정한 순서가 있어서 앞으로 진행될 발달의 모습을 예측할 수 있다. 즉, 모든 유아는 앉은 후에 서고, 선 후에 걷는다. 그리고 발달은 두미발달의 원칙, 근원발달의 원칙, 세분화 발달의 원칙에 따라 일정한 방향으로 진행된다. 즉, 머리에서 발 방향으로, 중심부에서 바깥쪽으로, 그리고 일반적인 것에서 특수한 것으로 발달한다.

2) 발달은 연속적인 과정이지만 발달의 속도는 일정하지 않다

신체는 다양한 기관과 신체 부위로 이루어져 있으며 신체 부위에 따라 성장속도가 다르거나 심리적 발달의 속도도 다르게 이루어진다. 영아기와 사춘기는 신체가 급속도로 발달하는 시기로 다른 시기에 비해 급성장하게 되며, 두뇌의 경우에는 6세까지 급격한 발달을 보이고, 생식기관은 12세까지 완만하게 발달하다가 이후에 빠르게 성장한다(Berk, 1999).

3) 발달에는 개인차가 있다

발달의 순서는 일정하지만 발달 정도와 발달속도는 각 개인마다 다르다는 것이다. 사람마다 가지고 있는 유전인자와 환경이 다르기 때문에 성장률에 다양한 차이를 보인다. 실제로 일란성 쌍생아 간에도 출생 시부터 개인차가 나타난다. 또한 사춘기나 2차 성징이 나타나는 성적 성숙에는 상당한 개인차가 존재한다.

4) 발달의 각 영역은 상호 밀접한 연관이 있다

아동의 발달은 대체로 생물학적 발달, 인지적 발달, 사회정서적 발달의 세 영역으로 이루어지는데, 이러한 영역 간의 발달은 서로 상호작용을 한다. 예를 들면, 아동이 신체적으로 어떻게 보이는가 하는 것은 그 아동이 자신에게 느끼는 감정에 영향을 미치고, 이것은 또한 친구관계에도 영향을 미친다. 추론능력은 다른 사람이 원하는 것이 무엇인가를 이해하는 능력에 영향을 미치고, 이것은 또한 대인관계에도 영향을 미친다. 확실히 발달과정은 서로 복잡하게 얽혀 있다.

5) 발달에는 민감기 또는 결정적 시기가 있다

결정적 시기란 아동이 특정한 적응행동을 어떤 특정한 시기에 습득하도록 생물학적으로 준비되어 있기 때문에 이 시기에 적절한 자극적 환경의 지원이 이루어져야 한다는 것을 의미한다.

6) 분화와 통합의 과정을 겪는다

인간의 행동은 전체적이고 미분화된 신체운동으로부터 부분적이고 구체적인 행동으로 분화 발달한다. 이러한 분화된 기능은 또 다시 통합되는 과정을 겪는다. 발달은 이렇게 분화와 통합의 과정을 반복하면서 이루어진다. 예를 들면, 4개월 된 아기는 엄마가 인형을 주면 한 손으로 받을 수 없고 두 손도 모자라 입도 벌리면서 온몸으로 덥석 받는다. 그 이유는 아직 손의 역할, 입의 역할, 발의 역할 등이 분화되어 있지 않기 때문이다.

3. 인간발달 단계와 과업

1) 발달단계

인간발달은 연속적이고 역동적인 변화의 과정이지만, 전 생애를 놓고 볼 때 기간에 따라서 서로 다른 신체·심리·사회적 발달 특성이 나타난다. 이와 같이 시간의 흐름에 따라 나타나는 인간의 특징적인 발달 특성을 근거로 하여 전체 발달과정을 세분화하여 구분한 것을 인간발달 단계라고 한다. 발달단계를 구분하는 연령은 대략적이다. 다시 말해서 대개 이러한 연령을 전후해서 발달적 전환이 이루어진다고 말할 수 있다. 따라서 발달단계의 구분과 각 단계의 명칭은 학자마다 차이가 있다.

본서에서는 인간발달 단계를 크게 태내기(수정~출생 전), 영아기(출생~2세), 유아기(2~6세), 아동기(6~12세), 청소년기(12~19세), 성인기(19~40세), 중년기(40~ 65세), 그리고 노년기(65세 이상)의 8단계로 구분하였다. 그리고 이 단계들은 다시 좀 더 세분화하여, 영아기는 신생아기(출생~1개월)와 영아기(1개월~2세)로, 유아기는 걸음마기(2~4세)와 학령전기(4~6세)라는 2개의 세부 단계로 구분하여 정리하였다. 본서에서의 인간발달 단계 구분은 <표 7-1>과 같다.

〈표 7-1〉 인간발달 단계 구분

발달단계	세부 단계	연령 구분
태내기		수정~출생 전
영아기	신생아기	출생~1개월
	영아기	1개월~2세
유아기	걸음마기	2~4세
	학령전기	4~6세
아동기		6~12세
청소년기		12~19세
성인기		19~40세
중년기		40~65세
노년기		65세 이상

2) 발달과업

발달과업은 인간이 각 발달단계마다 성취해야 할 과업을 말한다. 즉, 각 발달단계에서 반드시 성취해야 하는 기술, 지식, 기능, 태도 등을 포함하는데, 이것은 개인이 환경에 적응하기 위해 필요하다. 발달과업은 연령에 따라 다르며, 이것은 사회에서 각 연령대에 요구하는 사회적·정서적 발달을 제시해 준다. 각 발달단계에서 수행해야 하는 발달과업에 대해서는 각 단계에서 상세하게 다룰 것이다.

4. 인간발달의 영향 요인

그동안 인간발달을 이해하고 설명하기 위한 발달심리학 연구가 많이 이루어져 왔다. 인간발달에 영향을 미치는 요인이 유전인지 환경인지, 인간발달을 촉진하는 것이 학습인지 성숙인지, 인간발달은 결정적인 시기를 놓치면 불가능한 것인지, 발달에 민감한 시기에 자극을 주면 좀 더 잘 발달하고 이 시기를 놓치면 더 많은 자극과 노력이 필요한 것인지 등에 대한 논쟁은 여전히 계속되고 있다. 따라서 각각의 주장들이 제시하는 근거를 살펴보고자 한다.

1) 유전과 환경

남녀의 행동적 특성에 대한 유전과 환경적 영향을 주장하는 각 예시를 살펴보면 다음과 같다.

(1) 유전적 차이

24개월 된 영아들과 엄마가 놀다가 엄마가 손을 다친 상황을 연출하며 "엄마 아파"라고 말할 때 여자아이들은 울음을 터뜨리거나 엄마의 아픔을 그대로 느끼는 것처럼 행동한다. 그에 반해 남자아이들은 엄마가 손을 내밀자 손을 밀어버리는 행동, 살며시 미소 짓는 행동을 보이는 등 공감능력에서 남녀의 차이를 보여준다(EBS 아이의 사생활 제작팀, 2009, 조형숙, 2014 재인용).

(2) 환경적 차이

아라페쉬, 먼더거머, 챔불리 세 부족은 성역할 개념이 각각 다르다. 남녀 모두가 여성적인 기질을 가지고 있는 아라페쉬 부족, 이와는 정반대로 남녀 모두 남성적인 기질을 가지고 있는 먼더거머 부족, 현대사회와는 반대로 여자는 남성적이고 남자는 여성적인 챔불리 부족은 성역할이라는 개념 자체가 후천적인 영향이라는 것을 보여준다. 남녀 모두 유순하고 부드러운 아라페쉬 부족에서는 남녀 모두 협동심이 강하고, 비공격적이며, 타인의 욕구나 요구사항에 재빨리 반응하는 사람이 존경을 받고, 또 그렇게 행동하도록 길러졌다. 반면 먼더거머 부족에서는 남녀 모두 무자비하고 공격적인 성향을 보이며 자애롭고 모성적인 것들을 나약한 것으로 간주하여 무시하고 독립적인 것을 강조하였다. 또 챔불리 부족은 여자는 지배적이고 객관적이며 통솔권을 가지는 반면에 남자는 책임감이 약하고 정서적으로 의존적 성향을 갖는다. 남자는 예술적이며 아름다움을 추구하는 존재인 반면 여자는 일을 추진하고 경영하는 것을 잘하는 존재로 간주된다(Mead, 1998; 조한혜정 역).

이처럼 인간발달에 영향을 미치는 것이 유전인가, 아니면 환경인가에 대한 논쟁은 오랜 기간 학자나 일반인들에 의해 제기되어 온 것이다. 이에 대한 방대한 연구가 진행되었음에도 유전과 환경 둘 중 하나를 선택하는 것은 불가능하고 인간발달에는 유전과 환경 모두 영향을 미친다는 결론에 이르렀다. 즉, '유전과 환경이 어떻게 상호작용하는가?'가 중요하다.

2) 결정적 시기와 민감기

인간발달을 설명하는 데 있어서 과거에는 '결정적 시기'라는 용어를 사용하여 이 시기를 강조했다. 동물행동학자 로렌츠(Konrad Lorenz)는 '각인'[1] 이라는 용어로 결정적인 시기를 설명했다. 로렌츠는 새끼 거위들을 통한 실험에서 각인이 생후 초기의 제한된 기간 내에서만 일어나는데, 만약 이 기간 동안 어미가 없으면 대신 처음 만난 대상에 각인이 일어날 수 있다

1) 각인 : 로렌츠는 각인되는 대상의 범위가 종에 따라 다른 것을 발견했다. 거위 새끼는 움직이는 것이면 무엇이든 각인이 되는 것으로 보이며 실제로 움직이는 보트에도 각인된 경우가 있다. 이에 반해 청둥오리 새끼들은 로렌츠가 어떤 높이 이하로 구부리고 꽥꽥거리는 소리를 지를 때에만 그에게 각인되었다. 집단으로 생활하고 출생 후 바로 움직이며, 천적의 강한 압력하에 있는 조류와 포유동물에서 어미를 쫓아다니는 추종반응의 신속한 형성은 새끼들이 위험에 처했을 때 새끼들로 하여금 어미를 따라 도망가게 해준다(Freedman, 1974).

고 보았다. 로렌츠의 연구를 통해 학자들은 각인이 결정적 시기에만 일어난다고 보았다. 각인은 어린 동물이 생후 초기 특정한 시기 동안 어떤 대상에 노출되어 그 뒤를 따르게 되면 그 대상에 애착되는 것을 의미하는데, 여기에서 그 '특정한 시기'가 바로 '결정적인 시기'라고 하였다.

이러한 결정적 시기의 개념은 유아의 '애착'을 설명하는 데도 적용된다. 생후 2년은 양육자와의 애착을 형성하는 결정적 시기로 이 시기에 형성되는 애착 유형은 거의 변하지 않고 이후의 인간관계와 자녀와의 관계에까지 영향을 미친다고 보는 견해가 많다. 그러나 유아발달에 있어서 기간이 짧은 특정 시기, 즉 결정적 시기를 지나치더라도 발달이 완전히 멈춘다고 보기는 어렵다. 예를 들어, '애착'의 경우 생후 24개월간 불안정 애착을 경험하였어도, 이후 양육자의 변화로 안정애착으로 변화할 수 있는 가능성이 있고, 언어발달의 경우도 태어나서 12세까지 지속적으로 발달된다는 점에서 최근에는 '민감한 시기(민감기)'라는 용어가 사용되고 있다. 즉, 유아발달에서 애착을 포함한 모든 학습은 1, 2년의 결정적 시기에 이루어지지 않으면 평생 회복 불가능한 것이 아니라, 이후에도 회복이 가능하지만, 민감한 시기가 있어서 그 시기에 자극이 주어지면 다른 시기에 비해 훨씬 빨리 학습된다는 개념이다(조형숙, 2014).

민감한 시기에 대한 과거의 연구들을 살펴보면 다음과 같다. 19세기 초 프랑스 남부 마을 아비농(Aveyron)에서, 11세 무렵 야생 상태에서 발견되어 아비농의 야생아로 불린 빅토르의 사례는 그가 40세 때 파리의 한 연구소에서 사망할 때까지 그의 개인교사 역할을 했던 장 이타르(Jean Itard) 박사에 의해 세밀하게 관찰되고 기록되었다.

기록에 따르면 늑대소년(빅토르)은 인간 사회로 복귀한 후에도 네 발로 뛰고 썩은 고기만 먹거나 옷 입기를 거부하고 바닥에서만 자는 등 야생의 행동 방식을 오랫동안 고수하다가 몇 년에 걸친 긴 적응기간을 거쳐서야 비로소 인간의 규칙을 서서히 수용하였다. 그런데 이 늑대소년이 아무리

긴 시간이 지나도 그 어떤 경우에도 완벽해지지 못한 부분이 있었는데, 그것이 바로 언어였다. 몇 단어 혹은 몇 문장을 말하는 정도에서 언어발달은 정지하였다. 인간 사회로 복귀한 뒤 30여 년을 보낸 빅토르는 말귀를 알아듣고 또 일부 읽기도 했으나 끝내 말하는 법은 배우지 못했다. 11세 소년이 30년 동안 인간의 말을 배우지 못한 것이다.

위와 유사한 사례로 1970년 미국 캘리포니아에서 발생한 지니(Ginie) 사건을 들 수 있다. 심한 우울증에 시달리던 폭력적인 지니의 아빠는 위험한 세상으로부터 딸을 보호하겠다는 뜻으로 지니가 생후 20개월 되는 시점부터 13세 반이 될 때까지 아무도 그에게 말도 걸지 못하게 하고 철저하게 인간적 접촉과 대화로부터 차단시켜 키웠다. 딸에게 말을 할 때는 개처럼 짖거나 으르렁 거렸다. 이렇게 인간적 접촉과 대화로부터 완벽하게 차단되어 11년을 생활한 지니는 발견 즉시 심리학자, 언어학자, 신경학자 등 두뇌발달과 관련된 전문가들에게 커다란 관심의 대상이 되었고, 7년간 아동병원에 머물면서 UCLA의 언어학자 수잔에게 전문적인 언어교육을 받았다. 그러나 지니는 20세가 될 때까지도 'I'와 'YOU'를 구분하지 못했고, 'Hello'라는 말에 'Hello'라고 대답하는 법을 배우지 못했으며, 끝내 세 단어 이상의 문장을 만들지 못했다. 이와 같이 위에 제시한 사례의 아동들이 언어를 습득하지 못한 이유는 언어발달이 가장 잘 이루어지는 민감기인 2세부터 사춘기 동안(Lenneberg, 1967) 적절한 언어 훈련을 받지 못했기 때문이다(조형숙, 2014).

chapter

08

태내기와 출산

1. 태내기

태내기라 함은 난자와 정자가 만나 수정된 순간부터 출산에 이르기까지 약 38주간의 기간을 말한다. 인간의 발달은 수정되는 순간부터 이루어지며 수정에서 분만에 이르는 태내기의 발달을 의학적으로는 배종기, 배아기, 태아기의 3단계로 구분하기도 하고, 또 다른 한편으로는 9개월에 걸친 임신기간을 3개월씩 나누어 임신 초기, 임신 중기, 임신 말기로도 구분한다.

1) 태내기의 발달단계

(1) 배종기, 배아기, 태아기

① 배종기

정자와 난자가 결합한 수정란이 자궁벽에 착상하는 2주까지의 기간을 배종기(germinal period)라고 한다. 이 시기는 인간의 생애에서 사망률이 가장 높은 시기이지만, 신체는 이에 대해 전혀 지각을 하지 못한다. 수정란이 자궁에 착상하고 태반이 발달하는 시기이며, 태아에 대한 외부충격의 방지와 적정온도 유지를 위해 양수가 들어 있는 양막 주머니가 형성되며 태반도 형성된다.

② 배아기

수정란이 자궁벽에 착상한 후부터 8주까지를 배아기(embryonic period)라고 한다. 배아기가 되면 자유롭게 떠다니던 수정란이 자궁벽에 착상하여 어머니와 의존적인 관계를 형성하게 되며, 이때부터 발달은 매우 빠른 속도로 이루어진다. 이처럼 배아기는 신체의 주요 기관과 신경계가 형성되고 빠른 속도로 세포분열이 이루어지는 시기이므로 태내환경에 대해 각별한 주의가 필요하다. 이 시기에 발달을 저해하는 사건이 발생하면, 영구적인 손상을 입게 된다.

③ 태아기

8주 이후 출생까지의 시기를 태아기(fetal period)라고 한다. 이 시기는 새로운 기관의 형성보다는 성장이 가속화되는 시기이다. 전 단계에서 기본적으로 형성된 여러 신체 조직이 급격히 발달하고 기능하기 시작한다. 지금까지의 태아는 양수에 떠 있는 비교적 수동적인 존재였으나, 태아기에 이르러서는 촉각적 자극에 대해 반응을 하며, 운동기능이 점차 분화되고 복잡해진다. 또한 태아는 신생아와 유사한 수면과 각성의 사이클을 가지게 되며, 소음을 들을 수 있고, 큰 소리나 음악은 태아의 움직임을 촉발시킨다.

(2) 임신 초기, 중기, 말기

① 임신 초기(임신~3개월)

임신 초기는 가장 중요한 시기로 태아의 급속한 세포분열이 일어나므로 임산부의 영양상태, 약물복용에 가장 영향을 받기 쉽다. 임신 1개월에는 원시적인 형태의 심장과 소화기관이 발달한다. 두뇌와 신경계의 구조,

팔과 다리가 될 부위도 나타난다. 일반적으로 발달은 두뇌에서부터 몸 전체로 내려가면서 이루어진다. 임신 2개월이 되면서 태아는 인간의 모습을 갖추기 시작한다. 눈, 코, 입을 비롯한 얼굴 전체 모습이 드러난다. 2개월 된 태아는 대략 1인치(2.5cm) 정도이며, 몸무게는 약 15~20g 정도이다. 임신 3개월이 되면 팔, 다리, 손, 발의 형태가 나타난다. 손톱과 모낭, 눈꺼풀이 발달한다. 연골도 뼈로 대체되기 시작한다. 이때 태아의 움직임이 감지된다.

② 임신 중기(임신 4~6개월)

이 단계에서는 신장이 25cm로 성장하고, 체중은 900g으로 늘어난다. 발가락과 손가락이 나누어지고, 피부, 손금, 머리카락, 눈이 발달하며, 심장박동도 규칙적으로 이루어진다. 태아는 정해진 시간에 자고 일어나며, 엄지손가락을 입에 넣기도 한다. 산모는 태아가 활발하게 움직이는 것을 더욱 느낀다. 복부가 팽창되고 부종이 나타날 수도 있다.

임신 5개월 말부터 태아는 하루에 2~3cm 정도의 급성장을 하며, 어머니의 자궁은 복강까지 밀고 올라온다. 임신 25주경에는 영양분의 흡수와 배설, 엄지손가락 빨기, 휴식 등을 하지만 자궁 밖에서의 생존 가능성은 없다.

③ 임신 말기(임신 7~9개월)

태아발달이 완성되고 출산 후 자궁 밖에서 생존하기 위한 준비를 마친다. 이 시기 가장 중요한 것은 태아의 생존능력이다. 28주면 태아는 미숙아로 태어난다 하더라도 인큐베이터에서 양육이 가능할 정도로 충분히 성장하게 된다. 일반적으로 체중이 1.5kg 정도이면 생존이 가능하고, 2.3kg 이상이면 인큐베이터에서 양육하지 않아도 된다. 9개월 말에는 태반이 퇴화되기 시작하므로 어머니의 항체가 태아의 혈액에 유입되어 출생 후 몇 개월 동안 태아는 질병에 대한 저항력을 갖게 된다.

2) 태내기 발달에 영향을 미치는 요인

(1) 어머니의 영향

① 임산부의 영양상태

임신기간 중의 충분한 영양섭취는 태아의 발달뿐만 아니라 어머니의 건강에도 필수적이다. 특히 임신 중기부터는 태아가 모체의 철분을 흡수해 자신의 혈액을 만들기 시작하므로 철분을 충분히 공급하는 것이 좋다. 철분은 혈액 속의 적혈구를 만드는 데 없어서는 안 될 중요한 영양소이다. 철분이 부족하면 빈혈을 일으키고, 임신 중독증의 원인이 되기도 한다.

일반적으로 임부의 하루 섭취량은 평상시에 비하여 15~30%(300~500cal) 정도 증가시키는 것이 바람직하다. 특히 칼슘과 단백질, 철분, 비타민은 임부의 건강뿐 아니라 태아의 성장, 발육에 필수적이므로 충분히 섭취해야 한다. 태내에서의 영양공급이 충분하지 못한 경우 사산, 유산, 조산아나 미숙아가 태어날 확률이 증가하며, 출산 시 아동의 체중은 이후의 지능이나 성취도와도 관련이 있는 것으로 나타났다(Newman & Buka, 1993). 또한 태내기는 뇌세포가 급격하게 증가하는 시기이며, 다른 신체 부위와는 달리 뇌는 태내에서 급격한 발달이 이루어지므로 충분한 영양공급이 필수적이다. 그렇지 못한 경우 중추신경계의 결함을 초래하여 이후의 지적 발달에 영향을 미치게 된다(Morgane et al., 1993).

② 약물복용

오랫동안 산모에게 안전한 약물은 태아에게도 안전한 것으로 생각해 왔다. 그러나 엄마에게 안전한 약물도 태반을 통해 태아에게 전달되는 경우 치명적인 영향을 미칠 수 있으며, 특히 임신 초기에는 더욱 심각하다. 어떤 약물이 태아에게 좋지 않은 영향을 미치는지에 대해서는 아직도 불확실한 측면이 많다. 약물을 사용하거나 약물치료를 받기 위해서는 반드시 의사의 자문을 받아야 한다. 1960년대 유럽에서는 임신 중의 구토증을 진정시키기 위해 진정제의 일종인 탈리도마이드를 복용했던 임산부들이 손이 아주 작고 팔의 길이가 짧거나 혹은 아예 팔이나 다리가 없는 아이를 출산했다. 항생제의 일종인 테트라사이클린은 이가 누렇게 착색되거나 뼈 조직이 변하는 기형을 유발하기도 한다(정옥분, 2014).

헤로인 등과 같은 습관성 약물은 청각결함, 심장이나 관절의 결함, 구개파열, 사지기형이나 행동장애를 유발하는 것으로 나타났다. 코카인을 사용했을 경우 성장지체나 사산, 출산과정에서의 문제(태반 조기박리 등), 뇌손상, 생식기의 이상, 갑상선 이상, 뇌출혈, 급성 심장발작을 유발하는 확률이 증가하고, 환경자극에 대해 적극적인 반응을 보이지 않으며, 그 효과는 지속적인 것으로 나타났다(Berk, 1996). 카페인이 태아에게 미치는 영향에 대해서는 상반된 연구결과가 제시되고 있다. 임부가 임신기간 중에 커피를 습관적으로 마신 경우에 저체중아 출산율이 증가했다는 연구결과가 있는가 하면, 카페인의 해로운 영향이 유의하게 나타나지 않았다는 결과도 있다. 이러한 차이는 이들이 마신 차와 커피의 양이나 함유된 카페인의 양에 따라 다르게 나타났다고 볼 수 있으며, 안전을 위해서는 가급적 자제하는 것이 바람직하다(Dworetzky, 1990).

③ 임산부의 질병

임신 초기의 풍진은 태아의 신체적 장애(시각장애나 청각장애 등)와 정신적 장애(지적장애 등)를 초래한다. 특히 임신 4개월 이전에 임부가 풍진에 감염되었을 때는 더 위험하다. 당뇨병은 건강한 임산부보다 기형아를 낳을 확률이 3배 이상 높으며, 후천성 면역결핍증(AIDS)은 모체로부터 감염되는데(15~30%), 감염된 태아는 비정상적으로 작은 얼굴과 두개골을 갖게 되며, 임신 초기에 감염되었을 경우에는 더욱 심각한 문제를 초래한다. 임산부가 매독이나 임질과 같은 성병에 감염되었을 경우 감염된 태아는 30%가 출산 전에 사망하며, 그렇지 않은 경우에도 기형아 출산이나 시각장애를 초래한다. 그 외 B형간염, 심장질환도 태아에게 영향을 미친다.

④ 임산부의 연령 및 출산횟수

임산부의 연령은 임산부 자신과 아이 모두에게 영향을 미칠 수 있다. 20대 이전이나 35세 이후에 첫아이를 낳는 경우는 그렇지 않은 경우에 비해 위험부담이 높다. 10대 임신, 특히 17세 이전의 임신은 조산이나 사산 등 여러 가지 위험에 노출된다. 최근 연구에 따르면 10대 임산부는 임신 중 임산부 관리를 충분히 받아도 미숙아 또는 저체중아를 낳을 가능성이 20대 임산부보다 두 배 이상 높다고 하였다(Fraser Brocket & Ward, 1995). 이는 신체적 돌봄 이외에도 임부 자신이 아직 성장기에 있다는 사실이나 임신으로 인해 스트레스를 받고 있다는 데 기인할 가능성도 있다.

임산부의 연령이 35세를 넘을 경우 의학적으로 노산이라고 한다. 35세 이상의 산모는 미숙아 출산, 자연유산, 임신중독증 및 난산이 되기 쉬우며, 40세 이상의 산모는 다운증후군의 아이를 낳을 가능성이 높다. 45세 이상의 임산부는 20세 임산부에 비해 다운증후군과 같은 염색체 이상의 아이를 출산할 가능성이 40배 높고, 자연유산, 임신중독증, 난산, 미숙아 출산 등의 가능성이 높아진다. 의학기술의 발달로 많은 여성들이 나이가 든 후에도 건강한 아이를 출산하기도 하지만 신경학적인 문제나 선천성 심장기형, 성장지체와 같은 문제들이 고령의 임산부의 아이에게서 더 많이 나타난다는 연구결과가 있다.

어머니의 임신횟수도 태아의 발달에 영향을 미친다. 산모의 연령변인을 고려하지 않는다면 출산경험이 있는 산모가 첫 아이를 임신한 산모보다 자궁과 태반 사이의 혈액의 흐름이 빨라 태내환경이 더 좋다. 그러나 출산 간격이 너무 짧거나 출산횟수가 많아질수록 이러한 이점은 상쇄된다.

⑤ 음주와 흡연

임신 중에 알코올을 섭취하는 것은 태아에게 많은 영향을 미친다. 알코올은 빠른 속도로 태반에 침투하여 장시간 영향을 미치게 된다. 태아의 알코올 분해 능력은 성인의 절반 수준에 머무르기 때문에, 태아는 알코올에 상당히 민감하게 반응하며, 소량의 알코올조차도 비정상적인 발달을 야기할 수 있다. 그러므로 임부에게 안전한 알코올 섭취 수준을 제시하는 것은 불가능하며, 임신기간 중에는 전적으로 알코올 섭취를 제한하는 것이 바람직하다. 알코올 중독 현상을 보이는 임부의 태아는 태아 알코올 증후군(Fetal Alcohol Syndrome)을 보이게 되는데, 이들은 중추신경계통 장애, 체중미달, 안면기형 등의 증상이 나타나고 정신지체나 주의력결핍장애, 과잉행동 등이 특징이다.

임산부가 흡연을 하는 경우에는 그렇지 않은 경우보다 유산하거나 사산할 가능성이 28% 정도 더 높으며, 태아는 만성적 산소부족 증상을 경험하고, 두개골이 작거나 저체중아를 출산할 가능성이 더 높아진다(Chomitz et al., 1999). 직접흡연뿐 아니라 간접흡연도 태아의 발달에 부정적 영향을 미친다. 임산부가 흡연이나 음주 중 한 가지를 할 경우에 태아가 발달지체를 보일 확률은 2배, 두 가지 모두를 할 경우에는 4배로 증가한다(Dworetzky, 1990).

⑥ 임산부의 정서상태

우리나라 전통육아에서는 태교라는 용어로 임산부의 정서상태의 중요성을 강조하고 있으며, 이러한 태교의 중요성은 현대사회에서도 과학적으로 입증되고 있다. 분노, 공포, 불안과 같은 어머니의 정서적 스트레스는 자율신경계에 영향을 미쳐 부신 호르몬의 분비를 촉진시키게 되며, 이는 태반을 통해 태아에게 영향을 미치게 된다. 스트레스에 반응하기 위해 분비되는 호르몬은 혈관을 수축시키고, 혈액의 흐름을 어머니의 자궁으로부터 다른 신체기관으로 전환시키게 되며, 이로 인한 태반 내 혈액량의 감소는 태아에게 산소나 영양공급의 부족을 초래할 수 있다. 그 결과 어머니의 스트레스 수준이 높을수록 태아의 심장박동률의 변화가 심한 것으로 보인다.

태내기에 어머니의 정서적 혼란이 수주 동안 계속된 경우, 태아의 움직임은 임신기간 내내 높게 나타났으며, 출생 후에도 영향을 미치는 것으로 나타났다. 정서적으로 안정되지 못한 어머니에게서 태어난 영아는 과잉행동을 보이고, 성급한 성격적 특성을 지니며, 소화기 장애를 보이는 것으로 나타났다(Omer & Everly, 1988).

또한 어머니의 불안은 신진대사율을 증가시켜 저체중을 유도하거나, 불안을 극복하기 위해 이들 호르몬의 분비를 촉진시킴으로써 조산을 유발시키는 요인이 되기도 한다(Azar, 1999). 그러므로 임부는 편안하고 안정적인 정서상태를 갖도록 노력해야 하며, 다른 가족원들도 이를 위해 협조하는 태도가 필요하다.

(2) 아버지의 영향

지금까지 태내환경에 대한 관심은 여성의 음주, 흡연, 스트레스 등과 관련된 요인들에 초점이 맞춰져 왔다. 그러나 최근에 와서 남성도 태내환경에 많은 영향을 미칠 수 있다는 것이 밝혀졌다. 아버지의 음주, 흡연, 화학약품에 대한 노출이나 연령변인에 따라 출생결함이 증가하는 양상을 보이고 있다.

남성의 흡연은 여성에게 간접적으로 영향을 미치게 되며, 흡연 남성의 정자는 비흡연 남성의 정자에 비해 기형이 더 많이 나타난다. 그리고 흡연 남성의 자녀는 비흡연 남성의 자녀에 비해 뇌수종, 안면마비 등의 결함이 생길 확률이 배로 증가하며, 뇌암, 임파종, 백혈병에 걸릴 확률이 20% 증가한 것으로 나타났다. 그러나 이것이 출생 직후 간접흡연의 영향인지에 대해서는 논란의 여지가 있다(Merewood, 1998).

수정 전 남성의 음주습관도 영향을 미친다. 하루 2잔 이상의 포도주나 2병 이상의 맥주를 마신 경우 태아의 체중이 평균치에 비해 85g 정도 적은 것으로 나타났다. 마리화나나 코카인 같은 약물복용도 불임이나 태아의 건강상 문제를 초래한다(Merewood, 1998). 아버지가 특정한 화학약품에 노출되는 직업을 가진 경우 사산, 조산, 저체중아를 출산하는 비율이 높은 것으로 나타났다. 물론 이러한 위험은 작업장의 오염 수준이 피부자극이나 갑상선의 문제, 호흡문제를 야기시킬 만큼 충분히 높은 경우에 나타난다(Brooks, 1991).

아버지의 연령도 태아의 건강과 관련된 중요한 변수이다. 아버지의 연령이 20세 이하이거나 55세 이상인 경우 다운증후군의 위험은 급격하게 증가한다. 남성은 매일 수백만 개의 정자를 만들어 낸다. 한 번 만들어진 정자는 80일 정도 체내에 머물게 되며, 이 기간 동안 유해물질에 노출되면 손상을 입게 된다.

건강한 아기를 출산하는 것은 전적으로 여성만의 책임이 아니다. 남성도 동시에 책임이 있다. 앞에서 열거한 위험요인들로부터 안전하기 위해서는 남성도 흡연이나 음주, 약물복용을 중단한 후 일정 기간이 지나서 아기를 갖는 것이 바람직하다고 볼 수 있다.

(3) 기타 요인

아버지의 혈액형이 Rh+이고 어머니가 Rh−인 경우, Rh+가 우성이므로 태아는 Rh+ 인자를 갖게 되며, 이는 어머니의 혈액과 일치하지 않으므로 문제가 생기게 된다. 태아가 Rh+ 혈액형이고 모체가 Rh− 혈액형인 경우, 일반적으로 첫 번째 임신에서는 문제를 보이지 않는다. 그러나 두 번째 임신에서는 어머니의 혈액 속에 항체가 형성되어 사산이나 유산을 하거나 정신박약아가 태어난다. 최근에는 Rh 백신주사가 개발되어 항체형성을 예방할 수 있다(정옥분, 2014).

뜨거운 목욕이나 온천은 몸의 혈액순환을 촉진시키고 피로를 풀어주지만, 지나치게 뜨거운 물은 임신한 여성의 자궁 주변 온도를 상승시켜 태아의 중추신경계 이상을 초래할 수 있다. 39°C 이상의 욕조에 10~15분 이상 앉아 있는 것은 태아의 손상을 초래할 수 있다(Papalia & Olds, 1995).

(4) 유전인자와 염색체 이상

신생아의 대부분은 건강한 상태로 태어나지만, 그중에는 선천성 결함을 가지고 태어나는 아기들도 있다. 어떤 결함은 부모로부터 물려받은 유전병에 의한 것이고, 또 어떤 것은 염색체 이상에 기인한다. 여기서는 염색체와 유전인자의 결함으로 인해 나타나는 몇 가지 이상에 관해 살펴보기로 한다.

① 터너(Turner) 증후군

X염색체가 1개이며 전체 염색체 수가 45개인 성염색체 이상으로, 외견상 여성이지만 여성호르몬의 부족으로 2차 성징이 나타나지 않는다. 난소가 기능을 제대로 하지 못하여 생식을 하지 못하며, 목이 가늘고 키가 작다. 언어지능은 정상이지만, 공간지각 능력은 평균 이하인 경우가 많다.

② X염색체 결함 증후군

X염색체 결함 증후군의 신체적 특징은 얼굴이 길고, 귀가 당나귀 귀 모양을 하고 있으며, 고환이 비대하다. 정신지체, 언어장애, 자폐증 등의 장애가 나타나기도 한다. X염색체 결함 증후군은 여성보다 남성에게서 발병률이 높다. 그 이유는 남성의 성염색체는 XY인데, 여성의 성염색체는 XX로 X가 2개이므로 여성의 경우 결함 있는 X염색체가 다른 하나의 건강한 X염색체에 의해 수정·보완될 가능성이 있기 때문이다.

③ 클라인펠터(Klinefelter) 증후군

XXY, XXXY, XXXXY 성염색체를 가지고 있어 남성의 특성이 약하고, 사춘기에 가슴과 엉덩이가 커지는 등 여성적인 2차 성징이 나타난다. 고환이 미성숙하여 정자의 생산이 불가능하므로 생식이 불가능하다. 클라인펠터 증후군의 남성은 유방암 발병률이 일반 남성의 20배나 높다. 지능이 낮은 경우가 많은데, 특히 언어지능이 떨어진다. 이러한 결함들은 여분의 X염색체가 많을수록 더욱 현저하다.

④ 다운증후군

다운증후군은 몽고증이라고도 불린다. 23쌍의 염색체 중 21번 염색체 이상에 의해 유발되며, 머리가 작고 뒷머리는 납작하며, 팔다리가 짧고 통통하다. 지능은 50 정도이지만, 성격이 밝고 다정하며 쾌활하여 사교성이 좋다.

⑤ 혈우병

혈액이 응고되지 않는 선천적 장애로, 성염색체인 X염색체의 이상에 의해 발병되며, 질병 저항력이 약하다.

⑥ 페닐케토뉴리아(PKU : phenylketonuria)

페닐케토뉴리아는 신진대사에 필요한 효소의 결핍으로 인한 유전병이다. 이 효소는 유제품, 빵, 계란, 생선 등에 함유되어 있는 단백질인 페닐알라닌을 아미노산으로 전환해 준다. 이 효소가 결핍되면 페닐알라닌이 분해되지 못하고, 그 독성이 신경조직에 축적되어 결과적으로 정신지체를 유발시키는 요인으로 작용하게 된다(Diamond, Prevor, Callender, & Druin, 1997). PKU는 지능장애와 운동신경장애를 동반하는데, 심한 경우 지능지수가 50 이하로 떨어지기도 한다. 최근에는 생후 1개월 내 신생아 선별검사로 PKU가 발견되면, 페닐알라닌의 섭취를 제한하는 식이요법을 함으로써 정신지체를 피하게 도와준다.

2. 출 산

출산은 아기와 어머니 모두가 생명에 위협을 느낄 정도로 충격적인 경험이다. 지금까지는 출산과정에서 경험하는 산모의 고통에 대해서는 많은 관심을 보였지만 태아의 고통에 대해서는 거의 관심을 보이지 않았다. 그러나 출산과정은 개인의 인생에서 스트레스를 가장 많이 받는 사건 가운데 하나이다.

대부분의 아기들은 수정 후 266일 만에 태어나지만, 수정된 날짜를 정확히 알 수 없기 때문에 마지막 월경주기의 첫날부터 280일 되는 시점을 분만예정일로 본다. 분만예정일에 분만하는 경우는 드물고, 예정일을 중심으로 전후 2주간은 정상적인 범주에 속한다고 볼 수 있다.

1) 출산 시의 문제점

출산은 대부분의 경우 별문제 없이 정상적으로 진행되지만, 때로는 난산, 산소결핍증, 조산과 같은 이상분만의 문제가 발생하기도 한다.

(1) 난산

난산이란 태아가 산도를 통과하는 과정에서 구조적 또는 기능적 이상이 생겨 분만이 순조롭게 진행되지 않는 경우를 말한다. 반면 자연분만으로 아기를 낳고 특별히 산모나 아기에게 이상증세가 없으면 순산이라고 한다. 산모와 태아에게 이상이 있는 경우 난산을 하게 되는데, 산모에게 문제가 있는 경우는 산도의 기형, 만출력(태아를 밀어내는 힘) 이상이나, 산도나 골반이 너무 협소한 경우 등이다. 태아에게 이상이 있는 경우는 태아의 위치이상(예를 들면, 둔위전진)이나, 발육이상으로 기형이 된 경우로서 이때는 난산을 하게 된다. 그 외 전치태반, 태반조기박리, 조기파수 등도 난산의 원인이 된다.

(2) 산소결핍증

신생아의 1% 정도가 산소결핍증을 경험한다. 산소결핍증의 원인은 둔위전진, 태반조기박리, 무통분만을 위한 진정제나 마취제의 사용 등이다. 분만 시 태아의 발이나 엉덩이부터 나오게 되는 둔위전진의 경우, 탯줄이 꼬이거나 조여지기 때문에 산소공급을 받지 못하게 된다(Lin, 1993). 태반이 너무 일찍 떨어져 나가는 태반조기박리의 경우 산소와 영양공급이 차단

된다. 태반조기박리는 음주, 흡연, 약물과 같은 기형발생물질로 인해 태반이 정상적인 발달을 하지 못한 결과이다. 출산과정에서 산모의 고통을 감소시키기 위해 투여된 진정제가 탯줄을 통해 태아에게 전달되어 호흡기관을 자극하면 산소결핍증이 발생한다. 신생아는 성인보다 산소결핍상태를 더 오래 견딜 수 있지만, 상태가 3분 이상 경과되면 영구적인 뇌손상을 입게 된다(Nelson, 1995).

(3) 조산

임신 28주에서 37주 사이에 아기가 태어난 경우를 조산이라고 하며, 조산인 경우에는 대체로 체중이 2.5kg 미만인 미숙아이다. 그러나 임신 40주를 다 채운 신생아도 2.5kg 미만이면 미숙아로 간주된다. 조산의 주된 원인은 산모의 영양부족이다. 따라서 경제적으로 부유한 계층보다 가난한 계층의 조산율이 높다. 그 외 산모의 생식기관 미숙(예를 들면, 10대 임신), 쌍생아 임신, 임신기간 중의 흡연, 음주, 약물복용 등도 조산의 가능성을 증가시킨다(Cooperstock, Bakewell, Herman, & Schramm, 1998; DuPlessis, Bell, & Richards, 1997; Paneth, 1995; Radetsky, 1994).

조산의 장기적 영향은 임신기간, 출생 시 체중, 출생 후 관리, 아동기 동안의 환경의 질에 달려 있다. 특히 신생아의 사망률은 임신기간 및 출생 시 체중과 관련이 높다. 임신기간 28주(생존 가능성을 가늠하는 결정적 시기) 이전이나 1.5kg 미만인 경우 생존 가능성이 매우 낮다. 대부분의 미숙아들은 발달속도가 정상인보다 느리기는 해도 결국에는 정상적인 발달을 한다. 그러나 때로는 학습장애, 과잉활동장애, 주의집중력 부족, 그리고 지능이 평균 이하인 경우도 있다(Case-smith, Butcher, & Reed, 1998; Cherkes-Julkowski, 1998).

2) 폭력 없는 탄생

르부아예(Leboyer, 1975)는 『폭력 없는 탄생』이라는 저서를 통해, 산모의 고통뿐만 아니라 산도를 통해 고체 밖으로 나오는 태아의 고통에 대해서도 관심을 가져야 한다고 주장한다. 태아는 태반으로부터 산소를 공급받다가 출산과 더불어 폐로 숨을 쉬어야 하고, 어둠 속에 있다가 강렬한 불빛을 받게 되며, 액체 상태(양수)에 있다가 공기 중으로 나오는 극적인 변화를 경험하게 된다. 프랑스 산부인과 의사인 르부아예는 9천여 명에 달하는 신생아를 받아내는 동안 공포와 겁에 질려 울부짖는 아기들의 모습을 보고, 출산과정이 조금이라도 덜 충격적인 경험이 되도록 태내환경과 유사한 환경을 조성해 줄 것을 권고하고 있다.

르부아예는 아기들의 출산과정을 다음과 같이 묘사하고 있다. "이 세상에 태어나는 아기들에게는 허파에 들어가는 첫 공기의 뜨거운 감각보다 더 놀라운 공포는 없을 것이다. 속까지 타들어 가는 느낌에 전신이 전율하며 몸서리치며 항의한다. 어떻게 해서든지 이 적을 물리치려고 전력을 다한다. 이것이 바로 아기의 첫 울음소리이다(Leboyer, 1975)." 따라서 르부아예는 출산 시 아기는 어둡고 따뜻한 방에서 조용하고 부드럽게 받아야 한다고 주장한다. 그리고 즉시 탯줄을 자르지 말고 아기를 엄마의 배 위에 5분 정도 두었다가 탯줄을 자른 다음 따뜻한 물속에 넣어주고, 엄마 아빠가 아기를 목욕시키고 물속에서 부드럽게 마사지를 해주면 아기는 긴장을 풀고 새로운 세계를 맞이하게 된다고 주장한다. 그런데 르부아예의 분만법에 반대하는 입장에서는 희미한 불빛으로 인해 출산과정에서 발생할 수 있는 위험요소를 놓칠 수 있을 뿐만 아니라, 아기가 물에서 병균에 감염될지도 모른다고 주장한다(Cchn, 1975).

chapter 09

영아기

영아기는 출생 이후부터 만 2세까지를 말하는데, 특히 생후 한 달까지는 신생아기라고 한다. 영아기는 제1성장급등기라고 할 만큼 급격한 신체발달이 이루어지며, 보행을 학습하게 되고 감각발달이 이루어진다. 이 시기는 프로이트 발달단계의 구강기에 해당되고, 에릭슨의 심리사회적 발달단계에서는 신뢰감 대 불신감의 단계이며, 피아제의 인지발달 단계에서는 감각운동기에 해당되는 시기이다. 본서에서는 출생 직후부터 한 달 동안이지만 중요한 발달이 일어나는 신생아기를 별도로 구분해서 설명하고자 한다.

1. 신생아기

출생 후 첫 한 달 동안의 아기를 신생아라고 부른다. 신생아기는 비록 짧은 기간이지만 태내환경과는 상이한 새로운 환경에 적응해야 한다는 점에서 중요한 의미를 갖는다. 신생아는 숨쉬고, 먹고, 새로운 환경에 적응해야 한다. 아직 미성숙한 기관을 지닌 신생아에게 이와 같은 것들은 스트레스를 유발한다. 그러나 신생아는 우리가 알고 있는 것보다 훨씬 더 높은 적응능력을 가지고 이 세상에 오는 것으로 보인다.

1) 신체·생리적 특징

신생아의 피부는 쭈글쭈글하고, 붉은색을 띠며, 끈적끈적한 태지(胎脂)로 덮여 있다. 눈꺼풀은 퉁퉁 부어 있고, 몸 전체는 솜털로 덮여 있는데 몇 주가 지나면 점차 없어진다. 생후 3~4일경에 나타나는 신생아 황달도 일주일이 지나면 사라지게 된다. 신생아의 신장은 출생 시 남아가 평균 50.1cm, 여아가 평균 49.3cm이다.

신생아의 체중은 남아가 여아보다 더 많이 나가는 것이 일반적이며, 출생 시 평균 3.2~3.4kg이다. 그러나 2.6~4.1kg 정도면 정상 범주에 속하며, 첫아이는 다음에 출생하는 아이보다 체중이 가벼운 경우가 많다. 출생 후 3~4일간은 약 5% 정도의 초기 체중감소가 있으며, 심한 경우에는 10% 정도까지 감소한다. 그러나 5일 이후부터는 점차 증가하여 2주경에는 출생 시의 체중을 회복한다. 첫돌 무렵에는 출생 시 체중의 약 3배인 10kg, 두 돌이 되면 12kg 정도로 급성장을 보인다.

출생 시 뇌의 무게는 350g 정도이지만 첫돌 무렵에는 800g 정도가 된다. 성숙한 성인의 뇌 무게가 1,350g인 사실에 비추어 본다면, 다른 신체 기관에 비해 두뇌발달은 출생 초기가 결정적 시기임을 알 수 있다. 또한 신생아는 출생 시 머리둘레가 약 34cm로 가슴둘레보다 크다.

신생아의 맥박은 1분에 120~160회 정도로 빠르고 불규칙하다. 호흡은 공기를 접하자마자 나타나는 반사적인 것으로 1분당 35~45회 정도이며 불규칙적인 복식호흡을 한다. 신생아의 체온은 성인보다 다소 높은 37~37.5℃이다. 땀샘이 잘 발달되지 않아 체온조절 능력이 성인보다 미흡하여 외부 온도의 영향을 많이 받는다. 신생아의 수면시간은 하루에 18시간 정도를 차지하며, 24개월경에는 12시간 정도로 감소한다. 모유는 산모가 특별한 질병을 앓고 있거나 모유를 먹이기 힘든 상황을 제외하고는 가장 바람직한 신생아의 음식이다. 출산 후 1~2일 사이에 젖이 나오기 시작하는데, 이를 초유라고 한다. 초유는 영양이 풍부할 뿐만 아니라 질병에 대한 면역체를 다량 함유하고 있으므로 가급적 먹이는 것이 좋다.

산모는 자기 주변의 병원체에 대해 항체를 형성하기 때문에 아기는 모유를 먹는 생후 첫 몇 주 동안 감염성 세균으로부터 보호를 받게 된다. 그러나 무엇보다도 모유수유의 장점은 이를 통해 밀접한 피부접촉을 함으로써 아기에게 안정감을 줄 수 있다는 점이다. 수유를 하는 동안 엄마의 심장 고동 소리를 듣거나 엄마와의 피부접촉을 통해 아기는 심리적으로 안정감을 느낄 수 있다.

2) 감각기능

주위 환경으로부터 주어지는 여러 가지 자극을 오관을 통해 받아들이는 것을 감각이라고 한다. 출생 시 인간의 감각기능은 미성숙한 상태에 있으므로, 출생 이후 주위 환경으로부터의 적절한 자극이 감각기능의 발달에 필수적이다. 만약 이러한 자극이 결여된다면 감각기능은 정상적으로 발달할 수 없다.

먼저 시각의 발달을 보면, 신생아는 출생 후 2일이 되면 동공반사를 할 수 있게 되며, 1~2주가 지나면 형태 식별은 어려우나 색채 식별이 가능하고, 특히 흰색, 황색, 녹색, 적색, 청색의 순으로 반응을 보인다. 청각기관은 출생 직후에는 청각반응을 잘 나타내지 않지만, 출생 후 며칠 이내에 청력이 매우 예민해지며, 출생 후 4주가 되면 어머니의 음성을 식별할 수 있게 된다. 신생아의 미각발달을 보면 생후 2주가 경과하면 맛의 차이에 대한 식별 반응을 나타내는데, 단맛을 선호하며, 쓰거나 신 것은 내뱉고 얼굴을 찡그린다. 후각은 출생 초기부터 상당히 발달되어 있는 감각이다. 생후 1주일 정도가 지나면 어머니와 다른 여성의 젖 냄새를 구분할 수 있고, 독한 냄새에는 고개를 돌리는 반면 단맛이 나는 향기에는 얼굴을 향기가 나는 쪽으로 돌리는 반응을 보인다.

촉각의 발달을 보면, 신생아는 온도감각과 통각 등이 발달되어 있다. 통각은 출생 직후에는 발달되어 있지 않지만 생후 3일 이후부터 빠르게 발달한다. 신생아에게 감각기관의 장애가 있을 때에는 인지발달의 지연이나 장애가 나타날 가능성이 높다. 신생아와 부모-자녀 간의 신체접촉을 통한 자극 또한 신생아의 생존에 필수적일 뿐만 아니라 사회정서 발달에도 도움이 된다.

3) 반사운동

반사(reflex)는 우리 눈에 이물질이 들어가면 눈을 깜박거리는 것과 같이 외부의 자극에 대한 무의식적이고도 자동적인 반응을 말한다. 신생아는 외부의 자극에 대해 여러 가지 반사행동을 보이는데, 반사행동에는 생존반사와 원시반사의 두 종류가 있다.

(1) 생존반사

생존반사(survival reflexes)는 적응이나 생존을 위해 필요한 반사행동으로 호흡반사, 젖찾기반사, 빨기반사, 삼키기반사(연하반사), 동공반사, 눈깜박반사 등이 있다. 호흡반사(breathing reflexes)는 산소를 얻기 위해 흡입하고 이산화탄소를 방출하기 위해 내뿜는 반사이다. 젖찾기반사(rooting reflexes)는 신생아의 볼에 접촉하면 자극을 향해 고개를 돌리며 젖꼭지를 기대하는 것처럼 입을 벌리는 반사로 탐색반사(searching reflexes)라고도 한다. 빨기반사(sucking reflexes)는 입에 닿는 것은 무엇이든 빨려고 하는 반사이다. 삼키기반사(swallowing reflex)는 음식물이 입안으로 들어오면 삼키는 반사운동으로 연하반사라고도 한다. 동공반사(pupillary reflexes)는 신생아 눈의 동공이 밝은 빛이 들어오거나 잠을 잘 때는 좁아지며, 희미한 빛이 들어오거나 깨어 있을 때는 넓어지는 반사이다. 눈깜박반사(eye-blink reflexes)는 신생아의 눈을 향해 물체가 빨리 움직이거나 불어오는 공기에 대한 반응으로 눈을 깜박이는 반사이다(이근홍, 2006).

(2) 원시반사

원시반사(primitive reflexes)는 생존을 위해 필요한 것은 아니지만 진화론적 관점에서 중요한 반사행동으로 모로반사, 바빈스키반사, 손바닥반사, 걷기반사, 수영반사 등이 있다. 모로반사(Moro reflexes)는 모로가 발견한 반사로 신생아의 위치가 갑자기 바뀌거나 높은 소리 및 강한 빛의 자극을 받게 될 때, 신생아가 팔다리를 뻗치고 누군가를 껴안는 것처럼 행동하는 것으로 생후 3~4개월부터 사라진다. 바빈스키반사(Babinski reflexes)는 바빈스키가 발견하였으며, 신생아의 발바닥에 자극을 주면 발가락을 부채처럼 쫙 펴는 반사로 생후 6개월 정도가 지나면 없어진다. 손바닥반사(palmar reflexes)는 파악반사라고도 하며 신생아의 손바닥에 어떤 자극을 주면 강하게 쥐고 놓지 않는 반사이다. 걷기반사(stepping reflexes)는 신생아의 발을 바닥에 대고 들어주면 무릎을 구부리고 두 발을 번갈아 움직이는 반사로 생후 2~3개월이 지나면 없어진다. 수영반사(swimming reflexes)는 신생아를 수그린 자세로 물에 넣으면 수영하려는 행동을 보이는 반사이다(이근홍, 2006).

원시반사는 기능적인 가치는 별로 없다 하더라도 발달상태를 평가하는 데에는 매우 유용하다. 만약 이러한 반사행동이 출생 시 나타나지 않거나 수개월이 지나도 사라지지 않으면 신경계통에 어떤 문제가 있는지를 살펴보아야 한다.

4) 심리·사회적 발달

신생아는 출산과정의 외상(trauma)을 회복하기 위하여 출생 후 15~30분 동안은 깨어 있지만 곧바로 깊은 잠에 빠지며 약 2일 동안 긴 수면 상태에 놓이게 된다. 따라서 태어나자마자 부모가 아기와 눈을 맞추고 신체접촉을 하는 것은 이후 애착관계 형성에 매우 중요한 요인으로 작용한다.

아동은 수유를 하는 동안 엄마의 심장 고동 소리를 듣거나 엄마와의 피부접촉을 통해 심리적으로 안정감을 느낄 수 있다. 따라서 아동의 심리적 안정을 위해서, 인공수유인 경우에도 엄마가 아기를 안고 수유를 하는 것이 유아의 심리적 안정을 위해 필요할 것이다.

신생아의 사회적 발달은 전반적으로 매우 미약한 수준이다. 신생아의 사회적 발달은 미소 반응을 통해 확인할 수 있는데 생후 1개월 전에는 무의식적인 반사적 미소(gas smile) 반응을 보이다가 생후 5주부터 사회적 미소를 보인다.

2. 영아기

영아기(4주~24개월)는 인간의 일생에서 신체적 성장이 가장 빠른 속도로 이루어지는 시기이다. 특히 출성 후 첫 1년간은 신체와 뇌의 성장이 급속도로 이루어진다. 이처럼 성장이 급속도로 이루어지는 시기를 성장급등기라고 하는데, 영아기 이후 사춘기에도 똑같은 현상이 한 번 더 일어난다. 그래서 영아기를 제1성장급등기라 부르고, 사춘기를 제2성장급등기라고 한다.

1) 신체발달

영아기의 신체적 성장은 놀랄 만큼 빠른 속도로 이루어진다. 출생 후 몇 개월간은 매일 30g씩 체중이 늘고, 매월 2~3cm씩 키가 큰다. 신장과 체중의 눈부신 성장 외에도 골격과 근육, 중추신경계 등의 신체 내부적 발달도 급속도로 이루어진다. 신성아기부터 3세 이전의 영아기 동안에 신장은 약 1.5배, 그리고 체중은 약 3배 정도로 급격한 신체 성장이 이루어진다. 영아의 골격은 성인의 골격보다 크기가 작고 수도 적을 뿐만 아니라 매우 유연하고 부드럽다. 손목뼈의 경우 성인은 9개인 데 반해, 첫돌 무렵에는 3개뿐이다. 나머지 6개는 아동기에 계속 발달하여 청년기에 완성된다. 부드러운 뼈가 단단해지는 과정을 경화(ossification) 또는 골화(骨化)라고 한다. 사춘기가 될 때까지 꾸준히 경화 현상이 일어나는데, 그 순서는 두미발달의 원칙과 근원발달의 원칙을 따른다. 치아는 생후 6개월경에 젖니가 아래 앞니부터 나기 시작하여 1년이 되면 6~8개의 앞니가 난다. 그 다음 첫째 어금니, 송곳니, 둘째 어금니 순서로 24~30개월경에는 20개의 젖니가 모두 나게 된다. 그러나 치아가 나는 시기는 개인마다 큰 차이가 있다.

운동기능은 편의상 특정 운동에 사용되는 근육의 크기(대근육 또는 소근육)와 신체 부위에 따라 대근육 운동과 소근육 운동으로 나누어진다. 대근육 운동은 기기, 서기, 뛰뛰기, 걷기, 한 발로 서 있기와 같이 팔, 다리, 몸통과 같은 대근육을 사용하는 운동을 말한다. 소근육 운동은 손가락으로 물건 집기와 같이 몸의 소근육을 사용하는 운동을 말한다. 운동기능의 발달 역시 두미발달의 원칙과 근원발달의 원칙을 따른다.

영아기의 가장 주목할 만한 대근육 운동기능은 고개도 못 가눌 정도로 전적으로 의존적이던 인물에서 뒤집기, 기기, 서기, 걷기, 달리기 등을 할 수 있는 기동성 있는 인물로 영아를 바꿔놓는 것이다. 영아의 대근육을 이용한 이행운동(locomotor)은 ① 엎드린 상태에서 머리 들어올리기(2개월), ② 구르기(3개월), ③ 혼자서 앉기(6개월), ④ 붙잡고 서기(7개월), ⑤ 붙잡고 걷기(9개월), ⑥ 혼자서 서기(11개월), ⑦ 혼자서 걷기(12개월), ⑧ 손잡고 계단 오르내리기(16개월), ⑨ 달리기 및 혼자서 계단 오르내리기(24개월)의 순으로 발달한다(신명희 외, 2013).

소근육 운동기능은 근원발달의 원칙에 의해 팔과 손, 그리고 손가락 순으로 발달한다. 실이나 동전 같은 작은 물체를 집기 위해 처음에 영아는 손 전체, 특히 손바닥을 사용한다. 그러다가 10개월이 지나면서 엄지와 집게손가락을 사용해서 작은 물체를 집을 수 있게 된다. 이 무렵에 영아는 잔디밭에 기어다니는 벌레나 양탄자의 보푸라기 같이 눈에 보이는 작은 물체는 무엇이든지 집어 올리면서 즐거워한다. 이때 물건을 쥐거나 조작하는 능력의 발달은 뇌의 발달에 중요한 영향을 미친다(곽형식 외, 2000). 이러한 영아의 운동발달에 개인차가 많다는 것은 잘 알려진 사실이다. 영아기의 운동발달은 독립적 운동능력의 향상뿐만 아니라 다양한 환경과의 접촉을 통하여 계획적인 탐색을 실시할 수 있고 자발적인 목표추구가 가능하다는 점에서 의의가 더욱 크다.

2) 뇌의 발달

뇌의 발달은 영아기에 급속도로 이루어진다. 두미발달의 원칙에 의해 출생 시에 머리와 뇌의 크기는 신체의 다른 어떤 부위보다도 성인의 크기에 가깝다. 그리고 영아기에 매우 빠른 속도로 성장을 계속한다. 출생 시 뇌의 무게는 평균 350g으로 성인 뇌 무게의 1/4이고, 출생 후 6개월경에는 1/2이 된다. 두 돌 무렵에는 성인 뇌 무게의 3/4에 이르고, 5세경에는 90%에 달한다. 따라서 영아기를 뇌의 성장급등기(brain growth spurt)라고 부른다. 머리둘레는 가끔 뇌 성장의 대략적인 지표로 사용된다. 출생 시 머리둘레는 평균 34cm이고, 첫돌 무렵에는 46cm인데, 성인의 머리둘레는 평균 55cm이다.

영아기에 뇌 크기의 놀라운 성장은 뇌의 구조적·기능적 발달과 관련이 있다. 영아기 뇌의 발달은 전적으로 생물학적 프로그램에 따른 것이 아니고 환경의 영향에도 민감하게 작용한다. 예를 들면, 영아기 동안의 심한 영양실조는 뉴런의 수, 크기, 구조, 수초화의 속도, 시냅스의 형성에 영향을 미치고, 심각한 뇌손상을 초래한다(Morgan & Gibson, 1991).

뇌의 구조는 또한 환경으로부터 받는 자극의 양과 종류에 의해서도 영향을 받는다(Huttenlocher, 1994; Nelson, Zeanah, & Fox, 2006; Reeb, Fos, Nelson, &

Zeanah, 2008). 영아의 뇌는 경험에 의해 구조나 기능이 수정될 수 있는 유연성 또는 가소성(plasticity)이 뛰어나다. 예를 들면, 영아의 감각경험은 뉴런의 크기와 연결구조에 영향을 미친다. 결과적으로 지적 자극과 사회적 자극이 풍부한 환경에서 성장한 영아와 이들 자극이 결핍된 환경에서 성장한 영아를 비교해 보면 뇌의 구조와 무게에서 큰 차이를 보인다(Gottlieb, 1991; Kobl, 1995). 불행히도 영양실조 아동이 환경적 자극도 덜 받는 경우가 많다(Frank & Zeisel, 1988).

3) 생리적 기능

영아기 동안 수면시간이 극적으로 감소하고 수면상태에서도 변화가 나타난다. 영아기에는 젖을 떼고 이유식을 시작해야 하며, 배변훈련도 이때 시작해야 한다. 신생아는 하루 중 대부분의 시간 동안 잠을 자지만, 밤에 자고 낮에 깨어 있는 성인들과는 달리 하루 24시간을 밤낮의 구별 없이 일정한 간격으로 자고 깬다. 그러다가 생후 6개월이 되면 대부분의 영아들은 점차 밤에는 자고 낮에는 깨어 있는 성인의 수면 양상을 보이게 된다(Sadeh, 2008). 그래도 하루에 3~4회 정도는 낮잠을 잔다. 영아기 동안 수면시간도 극적으로 감소하는데, 생후 1개월간 하루 18시간의 수면에서 2세가 되면 12시간으로 감소한다. 이와 같은 수면시간의 감소는 출생 시 미성숙했던 뇌가 출생 후 첫 1~2년간 빠른 속도로 성장한 결과이다(Morelli, Oppenheim, Rogoff, & Goldsmith, 1992).

영아기의 빠른 신체적 성장은 영아가 섭취하는 영양소에 의한 것이다. 영양이 적절하지 않으면 영아의 신체발달뿐만 아니라 인지적 · 사회적 발달 또한 순조롭게 진행되지 못한다(Pollitt, 1994). 생후 5~6개월이 되면 모유만으로는 아기의 발달에 충분한 영양을 공급해 줄 수 없으므로 젖 이외의 음식을 제공해 주는 것이 필요하다. 젖을 떼고 젖 이외의 반고형 음식을 먹이는 것을 이유라 한다. 이유를 시작하는 시기는 아기의 발육이나 건강상태

등을 고려해야 하며 강제로 젖을 떼거나 조급하게 서둘러서는 안 된다. 아기가 질병에 걸려 있거나 식욕이 없는 여름철에는 시작하지 않는 것이 좋다. 이유식은 젖을 먹은 후보다는 젖을 먹기 전에 먼저 주도록 하며, 이유식의 양은 점차 늘려가고 젖은 줄여나가도록 한다. 이때 주의해야 할 점은 영아의 소화기관에 부담을 주는 이유식을 피하고, 영양소가 골고루 함유된 이유식을 제공하여 영양실조가 되지 않도록 해야 한다는 것이다(정옥분, 2014).

신생아의 대변은 검고 끈적끈적한데 3~4일이 지나면 누런색의 보통 변으로 변한다. 대변과 소변을 통제할 수 있는 근육과 신경의 미성숙으로 인해 생후 6~7개월 이전에는 직장이나 방광이 꽉 차면 반사적으로 대소변을 배설하게 된다. 6~7개월이 지나 대소변을 통제하는 근육이나 신경이 발달하더라도 뇌에서 이를 통제할 수 있는 것은 아니다. 대변은 약 13~15개월경이면 가리게 되고, 소변은 20개월 정도가 되어야 가릴 수 있다. 대소변 가리기는 영아의 건강상태나 정서상태에 따라 차이가 나기 때문에 무리하게 강요하는 것은 좋지 않다

4) 감각과 지각의 발달

주위 환경으로부터 오는 여러 가지 자극을 감각기관을 통해 받아들이는 것을 감각이라고 한다면, 지각은 이러한 감각에 의미를 부여하는 과정이라고 볼 수 있다. 즉, 감각이 자극에 대한 감각기관의 반응이라면, 지각은 그 자극에 대한 해석이다. 예를 들어, 어떤 소리가 났을 때 소리를 듣게 되는 것은 감각과정이고, 그 소리가 사람의 말소리인지 음악소리인지를 알게 되는 것은 지각과정이다.

인간의 모든 행동은 감각기관을 통해 들어오는 정보를 어떻게 해석하느냐에 달려 있다고 해도 과언이 아니다. 따라서 감각과 지각의 발달은 아동발달을 이해하는 데 매우 중요하다. 인간은 환경을 탐색할 때 다른 어떤

감각기관보다 시각에 더 의존한다. 즉, 감각정보의 80%가 시각을 통해서 들어온다. 그럼에도 불구하고 시각은 인간의 감각능력 중 가장 늦게 성숙한다. 출생 시 시각조절에 필요한 뇌 회로가 충분히 성숙해 있지 않아 신생아의 시각은 비교적 발달되지 않은 상태에 있다. 눈의 크기가 작고 망막구조가 불완전하며 시신경도 덜 발달되어 있다. 출생 후 몇 개월 동안 심한 근시 현상을 보이지만, 첫돌 무렵에는 시력이 1.0에 가까워져 정상 시력을 갖게 된다(Banks & Salapatek, 1983; Dobson & Teller, 1978). 출생 시부터 녹색과 적색을 구분할 수 있으며(Adams, 1989), 2개월이 되면 삼원색의 기본 색깔 대부분을 구별할 수 있다고 한다(Brown, 1990). 그러나 색지각의 수준이 성인과 유사한지는 알 수 없다.

영아는 전체보다는 부분을, 정지된 것보다는 움직이는 물체를, 흑백보다는 컬러를, 직선보다는 곡선을 선호한다. 출생 초기에는 단순한 도형을 선호하지만 점차 복잡한 도형을 더 선호하며, 특히 형태가 색깔이나 명암보다 영아의 주의를 끄는 데 더 큰 영향을 미친다. 다른 사물에 비해 인간의 얼굴을 선호하며(Aslin & Lathrop, 2008; Slater, Field, & Hernandez-Reif, 2007), 사람의 얼굴 가운데서도 흑백의 대조를 이루는 눈을 가장 선호한다. 신생아가 인간의 얼굴을 다른 물체보다도 먼저 그리고 오래 응시한다는 것은 인류의 진화 역사상 생존에 필수적인 적응기제의 잔존물로 볼 수 있는 흥미로운 일이다. 왜냐하면 이것은 어머니(또는 양육자)와의 사회적 상호작용을 촉진시키기 때문이다(Johnson, Dziurawiec, Ellis, & Morton, 1991).

영아가 몸을 움직일 수 있게 되면 그만큼 위험에 처할 가능성도 커진다. 그중에서도 특히 높은 데서 아래로 떨어지는 위험이 가장 크다. 생후 6개월경에 발달하는 것으로 보이는 깊이지각은 영아가 가구에 부딪히거나 침대나 계단에서 굴러떨어지는 것을 막는 데 도움이 된다. 만약 영아가 깊이를 지각할 수 없다면 그들의 생존은 크게 위협받을 것이다.

영아의 청각능력은 출생 후 얼마 되지 않아 곧 성인 수준에 도달하는 것으로 알려져 있다. 소리에 대한 민감도는 소리의 높낮이에 따라 다르다. 6개월경의 영아는 낮은 소리나 중간 소리보다 높은 소리를 더 잘 듣는 것으로 보인다. 영아는 사람의 목소리, 특히 여성의 높은 목소리를 좋아하는 것으로 보인다.

신생아도 단맛, 신맛, 쓴맛, 짠맛을 구별하고(Rosenstein & Oster, 1988), 2~3개월경에는 특정한 맛에 대한 기호가 생길 정도로 발달되어, 특정한 맛에 대한 거부현상도 보인다. 4개월이 되면 신생아기 때에는 싫어하던 짠맛을 좋아하기 시작하는데(Harris, Thomas, & Booth, 1990), 이것은 아마도 이유식에 대한 준비를 하는 것인지도 모른다(Beauchamp, Cowart, Mennella, & Marsh, 1994). 영아기 말이 되면 미각은 매우 예민해진다. 소아과 의사들은 영아에게 다양한 음식을 제공할 것을 추천하는데, 이것은 영양적인 측면에서뿐만 아니라 영아기에 음식에 대한 선호가 급격히 발달하기 때문이다. 따라서 영아기 이후에는 새로운 음식을 잘 먹으려 하지 않는다(Berger, 1991).

촉각은 영아가 성인과 갖는 관계에서 매우 중요한 역할을 한다. 아기를 쓰다듬어 주거나 아기의 가슴에 가만히 손을 올려놓으면 우는 아기를 달랠 수 있고, 등을 토닥토닥 두드려 주면 아기를 재울 수 있다. 할로우와 짐머맨(Harlow & Zimmerman, 1959)의 유명한 원숭이 실험에서 사회적 애착의 발달에 중요한 것은 먹이를 제공하는 것보다 신체적 접촉인 것으로 밝혀졌다.

영아는 온도변화에도 민감한 반응을 보이는데, 체온보다 높은 온도보다는 낮은 온도에 더 민감하다. 방안 온도가 갑자기 떨어지거나 영아의 옷을 갈아입히기 위해 옷을 다 벗겨놓으면 불편함을 호소하거나 체온을 유지하기 위해 몸을 활발하게 움직인다(Humphrey, 1978).

5) 인지발달

인지적 성장은 영아기에 급속도로 이루어진다. 즉, 몇 가지 반사능력만을 가지고 태어난 신생아는 점점 목적의식을 가지고 행동하는 존재로 바뀐다. 피아제의 표현을 빌리면, 영아는 자극에 자동적으로 반응하는 '반사적 유기체(reflexive organism)'에서 점차 자신의 행동을 통제할 수 있고 사고할 수 있는 '생각하는 유기체(reflective organism)'로 변한다.

이 시기는 피아제의 인지발달이론의 감각운동기에 해당하므로 감각운동기의 특징들을 보인다. 영아가 세상을 인식하는 것은 감각기관과 운동기능을 통해 이해하는 것에 국한된다. 영아가 이해하고 기억하는 것은 자신이 직접 보고, 듣고, 느끼고 행동하는 것에 의존한다. 경험을 조직하는 데 언어를 쓰지 않으며, 직관과 환경에서의 직접적인 탐색을 통해 개념을 형성한다. 감각기관을 통해 받아들인 정보가 인지발달의 중요한 내용이 된다.

이 시기에 영아가 습득하게 되는 중요한 인지적 능력은 대상영속성의 습득과 인과관계의 개념을 습득하기 시작하는 것이다. 대상영속성은 어떤 사물이 눈앞에 보이지 않아도 여전히 존재한다는 것을 안다는 개념인데 생후 9~10개월 정도부터 형성되기 시작하여 만 2세경에 완전히 확립된다.

6) 언어발달

단어나 문장을 습득하는 시기에는 개인차가 있지만, 대부분의 아동은 언어 획득 시에 동일한 발달단계를 거친다. 일반적으로 아동이 알아들을 수 있는 단어를 사용하기 시작하는 것은 12개월경이라는 사실에 대부분의 사람들은 동의한다. 그러나 영아는 단어를 표현하기 오래전부터 울음이나 표정, 몸짓 등 비언어적인 행동을 통하여 의사소통을 꾀한다. 영아는 단어 자체가 아니라 말의 리듬, 고저, 강세에 따라 반응하며, 이를 통해 상대방의 말에서 감정적인 단서를 알아차리게 된다. 화난 목소리가 나면 행동을 멈추고 다정한 목소리에 대해 반응을 보인다.

언어발달의 첫 단계는 울음이다. 출생 후 약 1개월까지 분화되지 않은 반사적인 울음을 울다가 점차 이유를 알 수 있는 분화된 울음으로 바뀌게 된다. 2~3개월경에는 옹알이가 나타나는데, 옹알이는 영아에게 놀이의 기능을 하며, 이후 모국어 습득의 중요한 기제로 작용한다.

언어발달 단계는 크게 한 단어 단계, 두 단어 단계 및 문법의 발달단계로 구분할 수 있다. 한 단어 단계란 첫돌을 전후하여 영아가 첫 단어를 말하기 시작하는 시기로, 이 시기에 영아는 하나의 단어나 어휘로 자신의 의사를 표현한다. 예를 들면, 영아가 '맘마'라고 말하는 것은 '배고파요', '우유 주세요' 등의 다양한 의미를 내포하고 있다. 두 단어 단계는 일반적으로 18~20개월경부터이며, 2개의 단어를 연결하여 문장을 만들 수 있게 되면서 두 단어 시기가 시작된다. 이 단계의 언어를 전보식 언어라고도 하는데, 이것은 이 시기의 영아가 사용하는 언어가 마치 전보문처럼 "엄마 자", "우유 더" 등과 같이 가장 핵심적인 단어만으로 구성되기 때문이다. 2세경부터는 세 단어 이상을 쓰는 다어문 시기에 들어가고, 6세경부터는 문법규칙을 익히는 동사 숙달기에 들어가면서 아동의 언어발달은 10세경까지 계속 이루어진다(엄태완 외, 2012).

영아의 언어발달에는 개인차가 있으며, 성별, 가정환경, 가족형태 등에 영향을 받는 것으로 알려져 있다. 일반적으로 여아가 남아보다 언어발달이 빠르며, 어머니의 언어자극은 영아의 언어발달을 촉진시킬 수 있다.

7) 정서발달

정서발달은 성격발달의 기초가 되는 것으로 만 2세까지 성인에게서 볼 수 있는 대부분의 정서가 나타난다. 정서발달에 대한 학자들의 견해는 다소 차이가 있으나, 대부분의 학자들은 기쁨이나 슬픔과 같은 정서는 출생시부터 존재하지만, 그것은 덜 분화된 상태에 있는 것이며, 연령이 증가함에 따라 점차 분화된다고 믿는다. 즉, 신생아의 경우, 흥분상태에서 먼저 유쾌와 불쾌의 정서가 분화되고, 그 다음에 불쾌한 정서로부터 차츰 분노, 혐오, 공포, 슬픔 등의 정서가 나타나며, 유쾌한 정서로부터 행복, 기쁨, 만족 등의 정서가 나타난다는 것이다(정옥분, 2014).

8) 사회적 발달

영아기에 발생하는 가장 중요한 형태의 사회적 발달이 애착이다. 애착이란 영아와 양육자(주로 어머니) 간에 형성되는 친밀한 정서적 유대감을 말한다. 애착은 종족을 보존하기 위해 주위 환경에 적응하는 데 필요한 요소로서, 애정이나 사랑과 같은 긍정적 정서의 의미를 지닌다(Ainsworth, 1973). 영아가 특정 인물에게 애착을 형성하게 되면 그 사람과 있을 때 기쁨을 느끼고, 불안한 상황에서는 그의 존재로 인해 위안을 받는다.

영아기에 형성된 애착은 이후 인지·정서·사회성 발달에 중요한 영향을 미친다(Thompson, 1998). 일반적으로 안정된 애착관계를 형성한 영아는 유아기에 자신감, 호기심, 타인과의 관계에서 긍정적인 성향을 보이는 것으로 나타났다. 또한 아동기에 접어들어서도 도전적인 과제를 잘 해결하고, 좌절을 잘 참아내며, 문제행동을 덜 보이는 것으로 나타났다. 그뿐만 아니라 영아기에 형성된 애착은 이후 주변 세계에 대한 신뢰감으로 확대되기도 한다.

아기의 애착행동, 이를테면 미소짓기, 옹알이하기, 잡기, 매달리기, 울기 등은 선천적인 사회적 신호라고 볼비(Bowlby)는 주장한다. 이러한 행동들은 부모로 하여금 아기에게 접근해서 보살피고, 상호작용하도록 격려할 뿐만 아니라 아기를 먹이고, 위험으로부터 보호하고, 건강한 성장에 필요한 자극과 애정을 기울이게 해준다. 이것은 인간의 진화적 유산의 일부로서 다른 영장류와도 공유하는 적응기제이다. 유아의 애착발달은 새끼 새에서 보이는 각인형성보다 훨씬 더 복잡한데, 어머니(또는 양육자)와 장기간에 걸친 유대관계를 통해 형성하게 된다(Bretherton, 1992).

각인연구에서 밝혀진 것은 이 현상이 결정적 시기에서만 일어난다는 것이다. 각인은 어린 동물 집단이 생후 초기의 특정한 시기 동안 어떤 대상에 노출되면 그 뒤를 따르게 되며 그 대상에 애착하게 되는 것을 의미하는데, 여기서 '특정한 시기'가 '결정적인 시기'가 된다. 만약 결정적 시기 이전이나 이후에 대상에 노출되면 애착은 형성되지 않는다. 동물에게서는 결정적 시기의 개념이 각인과 같은 발달의 특정 측면을 설명하는 것으로 보이지만, 인간발달에서는 '민감한 시기(sensitive period)'가 보다 더 적절한 개념인 것으로 보인다(Bornstein, 1989). 민감한 시기는 그 개념이나 범위가 결정적 시기보다 덜 엄격하다 민감한 시기는 그 특정의 능력이나 행동이 출현하는 데에 최적의 시기로서, 아동은 이 시기에 특정한 환경의 자극에 민감한 반응을 보인다. 민감한 시기가 지난 후에도 발달이 이루어질 수는 있지만, 그때는 시간이 더 오래 소요될 뿐 아니라 어렵기도 하다. 에인스워스(Ainsworth, 1979)는 어머니와의 기본적인 애착은 보통 생후 7개월경에 형성되며, 애착형성을 위한 민감기는 생후 1.5개월에서부터 생후 2년까지 확대될 수 있고, 2세 이후의 애착형성은 불가능한 것은 아니지만 대단히 어렵다고 본다.

영아가 특정 인물과 애착을 형성했다는 증거로 나타나는 현상이 낯가림과 분리불안이다. 낯가림(stranger anxiety)은 영아가 특정 인물과 애착을 형성한 후에 낯선 사람이 다가오거나 낯선 사람에게 맡겨질 때 큰 소리로 우는 반응을 보이는 것이다. 이러한 낯가림은 6~8개월경에 나타나기 시작해서 만 1세 전후에 최고조에 달했다가 서서히 사라지게 된다. 낯가림이 낯선 사람에 대한 불안에 기인한 것이라면 분리불안은 친숙한 사람과의 분리에서 오는 불안이다. 이러한 분리불안은 9개월 정도부터 나타나기 시작하여 20~24개월경에 사라지게 된다. 안정된 애착을 형성한 영아는 불안정 애착을 형성한 영아에 비하 분리불안을 덜 보이는 경향이 있으며, 주변 환경을 능동적으로 탐색한다.

chapter

10 유아기

유아기에 대한 연령 기준은 학자들에 따라 다양하게 제시되고 있으나, 일반적으로 영아기 이후부터 초등학교 진학 전인 6세에 이르는 시기를 말한다. 이 시기에는 신체가 전체적으로 균형을 잡아가면서 운동기술이 발달하여 독립된 개체로 활동하게 되며, 대소변 가리기 훈련이 가능해진다. 또한 인지발달과 함께 언어발달이 급속하게 이루어져 언어를 통한 의사소통이 가능해지면서 자기주장이 가능해진다.

학자에 따라서는 유아기를 하나의 단계로 통합하여 논의하기도 하고, 세부 단계로 나누어서 다루기도 한다. 그런데 2~4세(프로이트의 항문기, 에릭슨의 자율성 대 수치심의 단계)와 4~6세(프로이트의 남근기, 에릭슨의 솔선성 대 죄의식의 단계) 유아의 발달 특성이 매우 다르다는 점을 고려하여 본서에서는 2~4세를 걸음마기, 4~6세를 학령전기로 세분하여 설명하고자 한다.

1. 걸음마기

걸음마기는 대략 2세에서 4세까지의 시기로, 이 시기의 아동은 매우 활동적인 것이 특징이며, 끊임없이 많이 움직이고, 말을 많이 한다. 이 시기는 프로이트 발달단계의 항문기에 해당되고, 에릭슨의 심리사회적 발달단계에서는 자율성 대 수치심의 단계이며, 피아제의 인지발달 단계에서는 전조작기 전기(전개념적 사고 단계)에 해당되는 시기이다.

1) 신체적 발달

걸음마기에는 신체 및 운동 발달이 영아기만큼 빠른 속도는 아니지만 지속적으로 꾸준히 성장을 보인다. 머리에 집중되어 있던 신체적 성장이 신체 하부로 확산되기는 하지만, 여전히 머리가 크고 다리는 짧다. 걸음마기라는 이 단계의 명칭에서 알 수 있듯이 운동능력의 발달은 이 시기의 중요한 발달이다. 예를 들면, 이 단계가 시작될 때 다소 불안정하고 위태롭던 아동의 걸음걸이는 점점 더 안정되고 지속적이며 활발한 걸음걸이로 바뀌게 된다. 세 살 정도가 되면 걷는 능력은 아주 정교해지며 달리기(running)와 뛰기(jumping)가 운동능력으로 등장한다. 소근육 운동인 블록 쌓기, 젓가락 잡기, 만들기, 그리기 등의 활동을 할 수 있다. 오른손잡이와 왼손잡이를 결정하는 요인은 유전요인, 생리요인, 학습요인이 상호작용한 결과인데, 3~4세경에 왼손잡이인지 오른손잡이인지가 거의 결정된다.

2) 인지적 발달

걸음마기는 피아제의 인지발달 단계 중 전조작기의 전기 단계인 전개념적 사고 단계(2~4세)에 해당한다. 전개념적 사고기의 특징으로는 상징적 사고, 자기중심성, 물활론적 · 인공론적 사고 및 전환적 추론을 들 수 있다.

(1) 상징적 사고

상징적 사고는 더 이상 자신의 행동이나 감각에 의존하지 않고 정신적 표상을 만들어 내는 추상적 능력을 말한다. 정신적 표상의 발달 증거로는 2세경부터 인형을 아기라고 부르면서 잠을 재워주고 업고 다니는 가상놀이를 통해서 알 수 있다. 가상놀이는 가상적인 사물이나 상황을 실제 사물이나 상황으로 상징화하는 놀이를 말한다. 유아의 정신적 표상능력은 연령이 증가할수록 발달한다.

(2) 자기중심성

전조작기 유아는 모든 사람들의 생각과 감정 등이 자신과 똑같다고 믿는다(Piaget & Inhelder, 1956). 이는 유아가 지닌 자기중심성을 의미하는 것으로, 자기중심성이란 모든 사람들이 유아 자신이 세상을 보고 느끼고 생각하는 것처럼 똑같이 인식하고 있다고 믿는 것이다. 예를 들면, 숨바꼭질 놀이를 할 때 자신의 얼굴을 두 손으로 가리면 내가 보이지 않기 때문에 다른 사람들도 나를 보지 못할 것이라고 생각하는 것 등이다. 이러한 유아의 자기중심성은 자기중심적 언어에서도 나타난다(정옥분, 2002). 자기중심적 언어란 자신이 하는 말을 상대가 이해하든 못하든 상관없이 자신의 생각만을 전달하는 일방적인 의사소통을 의미한다.

(3) 물활론적 사고와 인공론적 사고

유아들은 실제 생명이 없는 대상까지도 생명이 있다고 생각하는 물활론적 사고를 한다. 그 예로는 친구가 장난감 인형을 때리면 인형이 아파할 것이라고 슬퍼하는 것 등을 들 수 있다.

인공론적 사고는 세상의 모든 사물이나 자연현상이 사람의 필요를 충족하기 위해 만들어진 것이라고 믿는 것으로 유아의 자기중심성이 그 원인이 된다. 예를 들면, 해와 달도 우리를 비추게 하기 위해 사람들이 하늘에 만들어 두었다고 생각한다.

(4) 전환적 추론

전조작기 유아는 사태가 전환되어 가는 과정, 즉 변환을 지각하지 못한다. 따라서 유아들은 서로 관련이 전혀 없는 두 사건이 근접해서 발생했을 때, 두 사건이 서로 관계가 있다고 생각하고 한 사건이 다른 사건의 원인이 된다고 보는 전환적 추론을 하게 된다. 예를 들어, 엄마에게 거짓말을 했는데 그날 엄마가 감기에 걸렸다면 '내가 거짓말을 했기 때문에 엄마가 아픈 거야'라고 생각하는 것이다.

3) 자율성의 발달

걸음마기는 에릭슨의 심리사회적 발달단계의 2단계와 프로이트의 항문기에 속하는 시기로, 이 시기에는 생리적 성숙으로 인하여 배변의 보유와 방출, 혼자 서기와 걷기, 손을 사용할 수 있는 능력이 발달되어 무엇이든 스스로 하려는 경향이 강해진다. 이렇게 스스로 무엇인가를 하는 경험을 통해 아동의 자율성이 발달한다. 걸음마기에는 이처럼 무엇이든 혼자서 하고 자기가 원하는 방식대로 하려고 하는데, 이러한 자기주장적이고 반항적인 행동은 3~4세경에 절정에 달하며 이때를 제1반항기라고 한다.

4) 사회적 발달

걸음마기의 유아는 부모에게서 분리되어 3~4세경이 되면 성인과의 접촉보다는 또래와의 접촉이 더 많아진다. 또래란 단순히 동일한 연령의 유아만을 의미하는 것이 아니라, 행동의 복합성이 유사한 수준에서 상호작용하는 유아를 의미한다. 또래관계는 사회적 발달 측면에서 다음과 같은 여러 교육적 가치가 있다(강인언 외, 2009; 이 영 외, 2011). 첫째, 타인조망, 공평함, 상호성, 협력이라는 개념을 학습하는 주요 맥락이 된다. 둘째, 문화적 규범과 가치의 학습을 돕는다. 셋째, 또래를 통해 효율적 상호작용 기술을 배우면서 사회적 유능감이 발달할 수 있다. 넷째, 이후의 학업 성취 및 집단생활 적응을 돕는다. 따라서 부모 및 교사는 유아가 또래관계를 잘 형성하고 지속해 나갈 수 있도록 유아가 또래와 함께 놀이하며 상호작용할 기회를 제공해야 한다.

유아의 생활은 놀이의 연속이라고 할 만큼 유아기에 놀이는 중요하며, 그것을 통하여 여러 가지를 배우게 되고 사회성을 발달시키는 중요한 요소가 된다. 유아의 놀이는 그 자체가 목적이 있는 것으로 사회적 행동이면서 착실한 학습의 장인 것이다. 파튼(Parten, 1932)은 놀이 활동에서 사회적 상호작용이 얼마나 많이 이루어지느냐에 따라 다음과 같이 여섯 가지 유형으로 구분하였다(정옥분, 2009).

① **몰입되지 않은 놀이**(unoccupied play) : 영아는 놀고 있지 않는 것처럼 보이지만 주변의 일에 흥미를 가지고 있으며, 주로 자신의 신체를 가지고 논다.

② **방관자적 놀이**(on-looker behavior) : 대부분의 시간을 다른 유아가 노는 것을 관찰하면서 보낸다. 자신이 직접 놀이에 끼어들지 않고 계속 관찰하는 방관자적 입장에 있다.

③ **혼자놀이**(solitary play) : 곁에 있는 유아와 상호작용을 하기보다는 혼자 장난감을 가지고 논다.

④ **평행놀이**(parallel play) : 같은 공간에서 다른 유아와 같거나 비슷한 성질의 장난감을 가지고 놀지만 상호 간에 특별한 교류가 없고 이들과 가까워지려는 어떠한 노력도 보이지 않는다.

⑤ **연합놀이**(associative play) : 둘 이상의 아동이 함께 공통적인 활동을 하고, 장난감을 빌려주고 빌리기도 하면서 놀이를 한다. 그러나 각자의 방식대로 행동하며, 놀이에서 리더나 일정한 목표, 역할분담은 없다.

⑥ **협동놀이**(cooperative play) : 아동은 한 가지 활동을 함께하고 서로 도우며, 조직된 집단으로 팀을 이루어 놀이를 한다. 규칙에 따라 놀이가 이루어지며, 리더나 공동의 목표, 일정한 역할분담이 존재한다.

파튼은 유아가 점차 성장하고 사회성이 발달함에 따라 혼자놀이와 평행놀이의 비중은 감소하고 연합놀이나 협동놀이의 비중은 증가한다고 하였다(정옥분, 2009). 유아의 놀이는 성격형성에 중요한 영향을 미치므로 유아가 흥미를 가지고 있는 놀이를 할 수 있는 기회를 증대시키며, 신체적 운동, 풍부한 경험, 도덕적 훈련, 바람직한 사회행동의 습득 등을 포함하는 놀이를 할 수 있도록 해야 할 것이다.

2. 학령전기

학령전기(preschool childhood)는 4~6세에 해당하는 시기로, 이 시기에는 신체적 성장이 꾸준히 이루어지고, 신체적 안정성이 증가하며, 운동능력이 지속적으로 발달한다.

이 시기는 프로이트의 심리성적인 발달단계의 남근기에 해당되고, 에릭슨의 심리사회적 발달단계의 3단계(솔선성 대 죄의식)에 속하며, 피아제의 인지발달 단계에서는 전조작기 후기인 직관적 사고 단계이다. 그리고 도덕성 발달단계로는 피아제의 타율적 도덕성 단계에 속한다.

1) 신체적 발달

신체의 양적인 성장은 영아기나 걸음마기처럼 두드러지지는 않지만 지속적으로 이루어진다. 5세가 되면 출생 시보다 5배 정도로 체중이 증가하고, 신장은 2배 정도가 된다. 6세경에 뇌의 무게는 성인의 90~95%에 달한다. 5~6세부터는 유치(젖니)가 빠지면서 영구치가 나오게 된다.

학령전기에는 모든 근육의 기능이 아주 높은 수준까지 발달하기 때문에 다양한 운동이 가능하다. 이 시기의 유아는 장난감보다는 자신의 몸을 이용한 운동, 즉 달리기, 줄넘기, 축구, 등산, 자전거, 수영 등의 운동을 선호하며, 6세경에는 한 발 뛰기, 뛰어넘기, 오르기 등을 할 수 있다. 5~6세 경에는 젓가락으로 음식을 먹을 수 있다.

2) 인지적 발달

학령전기는 피아제의 인지발달 단계 중 전조작기의 후기 단계인 직관적 사고 단계(4~6세)에 해당하므로 학령전기 아동의 인지적 특성은 직관적 사고를 하는 것이다. 직관적 사고를 하기 때문에 아직 보존개념이 형성되지 않았으며, 서열화, 분류화(유목화)도 할 수 없다. 보존개념이란, 물체의 외형이 변하더라도 그 물체에 더하거나 빼지 않는다면 그 물체의 양은 그대로 보존된다고 판단할 수 있는 능력을 말한다. 이러한 보존개념의 획득을 어렵게 하는 학령전기의 인지적 특성으로는 직관적 사고와 중심화, 그리고 비가역적 사고를 들 수 있다.

직관적 사고란 어떤 사물을 볼 때 그 대상이나 상태가 갖는 여러 속성 중에서 가장 두드러진 지각적 속성에 의해 판단하는 것이다. 즉, 직관에 의해 사물을 파악하는 것을 말하며, 중심화란 2개 이상의 차원을 동시에 고려하지 못한 채 한 번에 한 가지 차원에만 주의를 집중하는 것을 말한다. 그리고 비가역적 사고는 어떤 변화가 일어났을 때 변화과정을 거꾸로 되밟아 가며 사고할 수 있는 가역적 사고를 아직 하지 못하는 것을 말한다.

3) 도덕성 발달

도덕성은 옳고 그른 것을 구분할 수 있는 능력으로 사회집단의 규칙과 규약을 인식하고 이에 따라 판단하고 행동하는 사회적 습관과 습성을 말한다. 피아제는 유아의 도덕적 판단이 전도덕성 단계에서 타율적 도덕성 단계를 거쳐서 자율적 도덕성 단계로 발달해 간다고 하였다. 피아제는 5세 이전 걸음마기까지의 유아는 인지발달이 충분히 이루어지지 않아 도덕적 판단을 할 수 없다고 보면서 이 단계를 전도덕성 단계로 구분하였다. 학령전기에 해당하는 5~6세의 유아는 타율적 도덕성에 의존하여 도덕적 판단을 내린다고 하였다. 학령전기 유아가 지니고 있는 타율적 도덕성은 피아제가 말하는 구체적 조작기에서 감소되며, 7세 이후부터는 자율적 도덕성 단계로 옮아가게 된다.

4) 성역할 발달

프로이트는 남근기(학령전기) 대 남아는 오이디푸스 콤플렉스, 그리고 여아는 엘렉트라 콤플렉스를 극복하는 과정에서 남아와 여아 모두 외상적 갈등을 성공적으로 해결할 경우 성적 역할의 동일시와 성적 정체감을 가질 수 있게 된다고 하였다(권중돈, 2014). 따라서 성역할에 대한 인식은 학령전기의 중요한 과업 중의 하나라고 할 수 있다.

아동이 자신의 성역할에 대한 인식이 생기면 아동은 전체적인 자아개념에 자신의 성을 연결시키게 된다. 이 시기의 아동은 자신의 성과 그에 맞는 행동 및 사회적 관계에 관심을 갖는다. 그래서 자기와 같은 성의 친구들과 어울리며 성에 따르는 옷차림, 놀이, 직업에 대한 사회적 기대를 의식하고 이를 따르고자 한다. 이 시기에 성역할에 대한 인식이 아동의 발달에 중요성을 갖는 것은 어린이가 이해하는 성역할 기준이 그의 행동에 영향을 미치기 때문이다. 성역할 기준이란 남자와 여자의 적합한 행동양식에 대한 기준을 말하며 이것은 문화나 시대에 따라 차이가 있다(이인정 · 최해경, 2001). 부모는 자신이 생각하는 문화적인 성역할 기준에 맞추어 자녀가 행동하도록 격려하거나 처벌을 가한다. 이러한 과정을 통하여 학령전기의 유아는 부모의 기대와 문화적 기준에 맞는 성역할 기준을 이해하고 내면화하게 된다.

5) 사회성 발달과 놀이

놀이는 유아의 사회성 발달에 매우 중요한 역할을 한다. 놀이를 통해 유아는 사회적 관계를 형성 및 확대하고 사회적 기술과 역할을 습득하며, 운동기술을 숙달시키고 타인의 역할을 수용하게 된다. 그리고 현실에서 경험한 좌절을 해소할 수 있으며 성취감을 경험하게 된다. 또한 협동과 상호작용의 즐거움을 경험하며, 자신을 표현하고 타인이 자신에게 어떻게 반응하는지 이해하게 되며 역할관계의 상호성을 학습한다.

학령전기에는 걸음마기에 주로 했던 가상놀이보다는 좀 더 구조화되고 현실지향적인 집단놀이에 더 많은 흥미를 갖게 된다. 집단놀이는 걸음마기의 상상놀이와 아동기의 단체놀이(팀 스포츠) 사이의 과도기적 놀이형태이다. 이것은 몇 개의 쉬운 규칙을 가지고 있는 것이 보통이며 경쟁에서 이기는 것보다 친구들과의 협동이나 상호작용에서 즐거움을 얻을 수 있는 유형의 놀이이다. 집단놀이는 보통 여러 차례 반복되어서 놀이에 참가한 성원이면 누구에게나 이길 수 있는 기회가 돌아가도록 되어 있는 것이 보통이다. 예를 들면, 술래잡기, 공받기와 같은 놀이이다.

학령전기 유아는 놀이 경험을 통해 자기중심성이 조금 완화되지만, 여전히 자기중심성은 남아 있다. 이러한 자기중심성 때문에 또래와 자주 다투게 되므로 또래와의 우정은 지속하기 어렵다. 친밀하고 지속적인 우정은 초등학교에 입학하는 아동기에 가서야 본격적으로 발달한다.

6) 정서발달

학령전기의 유아는 즐거움, 사랑, 분노, 공포, 질투, 좌절감 등 여러 가지 감정을 다루게 되고, 또한 충동과 사회적 요구 간에 균형을 취할 줄도 알게 된다. 그리고 아동은 자신의 감정을 적절하게 표현하는 방법도 배우게 된다. 각 문화마다 일상생활에서 감정을 표현하는 방식이 다를 수 있으며 아동은 정서적 표현에 대한 사회적 규범을 학습해야 한다.

어린이가 5~6세 정도 되면 자신의 감정을 감추거나 가장하는 여러 가지 방식을 갖게 되므로(Specht & Craig, 1987) 감정을 보다 능숙하게 숨길 수 있게 되며, 심지어 부정적 감정을 감추기 위해 거짓말을 하기도 하는 등 부정적 정서에 대한 대처능력이 발달한다. 이것은 불안을 감소시키려는 아동의 노력인데, 즉 어린이가 어떤 상황에 대하여 있는 그대로 받아들이거나 감정을 표현하면 일어날 수 있는 극도의 불안으로부터 자신을 보호하기 위해 자아가 사용하는 일종의 방어기제인 동시에 적응기제라고 볼 수 있다.

chapter

11 아동기

아동기는 7~12세 무렵으로 이 시기는 아동이 조직적인 학습생활로 들어가는 초등학교 입학 시기부터 시작하여 졸업 시기에 해당한다. 아동기는 공식적인 학교교육을 통하여 인지능력을 발전시키고, 자신이 속한 사회 속에서 생활하는 데 필요한 사회적 기술을 습득해야 하는 시기이다.

이 시기는 프로이트의 심리성적 발달단계의 잠복기에 해당되고, 에릭슨의 심리사회적 발달단계의 4단계(근면성 대 열등감)에 해당하는 시기이며, 피아제 인지발달 단계의 구체적 조작기에 해당하는 시기이다. 피아제의 도덕성 발달단계에 따르면 타율적 도덕성에서 자율적 도덕성으로 바뀌는 시기로서 초기에는 타율적 도덕성과 자율적 도덕성이 함께 나타나다가 10세경부터 자율적 도덕성 단계에 도달한다.

1. 신체적 발달

아동기는 이전 단계들에 비해서는 신체적 성장과 발달이 완만하게 진행되지만, 꾸준하게 지속적인 발달이 이루어진다. 신장은 매년 평균 6cm

정도, 체중은 약 4kg씩 증가한다. 아동의 신체적 구조를 보면 몸통보다 팔다리의 성장이 빠르며, 살은 빠져 말라 보인다. 젖니가 영구치로 바뀌는 시기로 6세경에 젖니가 빠지기 시작해서 12세 혹은 13세 무렵에는 대부분의 젖니가 영구치로 바뀐다.

특징적인 발달양상을 보면, 11~12세경의 여아의 신체적 성숙이 남아에 비하여 더 우세해진다. 이러한 현상은 신체적 급성장이 이루어지는 사춘기가 남아보다 여아에게서 약 2년 정도 먼저 시작되는 데 기인하는 것이다. 따라서 여아가 성장급등을 시작하는 10세경부터 몇 년 동안은 남아보다 신장이 더 자라고 체중이 더 늘어난다. 이때가 일생 동안 유일하게 여자가 남자보다 더 큰 시기이다. 그러나 남아가 12~13세경에 성장급등을 하면 이러한 경향은 역전되기 시작한다(Tanner, 1990). 뼈와 근육의 성장이 균형 있게 이루어지는 것이 일반적이지만 아동기에는 뼈의 성장이 근육의 성장속도를 앞지르는 경우가 발생하는데, 이때 아동은 성장통(growing pain)을 경험하게 되며, 이러한 증상은 아동의 10~20%에서 나타난다. 아동기는 성적 중성기로 성적 기관의 발달이 별로 이루어지지 않는 시기이다. 그러나 최근에는 성적으로 성숙하는 연령이 점점 낮아져 예전보다 일찍 어른의 신체구조를 갖는다. 이와 같은 성숙의 가속화 현상에는 영양적 요인과 환경적 요인이 작용하는 것으로 보인다.

아동기에 새롭게 발달하는 운동기능은 없지만, 운동기술이나 근육의 협응이 점차 세련되고 정교화되어 운동의 속도, 정확성, 안정성, 호응성, 역량 등이 더욱 발달되고 정교해진다(강봉규, 1994). 아동기의 운동능력은 신체적 성숙과 학습의 상호작용에 의해 결정된다. 즉, 아동이 신체적으로 성숙하여 준비가 되면 아동의 동기, 학습의 기회, 기술발달을 위한 연습 및 아동이 받은 지도에 따라 운동발달은 다르게 이루어진다. 그런데 아동기의 운동발달은 신체적 발달뿐 아니다 심리사회적 발달에도 영향을 미친다. 아동은 자신의 운동기술을 다른 아동들과 비교하여 자기평가를 하게 되므로 자아존중감 형성에 중요한 역할을 하게 되어 아동기의 운동발달은 중요한 의미를 지닌다.

2. 인지발달

아동기에도 아직 유아기의 직관적 사고나 자기중심적 사고와 같은 전조작적 사고의 특성이 남아 있긴 하지만, 7~8세경에 이르면 이전 단계와는 전혀 다른 형태의 사고가 나타나는데, 피아제는 이 시기를 구체적 조작기라고 하였다. 이 시기에 아동은 자신이 직접 경험한 구체적인 세계에 한해서는 체계적이고 논리적 사고를 할 수 있기 때문이다. 이 시기의 아동은 전조작기 때 논리적 사고를 방해했던 몇몇 요인들(자기중심성, 비가역적 사고, 중심화)을 극복하고 동일성, 보상성, 역조작적 사고가 가능하다. 따라서 이 시기에는 보존의 개념, 분류기술, 서열화 개념을 완전히 획득하게 된다.

먼저 직관적 사고를 하던 전조작기에는 보존의 개념이 거의 없다가 구체적 조작기인 아동기에는 물체의 형태가 바뀌어도 양이나 부피와 같은 물리적 부분은 변하지 않고 그대로 유지된다는 보존의 개념이 발달한다. 분류화(유목화)는 대상을 일정한 특징에 따라 다양한 범주로 나누는 능력으로서 상위 유목과 하위 유목 간의 관계, 즉 전체와 부분의 관계를 이해하는 것이다. 구체적 조작기의 아동은 점차 대상의 차이점을 구별하게 되고, 이 차이점으로 범주화할 수 있는 능력을 발달시켜 분류화가 가능하다. 서열화는 어떤 특정의 속성이나 특징을 기준으로 하여 순서대로 배열하는 능력을 말하는데, 구체적 조작기의 아동은 서열화 개념을 완전히 획득하게 된다.

3. 자기개념과 자기존중감의 발달

자기개념(self-concept)은 개인이 자기 자신의 신체적 특성, 개인적 기술, 가치관, 희망, 지위와 역할 등 자신의 특성에 대해 갖는 체계화된 내적, 개인적인 생각이다. 즉, 나는 누구이며 어떤 사람인가를 깨닫는 것이다. 자기개념의 발달은 자신은 독특하고 타인과 구별되는 분리된 실체라고 인식하는 데서 시작된다.

한편 자기존중감은 자기 자신에 대해 가지고 있는 개인적 가치감이나 긍정적 평가로서, 자기개념을 구성하는 하위 요인이다(김태연·장휘숙, 1994). 자기존중감 발달은 에릭슨(Erikson, 1963)이 말하는 아동기의 근면성과 열등감의 발달과 밀접한 관련성을 지닌다. 만약 아동이 새로운 것에 많은 호기심을 갖고 사회에서 필요한 기본 기술을 열심히 익혀나가고, 그 과정에서 교사나 부모의 물질적 보상이나 칭찬을 듣게 되면 근면성과 높은 수준의 자기존중감을 형성할 수 있다. 그러나 어떤 일에 있어서 성공보다는 실패를 더 많이 경험하고 그 결과로 사회관계망으로부터 부정적 평가를 더 많이 받게 되면 열등감과 낮은 수준의 자기존중감을 형성하게 된다. 이처럼 아동기의 자기개념과 자기존중감의 발달에는 교사와 친구, 그리고 부모의 평가가 매우 중요한 역할을 한다.

4. 정서발달

아동기에는 기본적인 정서가 거의 발달하게 된다. 이 시기에는 경험과 학습이 폭넓게 이루어지면서 정서를 일으키는 자극도 다양해지며, 정서가 직접적이었던 것이 보다 간접적으로 나타난다.

아동기에 나타나는 정서의 특징으로는 질투, 불안, 공포 등이 있다. 아동기에는 또래의 외모, 성적 등에 대하여 질투를 느끼기도 하고, 친구·부모님 · 선생님의 기대에 미치지 못할까 봐 불안을 경험하기도 하며 이것이 공포로 연결되기도 한다. 이로 인하여 학교거부 및 학교공포증의 문제가 발생할 수도 있다.

5. 사회적 발달

아동기는 공식적 학교교육을 통하여 사회가 요구하는 기본적 기술을 습득하는 단계이다. 학교는 아동이 가족 외에 처음으로 경험하는 사회적 기관으로서 아동의 인지발달뿐 아니라 사회적 발달에도 많은 영향을 미친다. 교사는 아동의 사회화 과정에 매우 큰 영향을 미치는데, 저학년일수록 교사의 영향을 많이 받으며, 고학년이 될수록 교사보다는 친구들의 영향을 많이 받는다.

아동들은 친구들과의 일상적인 상호작용을 통하여 다음 세 가지를 배우게 된다(Newman & Newman, 2006).

① 친구들과 상호작용하면서 삶에 관련된 여러 측면에는 다양한 방식이 있다는 것을 알게 된다. 즉, 친구들을 통하여 친구의 가족들은 자신의 가족들과는 다른 각기 나름의 고유한 인습이 있다는 것을 알게 되어 더 이상 생활방식에 대하여 자기중심적 사고를 하지 않게 된다.

② 친구집단의 경험을 통하여 또래집단의 사회적 규범과 압력에 점점 더 민감해진다. 친구집단은 아동에게 행동의 지침을 제공한다. 초등학교 아동이 되면 점점 더 행동에 대한 기준이 가족으로부터 친구들로 옮아가게 된다. 가족뿐만 아니라 선생님도 친구들보다는 아동에 대한 사회적 압력에서 약하다. 그러므로 친구들로부터 받아들여지고 인정받는 것은 이 시기 아동의 자아개념 형성에 매우 중요한 역할을 한다.

③ 동성의 친구와 친밀한 관계를 경험한다. 친구와의 친밀감의 경험은 후에 원만한 대인관계, 그리고 이성과의 친밀한 관계에 기여한다. 그러나 이 시기의 친구와의 친밀성은 동성에 국한하며 이성에 대해서는 부정적 감정을 보인다.

간혹 아동이 또래집단으로부터 거부 또는 무시당하고 괴롭힘을 당하는 집단따돌림의 피해자가 될 수도 있는데, 이러한 집단따돌림의 경험은 높은 수준의 불안과 우울, 낮은 자기존중감과 부정적 자기개념을 형성하고 부적응적 행동을 보이게 만든다. 그런데 이러한 부정적 영향이 아동기에만 국한되는 것이 아니라 장기적인 영향을 미치므로 더욱 문제가 된다.

아동기에 이르면 집단놀이(group play)보다 단체놀이(team play)를 선호하는데, 아동은 이러한 단체놀이를 통하여 개인의 목표가 단체의 목표에 종속된다는 것을 인식하게 된다(Newman & Newman, 2006). 단체놀이에 참여하는 아동은 놀이에서의 승리라는 단체목표를 위하여 자신의 목표성취를 유보하며, 서로 의기투합하여 협동하고 약한 성원을 돕는다. 아동은 단체놀이를 통하여 노동배분의 개념을 학습할 뿐 아니라 경쟁의 본질과 승리의 중요성을 학습하게 된다. 이처럼 팀 스포츠는 아동의 심리적·사회적 발달에 기여한다. 어린이는 팀에 대한 소속의 경험을 통해서 자신의 역할을 보다 상대적이고 상호 관련성을 갖는 측면에서 개념화할 줄 알게 된다. 또한 팀 스포츠는 상당히 복잡해서 많은 규칙을 배워야 하며, 전략을 세우고, 성원들의 장단점을 평가하여 일을 분배하며, 상황에 대한 판단 등을 요구하는데, 이러한 요소들이 아동의 발달을 촉진한다.

chapter

12 청소년기

청소년기는 아동기에서 성인기로 전환하는 과도기로서, 청소년기의 시기적 구분은 아직 논란이 많다. 청소년기본법에서는 9세 이상 24세 이하로, 청소년보호법에서는 19세 미만으로, 그리고 아동복지법에서는 아동을 18세 미만인 자로 규정하고 있다. 본서에서는 초등학교 시기를 아동기로 분류했듯이 중학교와 고등학교에 재학 중인 13~18세 혹은 19세까지를 청소년 시기로 규정하고자 한다.

이 시기는 프로이트의 심리성적 발달단계 이론에서는 생식기에 해당되고, 에릭슨의 심리사회적 발달단계에 따르면 5단계의 자아정체감 대 자아정체감 혼란의 심리사회적 위기를 극복해야 하는 시기이며, 피아제의 인지발달 단계에서는 형식적 조작기에 해당된다.

청소년기는 신체·심리·사회적 측면에서 급격한 발달이 이루어지기 때문에 이 시기를 지칭하는 용어는 매우 다양하다. 즉, 신체적 발달 측면에서는 제2의 성장급등기(second growth spurt), 그리고 성적 성숙과 관련해서는 사춘기(puberty)로 불린다. 심리적 발달 측면에서는 부모로부터 심리적으로 독립하고 자아정체감을 형성하는 심리적 이유기(psychological weaning), 그리고 정서적 변화가 급격히 일어나는 질풍노도의 시기(storm and stress period)로도 불린다. 또한 사회적 발달 측면에서는 부모로부터 독립을 추구하는 과정에서 부모의 권위에 도전하고 잦은 갈등을 일으킨다는 점에서 제2의 반항기(second opposition period), 그리고 여전히 어린이도 성인도 아니라는 점에서는 주변인(marginal man)으로도 불린다.

1. 신체적 발달

1) 신체적 발달과 성적 성숙

청소년기의 신체적 변화의 특징은 급속한 성장과 생식능력의 획득이다. 이 시기는 1차적 성장급등 현상을 보였던 영아기 이후, 다소 둔화되었던 신체적 발달이 다시 급등 현상을 보이기 때문에 제2의 성장급등기로도 불린다. 신장과 체중이 증가하고 체형이 변화하며 2차 성징이 나타나서 이제까지의 소년, 소녀의 모습에서 벗어나 어른이 되어간다. 성장급등 현상은 유전, 영양상태, 인종 등에 따라서 차이가 있으며, 여자가 남자보다 2~3년 정도 빠르다. 보통 여자의 경우는 11세경에, 남자의 경우는 13세경에 성장급등이 시작되어 4년 정도 지속된다(Tanner, 1990). 신체 각 부분의 성장속도가 달라서 일시적으로 균형을 잃을 수가 있는데, 이러한 현상은 자연스러운 것으로 시간이 지나면 균형 잡힌 모습을 갖추게 된다.

대부분의 청소년들은 자신의 외모에 매우 관심이 많으며, 거울 속에 비친 자기 모습에 불만스러워하는 경우가 많다. 남자들은 큰 키와 넓은 어깨를 원하며, 여자들은 날씬하면서도 볼륨이 있기를 원한다. 청소년들은 남녀 모두 자신의 체중, 피부색, 용모에 관심이 많지만, 특히 여자들은 자신의 용모에 더욱 관심이 많다. 신장과 체중의 증가와 더불어 다른 신체변화도 나타나는데, 남자는 어깨가 넓어지고 근육이 발달하여 남성다운 체형으로 변모하고, 여자는 골반이 넓어지고 피하지방이 축적되어 여성다운

체형으로 변모한다. 또한 머리 크기가 신체에서 차지하는 비중이 작아지고, 얼굴모양은 둥근형에서 길쭉한 형으로 변화하며, 코와 입이 크고 넓어져 전체적인 윤곽이 달라진다(Lioyd, 1985).

외적인 신체변화와 더불어 신체 내부의 발달도 현저해지는데, 특히 간 기능과 폐활량, 소화기능이 현저히 발달한다. 내분비선의 발달로 지방이 과다해져서 여드름이 발생한다. 청소년기의 가장 특징적인 발달 중의 하나는 성적 성숙이며, 이러한 성적 성숙은 생식기관이 발달하고 내분비선에서 성호르몬 분비가 증가하면서 나타난다. 즉, 여성은 난소에서 에스트로겐(estrogen)을 분비하고 남성은 부신과 고환에서 테스토스테론(testosterone)을 분비하는데, 이러한 성호르몬의 분비에 의해 2차적 성징이 나타난다. 2차 성징을 남녀별로 보면 남자의 경우에는 고환과 음낭, 음경이 커지고, 음모가 발생하며, 턱수염이 나고, 변성이 되며, 정자의 생산 증가와 몽정이 있게 된다. 여자의 경우에는 유방이 발달하고, 자궁과 질이 커지며, 음모가 발생하고, 골반이 확대되며, 초경이 시작된다(Tanner, 1978). 이러한 2차적 성징의 출현에 대하여 남아와 여아 모두 양가감정을 가지게 되는데, 남아는 사정에 대한 몽정불안과 자신의 성적 성숙에 대한 기대감이라는 양가감정을 경험하게 되고, 여아는 생리를 통하여 여성이 되었다는 자부심을 가짐과 동시에 많은 불편함과 당혹감이라는 양가감정을 경험하기도 한다.

2) 신체변화와 심리적 적응

신체적 성장이 완만하던 아동기와는 달리 급격한 신체변화를 겪는 청소년기에는 여러 가지 혼란이 일어난다. 청소년은 자신의 신체, 용모에 지대한 관심을 가지게 되고 급격히 변화해 가는 신체적 특징에 대해 극도로 신경과민이 되며, 이때에는 자신의 신체에 대해 매우 불만족스러워한다. 특히 여성의 경우는 더 심하다(Brooks-Gunn & Poikoff, 1993, Henderson & Zivian, 1995).

이처럼 청소년기에 발생하는 여러 가지 변화는 청소년들을 매우 불안하고 걱정스럽게 만들지만 대부분의 청소년들은 이 시기를 무난히 잘 넘긴다. 청소년기의 급격한 신체적 변화가 미치는 영향과 이에 대한 청소년들의 반응과 적응에 대해 살펴보면 다음과 같다.

(1) 신체상

신체상(body image)이라 함은 자신의 신체에 대한 느낌, 즉 청소년이 자신의 신체에 대해 어떻게 생각하는지를 말한다. 그리고 이것은 자신의 평가뿐만 아니라 다른 사람의 반응에 의해서도 크게 좌우된다. 즉, 신체상은 다른 사람과의 비교를 통한 사회적 거울에 의해 반영된다.

신체상은 신체변화가 급격하 일어나는 청소년기에 특히 왜곡되기 쉽다. 일반적으로 여아가 남아보다 더 부정적인 신체상을 갖는다(Brooks-Gunn, 1991; Duke-Duncan, 1991). 여아들은 대체로 자신의 체격에 비판적이고, 자신이 덜 매력적이라 생각하며, 자신의 체중, 체형에 불만족스러워한다. 여아들은 자신의 외모를 부정적으로 평가할 뿐만 아니라 남아보다 외모에 더 많은 가치를 둔다(Wood, Becker, & Thompson, 1996). 특히 여아들은 체중에 민감한데, 대부분의 여아들이 자신의 체중에 만족하지 못하고 더 날씬해지기를 원한다(Duke-Duncan, 1991). 이것은 우리 사회에서 여성의 매력에 대해 가지고 있는 이상적인 신체상을 반영한 것이다. 반면 남아들은 여아들에 비해서는 대체로 자신의 신체에 만족하는 편이지만, 가끔은 좀 더 근육질이 되기를 원한다(정옥분, 2008).

연구결과들에 따르면 일반적으로 신체상은 자아존중감과 정적 상관관계가 있는 것으로 나타났다. 이러한 결과에서 자신의 외모에 만족하는 청소년은 자존감이 높으며, 또 다른 한편으로는 자신감이 있고 자존감이 높은 청소년들은 자신의 외모에 대해서도 긍정적으로 받아들인다고도 유추할 수 있다.

(2) 조숙과 만숙

여러 연구결과들(Jones & Bayley, 1950; Mussen & Jones, 1958; Tobin-Richards, Boxer, & Petersen, 1983)에 따르면 조숙(early mature)과 만숙(late mature)은 청소년들의 성격 및 사회적 행동에 중요한 영향을 미치는 것으로 나타났다. 그러나 이러한 영향은 성별에 따라 차이를 보인다. 조숙한 남아는 자신을 보다 긍정적으로 받아들이고, 교우관계에 있어서도 성공적이다. 친구나 어른들은 이들을 신체적으로 더 매력이 있고, 보다 침착하고, 더 여유가 있어 보이는 것으로 평가하였다. 신체상의 우월감과 그로 인한 운동적 기술에서의 뛰어남은 그들의 위신과 지위를 향상시켜 주며, 따라서 또래집단의 부러움의 대상이 되고, 대체적으로 학생집단의 지도자로서 학교생활에도 적극적이다. 그러나 이에 반해 늦게 성숙하는 남아들은 많은 사회적 불이익을 경험하고 열등감을 발달시킬 수 있다. 그들은 조숙아보다 힘도 약하고 운동능력도 뒤떨어지기 때문에 인기도 없고 미성숙한 사람으로 취급받는다. 따라서 자의식이 강하고 위축되는 만숙아들은 불안정하고 의존적이며 부정적인 자아개념을 보인다.

한편 여아에게서는 조숙과 만숙의 영향은 일관적이지 않고 연구에 따라서 상반된 결과를 보인다. 즉, 존스(Jones, 1949)는 늦게 성숙하는 여아가 인성과 사회적 적응의 면에서 좀 더 긍정적으로 평가받는 것으로 보인다고 진술한 반면, 또 다른 연구결과(Mussen & Jones, 1958)에서는 조숙한 여아가 사회적 적응을 더 잘하고 자신에 대해서도 좀 더 안정된 견해를 갖는다고 보고했다. 보다 최근의 연구에서도 남아는 조숙한 남아가 만숙한 남아보다 더 유리한 것으로 나타났으나, 여아의 경우에는 한마디로 단정 짓기가 어려운 것으로 나타났다. 즉, 조숙한 여아는 만숙한 여아보다 학교에서는 더 많은 문제를 일으키지만, 보다 독립적이고 남아들에게 보다 더 인기가 있는 것으로 나타났다(Petersen, 1987).

우리나라 청소년들을 대상으로 사춘기 신체성숙의 시기가 심리사회적 발달에 미치는 영향을 알아본 연구결과(이춘재 외, 1991)에 따르면 남자 청소년의 경우에는 조숙아들이 만숙아들에 비해 자신의 신체변화에 더 만족하는 것으로 나타난 반면, 여자 청소년의 경우에는 신체성숙의 시기와 자신의 신체에 대한 만족도 간에는 상관관계가 없는 것으로 나타났다.

그러나 조숙과 만숙이 개인에 미치는 영향은 단순한 신체적 발달의 속도뿐 아니라 환경적인 요인에 의해서도 많은 차이가 나타났다(Paikoff & Brooks-Gunn, 1990). 예를 들면, 일찍 성숙하는 여아의 경우 애정적이고 지원적인 가족이 있으면 정서적 · 사회적 성숙도 함께 이루어지지만, 부모의 지원이 부족한 경우는 문제행동을 일으킬 위험이 높다. 그리고 늦게 성숙하는 남아의 경우도 가까운 친구가 없거나 가족이 화목하지 못할 경우는 어려움을 겪을 수 있는 반면, 지원적인 가족이나 가까운 친구가 있으면 오히려 시간을 더 많이 가지면서 여유 있는 성장을 할 수 있다. 이와 같이 조숙과 만숙의 개인차에 대한 적응은 청소년 개인의 생활경험과 그에 대처하는 능력에 달려 있다(정옥분, 2008).

2. 인지발달

청소년기는 피아제의 인지발달 단계의 형식적 조작기에 해당한다. 형식적 조작기의 사고의 특징은 추상적 사고, 가설-연역적 사고, 체계적 · 조합적 사고 등이 가능하다는 것이다. 따라서 형식적 조작기에 도달한 청소년은 자신의 생각뿐 아니라 다른 사람의 사고 또한 체계화할 수 있게 된다. 그러나 청소년기에도 자기중심적인 사고가 나타나는데, 이것은 청소년기의 급격한 신체 · 정서적 변화로 인해 청소년들은 자신의 외모와 행동에 너무 몰두해 있기 때문에 다른 사람들도 자기만큼 자신에게 관심이 있다고 생각을 하여 나타나는 현상으로서, 다시 말하면 자신의 관심사와 타인의 관심사를 구분하지 못하여 나타나는 현상이다. 청소년기의 자기중심적 사고를 반영하는 개념으로는 상상적 관중과 개인적 우화를 들 수 있다.

상상적 관중(imaginary audience)은 자신이 타인의 집중적인 관심과 주의의 대상이 되고 있다고 믿는 것이다. 여기서 늘 자신을 지켜본다고 생각하는 타인이 바로 상상 속의 관중인 것이다. 청소년들은 상상적 관중을 즐겁게 하기 위해 많은 힘을 기울이며, 타인이 눈치채지도 못하는 작은 실수에도 번민하게 된다. 상상적 청중에 대한 자신의 위신을 손상시킨다고 생각되면 작은 비난에도 심한 분노를 느낀다.

청소년기의 자기중심성을 반영하는 또 하나의 상황은 개인적 우화(personal fable)이다. 이것은 자신의 감정과 사고는 너무나 독특한 것이어서 다른 사람들이 이해할 수 없을 것이라고 상상하며, 자신을 매우 특별하다고 생각하는 것이다. 예를 들면, 청소년이 다른 사람은 다 죽어도 자신은 영원히 죽지 않으리라는 '불멸(immortality)'의 신념 때문에 위험한 행동을 하다가 크게 다치거나 죽음에까지 이르는 경우를 볼 수 있는데, 이것은 청소년이 자신을 불멸의 주인공이라고 생각하는 개인적 우화 때문이다.

청소년기의 자기중심성을 연구한 결과(Enright, Shukia, & Lapsley, 1980)에 따르면 상상적 관중과 개인적 우화는 청소년 초기에 강렬했다가 연령의 증가에 따라 점차 감소하는 것으로 나타났다. 엘카인드(Elkind, 1985)는 청소년기의 자기중심성은 형식적·조작적 사고의 결과라고 생각하며 상상적 관중은 가설적으로 사고할 수 있는 능력과 가설적 상황에서 다른 사람들의 반응을 예측할 수 있는 능력의 산물이라고 주장한다.

3. 자아정체감의 발달

에릭슨(Erikson, 1968)은 청소년기의 가장 중요한 발달과업은 자아정체감 형성이라고 하였다. 청소년기에 많은 청소년들은 '나는 누구인가?'라는 가장 근본적이고도 어려운 문제로 고민하게 된다. 에릭슨은 특히 청소년기에 빈번히 제기되는 일련의 의문들, 즉 '나는 누구인가? 무엇을 할 것인가? 미래의 나는 어떻게 될 것인가? 어제의 나와 오늘의 나는 같은 인물인가, 아닌가?' 등의 자문을 자아정체감을 형성하기 위한 과정이라 하였다.

자아정체감이란 자신의 독특성에 대해 비교적 안정된 느낌을 갖는 것으로, 행동이나 사고 혹은 정서의 변화에도 불구하고 변화하지 않는 부분이 무엇이며, '자신이 누구인가'를 아는 것을 말한다. 따라서 확고한 자아정체감을 지닌 사람은 개별성 · 총체성 · 계속성을 경험하게 된다고 한다. 개별성이란 가치나 동기 또는 관심을 타인과 공유하더라도 자신은 타인과는 다르다는 인식, 즉 자신은 독특하고 특별하다는 인식을 말하며, 총체성이란 자신의 욕구, 태도, 동기, 행동양식 등이 전체적으로 통합되어 있다는 느낌이다. 그리고 계속성은 시간이 경과하여도 자신은 동일한 사람이라는 인식, 즉 어제의 나와 오늘의 나는 같은 사람이라는 인식을 말한다.

사실상 자아정체감의 형성은 청소년기에 와서 시작되는 것도 아니고 청소년기에 끝나는 것도 아니다. 정체감 형성은 일생을 통해 이룩해야 할 중요한 과제인데도 불구하고, 정체감 확립을 청소년기의 제일 중요한 발달과업으로 드는 이유에 대해서 학자들은 다음과 같이 설명한다(서봉연, 1988).

첫째, 사춘기 동안의 급격한 신체변화와 성적 성숙 때문이다. 청소년들은 급격한 신체변화로 인해 자의식이 강해지고, 성적 성숙으로 말미암아 신체 내부에서 여러 가지 충동들이 일어난다. 특히 일찍이 경험해 본 일이 없는 성적 충동은 청소년들이 대처해야 할 가장 중요한 문제이다. 사춘기 동안에 발달된 생리적 · 내분비적 기능의 변화로 말미암아 본능적 욕구인 원초아가 강해진다. 이때 자아는 초자아와 원초아 간의 균형을 유지하기 위해 자아확장(strong ego)을 이루어야 한다. 따라서 이 시기의 청소년들은 필연적으로 자아정체감 문제에 직면하게 된다.

둘째, 청소년기는 아동기에서 성인기로 옮겨가는 과도기로서, 청소년은 어린이도 아니고 어른도 아닌 중간적 존재이기 때문이다. 신체적으로는 이미 성인으로 성장했지만 경제적, 정서적으로는 여전히 부모에게 의존한다. 한편 나이와 체구에 걸맞게 부모로부터 독립하고, 사회적으로 책임 있는 행동을 할 것이 요구된다. 따라서 이 시기의 청소년은 자신의 위치와 역할을 어떻게 규정해야 할 것인지에 대해 고민하지 않을 수 없다.

셋째, 청소년기는 선택과 결정의 시기이기 때문이다. 청소년들은 진학문제, 전공선택의 문제, 이성문제, 교우관계 등 스스로의 선택이 요구되는 상황에 직면한다. 이전처럼 전적으로 부모나 주위 어른들에게 의존할 수 없는 청소년들은 스스로 이러한 선택과 결정을 하기 위해 여러 가지 가능성을 점검해 보고, 자기 자신에 대해 진지하게 생각하는 탐색의 시간이 필요하다.

넷째, 청소년기에 현저한 성장을 보이는 인지능력의 발달 때문이다. 청소년은 구체적 사고에서 벗어나 추상적 사고를 할 수 있고, 그들의 사고는 현실적 구속을 벗어나 가능성의 세계로 확대된다. 청소년들의 시간적 조망 또한 현재에 국한되지 않고 과거와 미래로 확장된다. 이러한 인지능력의 발달은 자신의 위치, 역할, 능력 등을 검토해 보는 자신에 대한 탐색과정에도 영향을 미친다. 이와 같은 자기 탐색과정은 자아정체감 확립을 위한 필연적인 요인으로 작용한다.

자아정체감 형성을 위해서는 자신의 신념, 가치관 등에 대한 고통스러운 의문 제시가 선행되어야 하며 일종의 위기를 경험한다. 자신이 경험한 많은 요소들을 모아서 통합된 명확한 자기정의를 내리는 것은 어려운 일이므로 정체감을 형성하는 과정에서 누구나 일시적인 혼동이나 우울증을 경험할 수 있다.

마르시아(Marcia, 1966)는 에릭슨의 정체감 발달이론을 기초로 하여, 청소년의 직업선택, 종교 및 정치이념에 대한 위기(crisis)와 수행(commitment)의 경험 여부를 조사하여 이 두 차원의 조합을 통해 【그림 12-1】처럼 자아정체감을 네 범주로 나누었다. 여기서 위기란 자신의 가치관에 대해 재평가하는 기간을 의미하고, 수행은 계획, 가치, 신념 등에 대해 능동적 의사결정을 내린 상태를 의미한다.

		위기: 예	위기: 아니요
수행	예	성취 (위기 해결)	유실 (위기경험 없음)
	아니요	유예 (위기 현재 진행 중)	혼란 (위기경험 없음)

【그림 12-1】 마르시아의 자아정체감의 네 가지 범주

① 정체감 성취

자아정체감의 위기를 성공적으로 극복하여 신념, 직업, 정치적 견해 등에 대해 스스로 의사결정을 내릴 수 있는 상태를 말한다. 정체감을 성취한 청소년은 확고한 개인적 정체성을 가지고 있으며, 인성발달의 모든 분야에서 성숙한 면모를 보인다. 그들은 부모를 포함한 다른 사람들과의 인간관계에서 현실적이고 안정감이 있으며, 자존감이 강하고 스트레스에 대한 저항력이 높으며, 자기 확신과 자기 주도적인 경향이 강하다.

② 정체감 유예

현재 정체감 위기의 상태에 있으면서 자아정체감 형성을 위해 다양한 역할, 신념, 행동 등을 실험하고 있으나 의사결정을 못한 상태를 말한다. 정체감 유예로 분류된 사람들의 대부분은 정체감 성취로 옮겨가지만, 그 중에서는 정체감 혼란 쪽으로 기울어지는 사람들도 있다. 이 시기는 정체

감 성취 또는 정체감 혼란 중 어느 방향으로도 나아갈 수 있는 가능성이 있는 상태이다.

③ 정체감 유실

정체감 유실은 자신의 가치관이나 진로에 있어서 의문을 제기하거나 가능한 대안을 생각하는 것과 같은 위기를 경험하지 않고 부모나 다른 역할 모델의 가치나 기대 등을 그대로 수용하여 그들과 비슷한 선택을 한 상태이다. 정체감 유실에서 나타나는 수행(전념)은 정체감 성취에서의 수행과는 대조적인 것으로 진정한 개인적인 탐구와 탐색의 결과가 아니다. 이것은 기본적이며 본질적인 질문과 선택을 통한 노력 없이 그냥 받아들여진 것이다. 정체감 유실 수준의 청소년은 정체감 성취나 정체감 유예 수준의 청소년에 비해 자신에 대한 사려가 깊지 못하고, 자신감이 적지만, 부모와 강한 애착관계를 유지하고 있다.

④ 정체감 혼란

정체감 혼란(혼미)은 자아에 대해 안정되고 통합적인 견해를 갖는 데 실패한 상태를 말한다. 이 범주에 속하는 청소년은 위기를 경험하지 않았고 직업이나 신념 선택에 대한 의사결정을 하지 않았을 뿐만 아니라 이러한 문제에 관심도 없다. 정체감 혼란은 의사결정을 내리지 못한 면에서는 정체감 유예와 비슷하지만 위기의 상태를 해결하려는 노력이 없다는 점에서 차이가 있다. 정체감 혼란 수준의 청소년은 정체감 성취나 정체감 유예 수준의 청소년에 비해 자존심, 자발성, 자제력 등이 떨어지며, 부모와는 독립적이지만 유대감이 적다(이근홍, 2012).

에릭슨에 의하면 정체감의 성취나 유예는 심리적으로 건강한 것이지만 정체감의 유실이나 혼란은 부적응적이다.

4. 사회적 발달

1) 부모와의 관계

청소년기의 특징적인 사회적 발달 중의 하나는 부모나 가족으로부터 독립하여 친구나 자기 자신에게 의존하려는 경향이 높아진다는 점이다. 지금까지 이루어진 신체적 성숙과 심리사회적 발달은 이와 같은 부모나 가족으로부터의 독립을 위해 준비하는 과정으로 볼 수 있다. 청소년들이 부모의 보호에서 벗어나 자기의 판단에 의해 독립적으로 행동하려는 성향을 심리적 이유(psychological weaning)라고 부르며, 이 시기를 심리적 이유기라고 한다. 그리고 또 다른 한편으로는 이 시기를 제2의 반항기라고도 부르는데, 이것은 청소년들이 심리적 이유를 추구하는 과정에서 부모에게 반항하는 행동특성 때문에 제1반항기인 걸음마기에 비유하여 부르는 명칭이다.

지금까지의 청소년기 발달에 관한 연구에서는 청소년의 독립과 자율성만을 강조해 왔으나 최근에 와서는 청소년의 건강한 발달을 위해서는 부모와의 안정적인 애착관계가 중요하다는 것이 강조되고 있다(정옥분, 2008). 최근의 연구결과들(Allen & Kupermirc, 1995; Eberly, Hascall, Andrews, & Marshall, 1997)에 따르면 청소년기의 부모와의 안정적인 애착은 청소년의 사회적 능력, 자아존중감, 자기통제, 정서적 적응, 그리고 신체적 건강과 관련이 있는 것으로 나타났다. 청소년기 동안의 부모와의 애착은 청소년이 새로운 환경에 적응하고 자신의 세계를 넓혀갈 때 안전기지로서의 역할을 하며(Allen & Bell, 1995), 아동기에서 성인기로 넘어가는 과도기와 관련된 불안, 우울, 정서적 혼란 등을 완화해 주는 역할을 하는 것으로 나타났다(Papini, Roggman, & Anderson, 1990). 연구결과들에 따르면, 부모와 안정애착을 이룬 청소년들은 친구, 데이트 상대, 그리고 배우자와도 안정적 애착을 이루는 것으로 나타났으며(Hazan & Shaver, 1987), 반면 부모와 안정적 애착을 이루지 못한 청소년들은 친구와의 관계에서 질투, 갈등, 의존, 불만족을 나타내었다(Kobak & Schery, 1988).

부모와 청소년 자녀 간의 갈등은 청소년 초기에 사춘기의 시작과 더불어 증가한다. 그래서 지금까지 청소년기의 부모와의 갈등의 근원을 청소년기의 발달상의 변화(생물학적 변화, 인지적 변화, 독립과 정체감을 수반하는 사회적 변화) 때문이라고 생각해 왔으나 부모 쪽의 요인도 중요한 영향을 미치는 것으로 생각된다(정옥분, 2008). 즉, 청소년 자녀를 둔 부모들은 대부분 중년기에 속한다. 따라서 부모들 또한 중년기와 관련된 신체적 · 정신적 · 사회적 능력의 변화를 경험하면서 힘든 중년기 위기를 체험하고 있다. 이러한 중년기 위기가 청소년과 부모 간의 갈등을 증가시키는 원인이 되기도 할 것이다.

2) 친구관계

청소년기에는 친구와의 관계가 가족과의 관계보다 더 중요한 시기가 되므로, 또래집단과의 관계가 매우 중요하다. 청소년들은 또래집단에 소속됨으로써 사교성이 증진되고 외로움에서 벗어날 수 있으며 지도력이나 복종의 태도를 스스로 체득하기도 한다. 그리고 가족 구성원 간의 갈등으로 고통받을 때도 또래집단을 통해 위안을 얻을 수 있는 등 청소년기에는 또래집단이 매우 중요한 기능을 한다.

청소년기 때 또래집단의 중요한 기능은 다음과 같다(Atwater, 1996).

첫째, 또래집단은 사회적 지원과 안정감을 제공해 준다. 지금까지 부모에게 의존하던 관계에서 이제 청소년은 부모로부터 독립하기를 원하지만 엄청난 스트레스와 갈등을 경험한다. 이때 친구의 존재는 자신도 유사한 갈등을 겪고 있다는 동정적인 피드백과 정서적 안정감을 제공함으로써 청소년의 스트레스와 긴장해소에 도움을 준다.

둘째, 또래집단은 준거집단으로서의 역할을 한다. 급격한 변화를 겪는 청소년기에는 자신의 경험과 행동을 판단하는 데 기준이 되는 준거집단이 특히 더 필요하다. 부모와의 갈등, 여러 가지 학교문제로부터 오는 스트레스는 비슷한 경험이 있는 친구들의 이해를 받음으로써 훨씬 가벼워질 수 있다.

셋째, 또래집단은 보다 성숙한 인간관계를 형성할 기회를 제공한다. 청소년은 친구관계에서 무엇을 기대하고 무엇을 기대하지 말아야 하는지를 배우게 된다. 여러 형태의 또래집단에 참여함으로써 상호성, 협동심의 가치를 배우게 되고, 권위-복종이 특징이던 부모와의 관계로부터 보다 상호적이고 평등한 관계로 옮겨가는 것을 배운다.

넷째, 자신의 정체감을 추구하는 과정에서 또래집단은 중요한 역할을 한다. 새로운 역할을 시험해 보고자 할 때 또래와의 상호작용을 통해 격려를 받을 수 있고, 그래서 청소년으로 하여금 긍정적인 자아상을 발견하게끔 도와준다.

그러나 또래집단의 기능이 반드시 긍정적인 것만은 아니다. 좋지 못한 또래집단에 소속될 경우 청소년은 부정적 정체감을 형성하게 될 수도 있다.

청소년기 우정의 중요성을 강조한 설리번(Sullivan, 1953)은 친밀감에 대한 욕구는 청소년 초기에 강렬해지기 때문에 십대들은 가까운 친구를 찾게 되는데 만약 이때 청소년이 친한 친구를 갖지 못하면, 심한 외로움을 느끼면서 자기가치감이 저하된다고 하였다. 따라서 피상적인 친구관계나 아예 친구가 없는 십대들은 외로움, 우울증, 그리고 낮은 자아존중감을 호소하였으며(Yin, Buhrmester, & Hibbard, 1996), 청소년 초기의 우정은 성인기의 자아존중감을 예측하는 중요한 요인이었다.

청소년기에는 이성 친구에 대한 관심은 높아지지만, 실제로는 동성 친구들을 더 많이 사귀며 가장 친한 친구 역시 동성 친구인 경우가 대부분이다. 자신이 직면한 심각한 문제에 대해 의논하는 상대도 동성 친구인 경우가 많다. 그리고 이성 친구를 사귄다고 하여도 동성 친구를 멀리하는 것은 아니며, 이성 친구와의 우정은 동성 친구와의 우정에서 부족한 부분을 보완하는 기능을 하게 된다(권중돈, 2014). 청소년기의 이성교제는 대체로 또래집단과의 활동이나 단체 활동을 통해 이루어지는 경우가 많은데 이성교제를 하는 단계를 살펴보면, 처음에는 동성 친구관계의 연장된 형태로 동성과 이성의 친구가 집단으로 접촉을 하다가 점차 개인적인 데이트를 하고 사랑에 빠져드는 단계로 옮아간다(Dunphy, 1963).

5. 정서발달

청소년기에는 정서가 매우 강하고 변화가 심하며 극단적인 정서 경험을 한다. 이러한 정서적 특성 때문에 청소년기를 '질풍노도의 시기'라고 부른다. 청소년들은 급격한 신체적·성적 변화로 인해 성에 대한 관심이 강해지고 이성에 대한 관심과 욕구가 증가하지만, 이를 수치스럽게 생각하여 이성에게 반대되는 감정을 표현하거나, 주변 사람들에게 과장하여 반항하기도 한다.

청소년기에는 불안, 고독, 열등감, 공허감 등의 부정적 감정을 경험하는 빈도가 많다. 청소년은 자신의 능력에 대한 확신이 부족하고, 자신의 신체 이미지에 대한 자신이 없으며, 자신의 장래에 대한 확신이 부족하기 때문에 작은 일에도 지나치게 불안해하는 경우가 많다. 청소년기에 자아의식이 서서히 발달하면서 청소년은 혼자 있고 싶어 하고 고독에 빠지기 쉽다. 또한 자신을 타인과 비교해서 부족하다고 느끼고 타인 앞에서 위축되는 느낌이 강화되어 열등감에 휩싸이기도 하며, 이상과 현실 사이의 괴리를 목격하고는 실존적 공허감에 빠지기도 한다.

청소년기의 정서는 불안정하며 많은 행동에 있어 무책임하거나 흥분을 잘하고 공격적 성향이 있으나, 점차 청소년 후기로 갈수록 완화되기 시작한다. 따라서 청소년기의 정서와 관련된 주요한 발달과제 중의 하나는 자신의 격한 감정을 받아들이고 이러한 감정 상태에 대해 지나치게 과민한 반응을 하지 않으며, 자신의 감정에 좀 더 관대해지는 것이다.

chapter

13 성년기

성년기는 청년기 또는 성인기라고도 하며 학자에 따라 정의하는 연령에는 다소 차이가 있으나, 청소년기 이후 20세부터 중년기가 시작되는 40세 이전까지의 시기를 말한다. 이러한 성년기 동안의 가장 중요한 발달내용은 일과 사랑으로 정의할 수 있다. 이 시기에 자신에게 맞는 직업을 선택하고 직업을 통하여 사회적 활동이 시작되며 경제적 여건 조성 및 자아실현을 이루어 나갈 수 있는 기회를 갖게 된다. 그리고 배우자를 만나 가정을 이루고 원가족에서 분리되어 자신만의 가정을 꾸려나가며 자녀양육을 통해 부모로서의 역할을 수행하게 된다. 이처럼 일과 사랑이라는 두 가지 과업을 성취하면서 새로운 환경에 적응해 나가는 것이 성년기 발달의 중요한 과제이다. 에릭슨은 이 시기에 극복해야 할 중요한 심리사회적 위기는 친밀감 대 고립감이라고 하였다.

1. 신체적 발달

성년기는 신체적 건강이 최고 정점에 이르는 시기라고 할 수 있다. 청소년기의 어색한 모습은 사라지고, 성년기에는 균형 잡힌 모습을 갖추게 되며, 전 생애에 걸쳐 체력이 절정에 달하고 활기와 힘이 최고 수준을 유지하는 시기이다.

육체적 힘은 25세에서 30세 사이에 최고조에 이르며 그 후에는 점진적으로 쇠퇴한다(Zastrow & Kirst-Ashman, 1987). 그러나 대부분의 신체적 능력과 기술은 규칙적으로 사용하기만 하면 그 기능이 성년기 이후에도 지속된다. 규칙적인 운동과 적절한 영양섭취는 신체적 건강과 균형을 유지하는 데 매우 큰 도움이 된다. 운동은 심장근육의 힘과 순환기능을 향상시킨다. 규칙적인 식사습관과 균형 있는 식단에 의한 적절한 영양공급은 성취할 수 있는 건강의 최고 수준뿐만 아니라 얼마나 그 최고 수준을 오래 유지하는가, 즉 건강이 쇠퇴하는 정도에도 영향을 미친다. 성년기의 건강에 영향을 미치는 요인들로는 운동과 영양섭취 외에도 음주, 흡연, 약물남용, 스트레스 등이 있다.

2. 인지발달

성년기의 인지발달에 대해서는 아직 학자들 간에 합의가 이루어지지 않고 있다. 피아제와 인헬더(Inhelder, 1969)는 청소년기에 형식적 조작 사고가 발달한 이후에는 인지발달이 거의 이루어지지 않는다고 보았지만, 최근 이에 대한 비판이 제기되고 있다. 즉, 기계적 암기나 지적 과제의 수행속도 등은 10대 후반이 가장 뛰어나지만, 판단, 추론, 창의적 사고 등은 성년기는 물론 전 생애를 통하여 발달하는 것으로 보는 견해가 우세해지고 있다. 알린(Arlin, 1975), 리겔(Riegel, 1973), 샤이에(Schaie, 1990) 등은 청소년기 이후에도 인지발달은 지속적으로 이르어진다고 하였다.

혼(Horn)과 도널드슨(Donaldson)은 성년기의 지적 능력을 결정성 지능(crystallized intelligence)과 유동성 지능(fluid intelligence)으로 구분하여 살펴보아야 한다고 주장하였다. 결정성 지능은 학교교육이나 일상생활에서의 경험을 통해 얻게 되는 지능이며, 어휘력, 일반상식, 사회적 상황에 대한 반응 등이 속한다. 이에 반해 유동성 지능은 타고난 지능으로 생물학적으로 결정되며 경험이나 학습과 무관한 것으로, 공간지각, 추상적 추론, 지각속도 등을 포함한다. 이러한 두 가지 지능은 절정에 달하는 시기가 각기 다른데, 유동성 지능은 10대 후반에 절정에 도달하고 성인기부터는 점차 감소하는 반면, 결정성 지능은 성인기의 교육경험의 결과로 생의 말기까지 지속적으로 증가한다(Horn & Donaldson, 1980).

창의성이 연령이 증가함에 따라 줄어드는 것처럼 인식하는 경우가 많지만 실제로 창의성은 성년기에 절정에 달한다. 도랜드(Dorland)의 '저명인사의 창조성에 관한 연구'에 의하면 25세경에 창조적 발명, 발견, 예술작품을 처음으로 창조해 내고 이로부터 약 10년 동안 최고의 생산성을 보이는 것으로 나타났다(권중돈 · 김동배, 2008).

3. 친밀감 형성과 결혼

에릭슨은 성년기의 중요한 발달과업을 친밀감 대 고립감의 심리사회적 위기를 극복하는 것이라고 하였다. 친밀감(intimacy)은 자신의 정체성을 잃을지 모른다는 두려움 없이 타인과 개방적이고 지지적이며 조화로운 관계를 형성하는 능력이다. 친밀감을 형성하기 위해서는 감정이입능력, 자기통제능력, 그리고 타인의 장단점 수용능력을 갖추어야 한다. 친밀감의 형성은 직전 단계인 청소년기에서 자아정체감을 확립한 후에 이루어지는 것으로 자신을 가치 있고 유능하며 신뢰할 수 있는 사람으로 지각할 수 있을 때 타인과의 친밀감 형성이 가능하다(김태련·장휘숙, 1994). 그런데 청소년기에 정체감 형성의 위기를 만족스럽게 극복하지 못하게 되면, 자신감을 갖지 못하므로 타인과의 사회적 관계에서 고립감을 느끼게 되어 자기 자신에게만 몰두하게 된다고 하였다.

확고한 자아정체감을 형성하여 이성과 친밀한 관계를 형성할 수 있는 능력이 있거나, 부모와 친지들이 결혼적령기 내에 결혼하기를 기대할 경우, 결혼 상대자를 선택하여 성년기의 중요한 과업 중의 하나인 결혼을 하게 될 것이다. 배우자를 선택하는 문제는 이후 인생의 행복이나 안정성을 결정하는 가장 중요한 의사결정 과정이다. 따라서 여러 학자들이 배우자 선택 시 고려해야 할 사항들을 제시하고 있는데, 이러한 관점들을 종합해 보면 다음과 같다(정옥분, 2008).

① 결혼은 냉혹한 현실생활이므로 두 사람의 사랑만 있으면 모든 것이 잘될 것이라는 생각은 잘못된 것이다.

② 애정, 존경, 신뢰감 등이 수반되지 않고 단지 성적 매력만으로는 그 관계가 오래 지속되지 않는다.

③ 인생관이나 가치관이 서로 조화될 수 있어야 한다.

④ 이 세상에 완전한 사람은 없다. 한 사람을 배우자로 선택한다는 것은 상대방의 약점이나 부족한 점도 함께 받아들임을 의미한다.

⑤ 지금 비록 마음에 안 드는 점이 있더라도 결혼을 하면 변하겠지 하는 생각은 착각이다. 따라서 상대방을 변화시키려는 시도보다는 상호 적응하려는 노력이 중요하다.

⑥ 충분한 교제기간과 대화를 통하여 상대방을 잘 파악한 후에 결혼하는 것이 적응에 도움이 된다.

결혼 상대자를 선택하고 결혼을 하게 되면, 수십 년간 서로 다른 가족문화에서 성장한 배우자들은 처음 몇 년간은 일상생활과 관련된 모든 영역에서 서로 간에 타협이 요구되는 상호 적응의 기간을 겪는다. 결혼 초기에 상호 적응의 과업을 성공적으로 이행하지 못한 경우에는 부부관계에 갈등이 많아지고 이혼하게 될 가능성이 높다. 결혼한 부부의 결혼 만족도 또는 상호작용의 질을 결정하는 요인은 사회경제적 지위와 결혼생활 기간, 남편의 심리사회적 성숙도, 그리고 부부간의 의사소통유형이다.

4. 자녀양육

인간의 생애주기에서 볼 때, 자녀의 출생과 양육은 급격한 생활변화를 초래하기 때문에 새로운 적응을 필요로 하는 가장 충격적인 사건 중의 하나에 해당한다. 부모가 되는 경험은 심리적 성숙을 돕고 부부관계를 더욱 긴밀하게 해주며 비로소 독립된 가정을 이루고 성인이 되었다는 느낌을 갖게 해주기도 하지만 양육에 따르는 부담감은 부부간의 위기를 초래하기도 한다.

40세 이상의 부부에 대한 조사 결과 자녀를 가짐으로써 얻는 효과는 자녀가 사랑을 주고 애정을 나눌 수 있는 기회를 제공하며 어른들을 외로움에서 보호하여 준다는 것이다(Newman & Newman). 사람은 누군가를 보살피고자 하는 욕구를 갖는데 자녀는 이러한 양육의 욕구를 충족시켜 주는 역할을 한다. 그러나 자녀를 갖는 것은 이와 같이 만족을 주는 반면에 새로운 적응을 필요로 하는 급격한 변화를 동반하기 때문에, 자녀의 탄생은 결혼 초기에 형성되기 시작한 부부간의 친밀감에 위협이 되기도 한다. 따라서 첫 자녀 출산 이후 부부간이 순조로운 적응을 유지하기 위해서는 부모로서의 역할변화에 대한 준비, 육아에 대한 지식, 부부간 역할과 책임에 대한 재조정과 그에 대한 합의 등이 필요하다.

부모의 양육행동은 개인의 성격형성과 사회화에 가장 큰 영향을 미치는 요인 가운데 하나이다. 부모의 양육태도는 수용, 애정, 통제, 허용 등과 같은 여러 영역으로 기술될 수 있으며, 어떠한 양육방식이 가장 효과적인 가는 문화에 따라, 가족의 특성에 따라, 그리고 시대에 따라 상이하다.

바움린드(Baumrind, 1991)는 애정과 통제라는 두 차원에 의해 부모의 유형을 네 가지로 나누어 설명하고 있다. 여기서 애정 차원은 부모가 자녀에게 얼마나 애정적이고 지원적이며, 얼마나 민감한 반응을 보이고, 얼마나 관심을 갖고 있는가 하는 것을 말한다. 통제 차원은 자녀에게 성숙한 행동을 요구하고, 자녀의 행동을 통제하는 것을 말한다. 애정과 통제 차원이 둘 다 높은 경우는 '권위적(authoritative)' 부모, 통제 차원은 높지만 애정 차원이 낮은 경우는 '권위주의적(authoritarian)' 부모, 애정 차원은 높은데 통제 차원이 낮은 경우는 '허용적(indulgent)' 부모, 그리고 마지막으로 애정과 통제 차원이 다 낮은 경우는 '무관심한(neglectful)' 부모로 명명하였다(그림 13－1 참조).

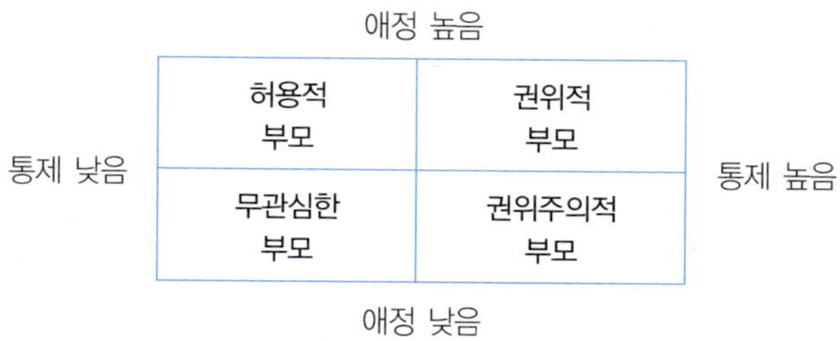

그림 13-1 부모의 양육태도에 따른 부모유형

많은 연구들(Kurdek & Fine, 1994; Steinberg, Lamborn, Darling, Mounts, & Dornbusch, 1994)이 부모의 유형과 자녀의 사회적 행동과의 관계를 보고하고 있다(표 13－1 참조).

〈표 13-1〉 부모의 유형과 자녀의 사회적 행동

부모의 유형	특 성	자녀의 사회적 행동
권위적 부모	애정적·반응적이고 자녀와 항상 대화를 갖는다. 자녀의 독립심을 격려하고 훈육 시 논리적 설명을 한다.	책임감, 자신감, 사회성이 높다.
권위주의적 부모 (전제형 부모)	엄격한 통제와 설정해 놓은 규칙을 따르도록 강요한다. 훈육 시 체벌을 사용하고 논리적 설명을 하지 않는다.	비효율적 대인관계, 사회성 부족, 의존적, 복종적, 반항적 성격
허용적 부모 (익애형 부모)	애정적·반응적이나 자녀에 대한 통제가 거의 없다. 일관성 없는 훈육을 한다.	자신감이 있고 적응을 잘하는 편이나 규율을 무시하고 제멋대로 행동한다.
무관심한 부모 (방임형 부모)	애정이 없고, 냉담하고, 엄격하지도 않으며, 무관심하다.	독립심이 없고 자기 통제력이 부족하다. 문제행동을 많이 보인다.

5. 직업준비와 선택

성년기는 직업을 통해 경제적으로 자립하고 자신의 인생을 개척해 나가면서 자아실현을 하는 시기이다. 따라서 직업을 선택하고 이에 따른 준비를 하는 것은 성년기에 성취해야 할 중요한 발달과업 중의 하나이다. 성년기에 어떤 직업을 선택하느냐에 따라 그 이후의 삶의 방식이 결정될 것이라고 생각하기 때문에 이 시기에 직업선택에 신중을 기하고 자신이 원하는 직업을 갖기 위해 노력해야 한다.

성년기의 직업선택 과정에 영향을 미치는 요인은 가족적 요인, 사회·관습적 요인, 상황적 요인, 사회·경제적 요인, 심리·사회적 요인 등 매우 다양하다. 홀랜드(Holland, 1985)는 직업을 선택할 때는 무엇보다도 자신의 성격에 적합한 직업을 선택하는 것이 바람직하다고 하였다. 왜냐하면 사람들은 자신의 성격에 적합한 직업에 보다 쉽게 적응하고, 일하는 데 즐거움을 느끼며, 성공하기가 쉽기 때문이다. 홀랜드는 여섯 가지 성격유형에 따른 적합한 직업을 제시하였다. 그런데 홀랜드의 성격유형은 너무 단순화되어 있고, 대부분의 사람들은 이러한 여섯 가지 성격유형 중 어느 한 가지 유형에 정확하게 들어맞지 않는다는 지적을 받고 있으며, 홀랜드(1987) 자신 또한 대부분의 사람들이 어느 한 가지 유형에만 속하지 않는다는 것을 인정하였다. 그러나 자신의 성격에 적합한 직업을 선택하는 것이 바람직하다는 그의 견해는 받아들일 만하다(Vondracek, 1991). 스트롱 캠벨(Strong-Campbell)의 흥미측정도구(직업상담 시 직업에 대한 선호도 측정 도구)는 홀랜드의 성격유형이론에 기초한 것이다(Donnary & Borgen, 1996).

홀랜드가 제시한 성격유형에 따른 선호직업군은 다음과 같다.

(1) 현실적 유형

현실적 유형(realistic type)은 현실적이고 실제적이기 때문에 추상적이고 창의적인 접근을 요하는 문제보다는 체계적이고 분명하게 정의된 문제를 좋아한다. 대인관계의 기술이 부족하므로 다른 사람과 함께 일하지 않아도 되는 직업을 선호한다. 이런 유형에 속하는 사람들은 기계공, 농부, 트럭 운전사, 건설공사 인부, 측량기사 등의 직업에 적합하다.

(2) 지적 유형

지적 유형(intellectual type)은 개념적이고 이론적인 성격의 유형으로, 이들은 인간관계를 회피하며, 행동가이기보다는 사색가인 편이다. 이들은 창의적이고 분석적인 접근을 요하는 일이나 혼자 일하는 것을 좋아하지만 반복을 요하는 일은 싫어한다. 이런 유형의 사람들은 과학자, 의사, 작가, 컴퓨터 전문가 등의 직업에 적합하다.

(3) 사회적 유형

사회적 유형(social type)에 속하는 사람들은 여성적 특질을 보이며, 사람 사귀는 것을 좋아하고, 이해력이 빠르고, 붙임성이 있으며, 모임에서 중심인물이 되는 것을 좋아한다. 어떤 문제에 직면했을 때 이성적인 해결책보다는 감정에 호소하는 방식으로 문제를 해결한다. 이런 유형의 사람들은 언어적 기술이 뛰어나서 사회사업가나 상담가, 목사, 교사직에 적합하다.

(4) 관습적 유형

관습적 유형(conventional type)은 권위나 규칙에 순응하는 유형으로, 비구조적인 활동을 싫어하고 단정하고 성실하다. 이런 유형의 사람들은 은행원이나 사무원, 회계사, 비서직에 적합하다.

(5) 기업가적 유형

기업가적 유형(enterprising type)은 다른 사람들을 거느리거나 지배하려는 유형으로, 대인관계의 기술이 뛰어나고, 자기주장이 강하다. 이런 유형의 사람들은 부동산 중개인, 세일즈맨, 정치가, 법조인, 경영직에 적합하다.

(6) 예술가적 유형

예술가적 유형(artistic type)은 예술적 표현을 통해 자신의 세계와 교감하며 관습적인 것을 싫어하는 유형으로, 독창적이고 창의적이며 상상력이 풍부하다. 이들은 작가나 화가, 음악가, 작곡가, 지휘자, 무대감독 등에 적합하다.

chapter 14

중년기

중년기에 대한 연령구분은 학자에 따라 다소 차이가 있으나, 본서에서는 발달심리학 연구에서 40세부터를 중년기로 구분하고(신명희 외, 2013; 정옥분, 2000), 사회통념상 40세부터를 중년이라고 보는 견해에 근거하여 성년기가 끝나는 40세부터 노년기가 시작되는 65세까지를 중년기로 규정하였다.

중년기를 지칭하는 다양한 용어를 통하여 중년기의 발달단계상의 특징과 발달과업을 짐작할 수 있다. 중년기는 경제적 안정과 사회적·가정적으로 중요한 역할을 수행하는 시기라는 측면에서는 인생의 황금기 또는 전성기로 불린다. 그러나 생리적 변화로 인해서는 폐경기 또는 갱년기, 그리고 이러한 신체적 퇴행으로부터 오는 심리적 위축과 적응문제 등의 위기를 극복해야 한다는 측면에서는 인생의 쇠퇴기 또는 위기의 시기로 불린다. 자녀가 모두 출가하여 집을 떠나고 부부만 남는 시기라는 측면에서는 빈 둥지 시기, 그리고 중간세대의 특징으로 인해 부모역할과 자녀역할을 동시에 수행해야 한다는 의미에서는 샌드위치 세대로 불린다.

1. 신체적 발달

대부분의 중년기 성인은 아직까지 양호한 건강상태를 유지하고 있지만 이 시기는 신체적 능력과 건강이 감퇴하기 시작하는 시기이다. 40대 초반에 신진대사의 저하가 일어나면서 체중도 늘기 시작하고 감기와 같은 질병에서 회복하는 데도 젊은 시절보다 더 많은 시간이 걸리며 질병에 취약해진다.

신체 구조 및 기능상의 변화로 인하여 중년기에는 당뇨, 심장병, 고혈압, 암 등과 같은 성인병에 걸릴 가능성이 다른 어떤 시기보다도 높고, 류머티즘, 디스크, 천식 등도 빈번하며(Zastrow & Kirst-Ashman, 1987), 여성의 경우 에스트로겐의 감소로 인해 골다공증도 빈발한다. 이처럼 이 시기는 질병에 대한 저항력이 약해질 뿐 아니라 질병에서 회복하는 데 필요한 시간도 늘어나게 되므로, 이 시기에는 건강유지에 많은 관심과 주의를 기울여야 한다.

중년기에는 감각기관의 능력도 감소하기 시작하는데 노안이 나타나기 시작하고, 청각도 예민성을 상실하기 시작한다. 외모의 변화로는 피부의 탄력성이 줄고 주름이 생기기 시작하며, 머리카락은 희어지면서 가늘어지고 또 머리카락이 빠지기 시작하여 심한 경우에는 대머리가 되기도 한다.

여성은 중년기에 폐경을 경험하게 되는데 이에 따라 나타나는 생리적 변화 기간을 갱년기라고 부른다. 폐경은 월경의 종료를 말하는데 평균 50세 전후로 발생하지만 개인차가 있다. 폐경이 이루어지면 생식능력을 상실하게 되고 에스트로겐이라는 여성호르몬이 급격히 줄어든다. 폐경으로 인한 갱년기의 신체증상은 번열증, 성 관계 시 통증, 두통, 근육통, 전신통증, 쉽게 피로를 느끼고, 의욕상실, 그리고 가슴 두근거리는 증상 등이 있다. 심리적 증상은 신경이 예민해지고 날카로워지며, 별다른 이유 없이 쉽게 짜증을 내며 불면증, 우울, 불안, 초조감, 분노감 등이 있다. 그러나 폐경을 경험한 여성 중 일부는 폐경으로 인한 심리적 변화나 생활변화를 거의 경험하지 않았으며, 심지어는 월경의 불편함이나 임신 공포에서 벗어나 더욱 활동적으로 생활하는 등 예전보다 생활이 더욱 활발해졌다고 보고하는 경우도 있다(Unger & Crawford, 1992).

중년기 남성 역시 갱년기를 경험하는데 여성과는 달리 남성의 갱년기는 정자나 정액 생성의 종결을 초래하지는 않으며, 여성에 비해 비교적 늦게 나타나는 것이 일반적이다. 그러나 갱년기 남성들은 생물학적으로 생식능력을 계속 유지하지만 남성호르몬의 생산이 감소됨에 따라 성기능이 약화되고 성적무력감, 피로, 우울 등을 경험할 수 있다. 남성호르몬인 테스토스테론 분비의 감소는 근육 조직의 손실과 그로 인한 근력 감소, 심장질환의 위험성도 증가시킨다(정옥분, 2004).

2. 인지발달

중년기의 인지적 변화에 대해서는 서로 상반된 주장이 존재한다. 즉, 중년기에는 신체적 능력이 감소하는 것과 함께 인지적 능력도 감소하기 시작한다는 견해와 이와는 대조적으로 중년기에는 지능이 감소하지 않으며, 오히려 특정한 측면의 지적 능력은 강화된다는 견해이다. 중년기의 인지적 능력의 변화를 좀 더 구체적으로 살펴보면 단기적 기억능력은 중년기에 약화되기 시작하지만, 장기간에 걸쳐 정보를 보유하는 장기적 기억능력은 중년기에 변화를 보이지 않는다(Turner & Helmes, 1983). 그리고 중년기에는 반응시간이 느려지고 속도와 민첩성을 요구하는 검사에서는 젊은 사람들보다 낮은 점수를 얻고, 문제를 파악하고 해결하는 데 필요한 시간도 길어지지만, 이것을 지적 능력의 약화보다는 조심성, 숙고, 불안 등의 요인에 의한 것으로 보고한 연구도 있다. 또한 중년기에는 새로운 것을 학습하는 능력은 저하되지만 오랜 경험을 통해 획득한 지혜가 있기 때문에 문제해결능력은 오히려 높아진다고 한다.

사람들이 사용하는 지능을 결정성 지능과 유동성 지능으로 구분할 때 결정성 지능은 중년기에도 증가한다(Neugarten, 1977). 이에 반해 신경과 생물학적 능력에 의해 결정되는 유동성 지능은 청소년기 후기까지 증가하다가 점진적으로 감소한다. 그렇지만 중년기가 끝나는 시기에도 유동성 지능은 청소년기 중반 정도의 수준을 유지할 정도로 그 감퇴의 정도가 적다.

이러한 연구결과들을 종합해 볼 때, 인지적 기능은 중년기까지는 비교적 안정적으로 유지되며 60세 이후에 쇠퇴하는 것으로 볼 수 있다(Ashford, LeCroy, & Lortie, 2006).

3. 심리적 위기

중년기에는 신체적 노화의 시작과 직업 및 가정생활에서의 변화에 성공적으로 적응해야 하는 과업 등으로 인해 중년기 위기(mid-life crisis)를 경험할 가능성이 높다. 중년의 위기라는 용어는 융에 의해서 처음 사용되었다. 그는 자신의 환자들 가운데 중년기에 속한 많은 사람들이 이 시기에 심각한 정신적 위기를 경험하고, 주요 증상으로 불안, 우울, 자신감의 저하 및 성취감의 상실과 같은 정서적 문제들을 보이는 것을 발견하였다. 융은 이렇게 중년기에 나타나는 위기를 성격의 개성화 과정에 의해 나타나는 것으로 보았다. 성격의 개성화란 중년기에 접어들면서 자아의 에너지를 외적·물질적 차원으로부터 내적·정신적 차원으로 전환시키는 것을 의미하는데, 이 시기에는 성격 본성의 변화로 인한 냉혹한 위기를 견뎌내야 한다. 개성화된 인간은 자긍심이 높고 의식과 무의식 수준의 자기를 잘 알게 된다고 하였다.

그리고 에릭슨은 중년기를 설명하면서 이 시기에 직면하게 되는 심리사회적 위기를 생산성 대 침체라고 하였다. 생산성 대 침체의 위기를 성공적으로 극복할 경우 타인을 배려하고 보호(care)할 수 있는 능력이 형성되는 반면, 생산성이 결여된 사람은 사회 일원으로서 생산적 기능을 다하지 못하고 자신의 욕구만을 충족하기 위하여 살아가기 때문에 인간관계가 황폐화되고 중년기의 위기, 즉 절망과 인생의 무의미함을 느끼게 된다고 하였다. 특히 이 시기의 중년여성은 빈 둥지 증후군을 겪을 가능성도 높다. 빈 둥지 증후군이란 그동안 그들이 전적으로 몰입해 왔던 그들의 자녀가 진학 및 취업 등의 이유로 모두 집을 떠나고 부부만 남게 되는 빈 둥지 시기에 겪는 우울증과 정체감 위기 등의 심리상태이다.

4. 사회적 발달

중년기는 에릭슨의 심리사회적 발달이론에 따르면 생산성 대 침체의 발달위기를 극복해야 할 시기이다. 이때 생산성이란 자녀를 낳고 양육하는 것뿐 아니라 직업 활동 등을 통하여 사회 일원으로서 자신의 특별한 능력과 재능을 발휘하여 다음 세대를 위해 생산적인 활동을 하는 것을 포함한다. 따라서 중년기의 중요한 과업인 생산성과 관련된 자녀양육이 이루어지는 가정생활과 직업생활을 중심으로 사회적 발달을 살펴보고자 한다.

1) 가정생활

부모가 중년이 되면 대부분의 가정에서 자녀들은 사춘기인 청소년기에 접어들게 된다. 따라서 똑같이 삶의 전환기를 맞이하는 양 세대, 즉 중년 부모와 청소년 간에는 갈등이 일어날 가능성이 매우 높다. 중년의 부모가 청소년기의 자녀들과의 갈등을 예방하고 최소화할 수 있는 보다 효율적인 접근법으로는 가족의 중요한 의사결정에 자녀들을 참여시키고, 그들의 의견을 존중해 주고, 합리적이고 일관성 있는 규율을 적용하고, 그리고 자녀들이 하는 일에 관심을 보이고 지원해 주는 것이 필요할 것이다. 즉, 자녀가 청소년기로 이행하는 시기에는 청소년의 독립을 인정하는 방향으로 부모-자녀 관계를 재조정해야 한다. 부모는 자녀에게 지나친 간섭이나 통제보다는 스스로 판단하여 행동하도록 허락하면서 동시에 적절한 한계를 규정지어 줌으로써 부모로서의 권위를 유지할 수 있어야 한다. 자녀 독립기에는 자녀를 성인으로 인정하고 그들의 의사를 존중해 주며, 결혼준비를 지원할 뿐만 아니라 출가한 이후에도 지속적인 관심과 지원을 할 수 있어야 한다. 중년기 부모는 자녀의 발달단계에 맞는 자녀훈육 방법을 습득하여 자녀의 요구뿐 아니라 변화하는 상황에 융통성 있게 대처해야 한다.

중년기에는 이처럼 자신들의 자녀를 양육하는 데 따르는 부모로서의 역할 이외에, 이미 노년기에 접어든 자신들의 부모들에 대해서는 자녀로서의 역할을 동시에 수행해야 하므로 더욱 어려움을 겪게 된다. 즉, 중간세대인 중년기의 사람들은 부모역할과 자녀역할을 동시에 수행해야 하는 '샌드위치 세대', 즉 '낀 세대'가 된다. 중년기의 성인 자녀들은 부모와의 관계에서 역할전도와 간병의 부담을 경험할 가능성이 높다. 즉, 노년기에 접어든 자신들의 부모가 만성적인 질병이 있거나 부모 중 한 사람이 사망하면 부모와 자녀의 역할은 전환되어 중년기 자녀가 부모를 부양하고 보살펴야 하는 역할을 담당하게 된다. 이처럼 어린 시절 자신이 보살핌을 받았던 부모를 이제는 거꾸로 돌보아야 하는 역할전도는 중년기 자녀들에게 심리적 충격을 주기도 한다.

2) 직업생활

중년기의 직업생활은 가족의 생계유지, 사회관계의 유지뿐 아니라 자신의 생활 전반에 영향을 미칠 정도로 매우 중요한 요인이다. 직업은 중년기 발달의 중요한 배경이며, 직업에서의 성공은 개인적 성장, 삶의 만족과 높은 상관관계가 있다. 그러므로 중년기에 자신의 직업생활을 잘 유지하는 것은 개인적 성취와 사회적 통합을 위한 가장 중요한 과제이다(이인정 · 최해경, 2002).

중년기는 직업적 성취도가 최고조에 이를 가능성과 함께 직업전환을 해야 할 가능성이 공존하는 시기이기 때문에 직업으로 인한 스트레스가 높은 편이다. 직업 스트레스는 중년기 남성들에게 심각한 문제이며 이것은 과로사, 높은 질병률 등의 현상으로 나타난다. 중년기 남성들이 흔히 경험하는 직업 스트레스로는 과다한 업무량, 역할 갈등, 직업이나 업무에 대한 만족의 결여, 직업이 주는 보상에 대한 불만, 직업과 개인생활의 부조화 등을 들 수 있다. 이러한 직업 스트레스가 잘 관리되지 않은 채로 지속되면 정신적 · 신체적 건강에 부정적 영향을 미치는 것으로 확인되었다(House, 1983). 특히 중년기에 경험하는 실직은 청년기보다 훨씬 더 대응하기 어려운 것으로 알려져 있다(Craig, 1997). 중년기 남성들은 이제까지 종사해 온 직업에 이미 자신의 많은 것을 투자했고, 노동시장에서는 연령차별로 인해 재취업이 어려우며, 재취업을 하더라도 이전에 가졌던 직업보다 봉급, 지위 등에서 열등한 경우가 대부분이기 때문이다. 또한 오랫동안 가져왔던 직업은 그 사람의 정체감에서 핵심을 이루고 있는데 이것을 상실함으로써 자부심과 자아개념이 크게 손상된다. 이것은 종종 정서적 문제로 이어져서 실직으로 인한 경제적 손실보다 더 큰 문제가 되기도 한다.

chapter

15 노년기

노년기는 인간발달의 마지막 단계이다. 노년기에 대한 연령구분 역시 학자에 따라, 그리고 관련 법률에 따라 다소 차이가 있지만, 본서에서는 65세를 노인으로 규정하고 있는 우리나라의 노인복지법에 근거하여, 65세부터를 노년기로 규정하였다.

노년기는 신체적·심리적·사회적 측면에서 나타나는 점진적인 퇴행적 발달, 즉 노화에 적응해야 하는 시기이다. 이 시기는 에릭슨의 심리사회적 발달단계의 마지막 단계인 8단계에 속하며, 에릭슨은 이 시기에 극복해야 할 중요한 심리사회적 위기를 자아통합 대 절망이라고 하였다.

1. 신체적 발달

노년기에는 생물학적 노화가 진행됨에 따라 다양한 신체적 기능과 외모의 변화가 나타나게 된다. 생물학적 노화는 그 시기나 진행속도에 있어서는 어느 정도 개인 차이가 있겠지만 나이가 들면 어느 누구에게나 공통적으로 나타나는 현상이다. 노화의 신체적 징후들은 이미 중년기부터 시작되었지만 노년기에는 피부의 건조화, 탄력의 감소, 주름살 등이 더욱 심해지며 노인성 반점도 생긴다. 그리고 피하조직과 피부의 신경세포 감소로 인해 체온유지 능력이 감소되어 추위를 많이 느끼고 온도변화에 쉽게 적응하지 못한다. 따라서 새벽운동과 같이 갑작스러운 온도변화로 인하여 쓰러지는 경우도 종종 있다.

머리카락은 멜라닌 세포 감소로 인하여 은빛으로 변하게 되는데 이러한 머리색에 비유하여 노인을 실버세대라고 부르기도 한다. 연골조직의 퇴화로 인하여 신장도 30대에 비해 90대에는 2% 정도 줄어들며, 연골조직이 얇아지거나 탄력이 약화되어 관절염을 일으키기도 한다. 골밀도가 낮아져 골절을 당하거나 골다공증에 걸리기도 쉽다. 근육이 위축되어 근육의 강도와 운동력이 감소하고 평형감각 동작조정의 능력이 감소하여 신체의 균형을 잃고 잘 넘어지며 민첩성도 상실된다.

노년기에는 감각기능도 점차적으로 손상되어 시력은 40대 이후부터 약화되기 시작하여 70세 이후부터는 교정시력으로도 정상시력의 유지가 어려우며, 백내장, 녹내장 등은 시각의 손상을 초래할 수 있는 대표적인 노인성 질환이다. 청각기능은 60세 이후에 급격히 감퇴되는데, 청력의 손상이 있는 경우 의사소통이 힘들어 노인의 소외현상을 가속화시킨다. 노년기에는 이러한 감각기능의 저하뿐 아니라 감각기관이 수집한 정보를 의식적 수준에서 처리하고 평가하는 지각기능의 반응속도도 저하되기 때문에 환경변화에 즉각적으로 대처할 수 없게 되어 안전사고에 노출될 가능성도 높아진다.

노화에 따라 신체 내부 장기의 조직과 기능에도 변화가 나타난다. 동맥의 구조적 변화와 기능저하로 혈액순환이 원활하지 못하여 고혈압, 동맥경화, 뇌졸중 등의 순환기계 질환을 앓게 될 가능성이 높아진다. 심장은 유일하게 신체장기 가운데 노화가 될수록 무게가 증가하는데, 이것은 심장근육 주변 모세혈관의 동맥경화에 의한 심장비대, 지방분 증가가 그 원인이며 이로 인해 노년기에는 심장질환에 걸릴 가능성도 높아진다. 그리고 노년기에는 호흡기 질환, 신장질환, 당뇨 등의 질병에 걸릴 가능성이 급격히 높아지며 노인의 70% 정도가 적어도 하나 이상의 만성질환을 앓고 있고 보편적으로 복합적 질환을 가진 것으로 보인다(조복희 · 정옥분 · 유가효, 1998).

따라서 노년기에는 노화에 따르는 신체적 약화에 적응하는 것이 가장 중요한 과제 중의 하나이다. 여러 만성적 질환과 지구력의 저하 등 여러 가지 어려운 상황에도 불구하고 활동적 상태를 유지하고자 하는 의도적 노력이 노년기 기능유지에 필수적이라고 할 수 있다.

2. 인지발달

노년기의 인지기능, 즉 지능, 기억력, 사고 및 문제해결능력의 변화양상에 대한 연구결과는 일치된 결과를 보이고 있지 않다. 샤이에(Schaie, 1996)의 시애틀 종단적 연구는 35년간에 걸쳐 성인들의 인지변화를 추적 조사하였다. 그 결과 노인의 인지적 능력 쇠퇴는 영역별로 차이가 있고 개인차도 큰 것으로 나타났다. 그리고 지능의 변화에는 환경적 · 문화적 요인이 영향을 미치는 것으로 나타났는데, 인지적 감퇴가 작게 일어나는 사람들의 특성은 만성적 질병이 없고 사회경제적 지위가 높으며 지적으로 자극적인 환경에 놓여 있는 경우가 많았다. 또한 생활양식에서 융통성이 있고, 지적으로 우수한 배우자와 결혼했으며, 지각적 처리속도 기능이 좋고 성인기와 중년기의 성취에 대해 만족감을 가지고 있었다. 연구결과들에 근거하여 연구자는 노인들의 정보처리능력과 반응시간의 둔화를 고려한다면 노년기에 연령에 따른 인지능력의 쇠퇴는 그리 크지 않은 것으로 결론을 내렸다. 기억은 연령에 따라 점진적 쇠퇴가 일어나는데, 노년기에는 단기간에 걸친 기억이 장기간의 기억보다 더욱 심하게 쇠퇴한다(Schaie & Willis, 2002). 따라서 새로 습득한 정보를 잠시 저장했다가 기억해 내는 것에는 어려움을 겪지만, 반면 오래 기억하는 장점이 있다.

치매는 노년기에 나타나는 가장 병리적 기억장애이다. 치매는 다양한 원인질환에 의해 발생하는 기질성 정신장애로서 초기에는 가벼운 기억장애를 보이다가 점차 사고력·추리력·언어능력·문제해결능력 등의 전반적 영역에서 감퇴가 나타난다. 치매는 더 진행됨에 따라 정서 조절능력의 손상, 신체 운동기능의 결함과 더불어 모든 심리적 기능이 와해되어 가면서 인격의 황폐화가 나타나는 복합적 임상증후군이다. 치매는 정상적 노화와는 구분되는 병리적 현상이므로 가급적 조기에 발견하여 치료를 하는 것이 중요하다.

3. 심리적 발달

1) 자아통합과 죽음

노년기의 심리사회적 적응에 대한 학자들의 성격이론을 살펴보면 먼저 에릭슨은 노년기에는 자아통합 대 절망의 심리사회적 위기를 극복해야 한다고 했다. 이러한 심리사회적 위기의 문제는 중년기를 포함하여 이전 단계들에서 위기를 성공적으로 극복했는가 아닌가에 따라 그 결과가 달라진다고 한다. 자아통합은 자신의 살아온 인생의 의미를 숙고한 다음, 일생 동안에 있었던 모든 과오, 실패, 결점 등도 인정하고 수용하면서, 지나온 인생을 만족스럽고 의미 있게 생각하면서 다가올 죽음을 인정하고 기다리는 태도를 갖는 것이다. 즉, 자아통합을 성취한 사람은 자신의 인생이 만족스러웠고 의미가 있었다고 평가하며, 과거의 사실은 부정하지 않고 있는 그대로 수용할 수 있다. 따라서 그들은 현재의 사건과 과거의 사건을 통합하고 현재의 결과에 만족한다(김태련·장휘숙, 1996). 이와 달리 절망은 자기의 과거 및 현재의 인생을 후회스럽고 불만스럽게 생각하고 다시 한번 더 기회가 주어진다면 다르게 살겠다는 생각을 한다. 그러나 죽음 앞에

남은 시간이 너무 짧아 어떻게 할 수 없기 때문에 불안, 초조해하는 것을 의미한다.

에릭슨(Erikson), 펙(Peck), 그리고 레빈슨(Levinson)은 모두 노년기 성격발달의 주요한 특징을 자신의 삶을 회고하는 것이라고 보았다. 회고는 과거를 되돌아보면서 오래 해결되지 않았던 문제나 갈등을 좀 더 객관적으로 바라보고 새로운 시각으로 보게 함으로써 미결의 과제를 끝내거나 현재의 삶을 더 진지하게 바라보도록 해주는 기능을 한다. 또한 사람은 나이가 들수록 자신의 삶을 되돌아보는 것을 통해 죽음에 대한 인식을 보다 분명히 해나가고 수용하게 된다. 따라서 자신이 살아온 인생을 되돌아보는 것은 과거와 현재 사이에 연속성을 부여하고, 현재에 대한 인식을 증가시키면서, 지나간 일에 대한 통찰력을 줄 수 있다. 이러한 의미에서 회고과정은 노년기 자아통합감을 촉진시키고 현재에 더 효율적으로 기능할 수 있게 해주는 것으로 보인다.

노년기의 죽음에 대한 태도는 자아통합성의 성취 정도에 따라 차이를 보인다. 만약 노인이 자아통합에 이르게 되면 자신이 살아온 인생을 수용하고 두려움 없이 죽음에 직면하는 능력이 높아지지만, 절망에 이른 경우에는 죽음을 수용하지 못하고 타인을 원망하며 우울증의 경향을 보인다. 사람은 누구나 한번 태어나면 죽게 마련이다. 이것을 부정하거나 거부할 수 있는 사람은 아무도 없다. 다만, 사람마다 차이가 있다면 죽음을 어느 정도로 자연스럽게 받아들이면서 죽어가는가 하는 데 있다. 죽음은 누구에게나 받아들일 수밖에 없는 것임에도 불구하고 우리는 흔히 죽음에 대한 생각이나 이야기를 기피한다(윤 진, 1997). 에릭슨(1968), 펙(1968), 그리고 레빈슨(1978) 등의 학자들은 공통적으로 인간의 마지막 발달단계인 노년기에 이루어야 하는 중요한 발달과업으로 죽음에 대한 수용과 예상되는 죽음에 대한 성공적인 적응, 그리고 자신의 죽음을 준비하는 것을 들고 있다. 니마이어(Neimeyer, 1994)는 노년기의 모든 심리적인 불안은 죽음불안과 관련이 있다고 하며, 노인들이 자신들의 죽음에 대해 사용하는 대처방식이 노인들의 심리적 안녕과 적응에 매우 중요하다고 한다.

어떤 연령의 사람에게든 죽음은 고통스럽고 회피하고 싶은 과정이겠지만, 노인은 다른 연령그룹에 비해 죽음에 대해 더 많이 생각하고, 더 많이 이야기하며, 자신의 죽음을 덜 두려워하고, 죽음에 대한 거부가 덜한 편이라고 알려져 있다(김 명, 2004; Bengtson, Cuellar, & Ragan, 1975; Kalish, 1985; Stillion, 1985). 노년기에서 죽음의 의미를 직시하는 것은 노인이 삶의 마지막 단계를 적절히 준비하고, 죽음에 임박해 닥쳐올 여러 가지 변화에 적극적이며 생산적으로 대처할 수 있게 하는 긍정적인 요소가 있다고 설명하고 있다(Kalish, 1976).

노년기는 삶을 단념하고 포기하거나 죽음만을 기다리는 단계가 아니라 죽음을 수용하고 죽음을 준비하는 단계라고 볼 수 있다. 따라서 우리 사회가 노인 개인의 주요 발달과업인 자아통합감을 이루고 성공적인 노화와 적응이 이루어질 수 있도록 지원함으로써 노인의 죽음불안을 감소시키거나 죽음의 두려움에서 벗어나 가치 있는 삶에 대한 관점을 향상시킬 수 있도록 하여야 한다.

죽음에 대한 반응단계는 정신병리학자 퀴블러로스(Kubler-Ross, 1969)의 연구가 유명하다. 그는 불치병환자 500여 명을 대상으로 죽어가는 과정에 대한 심층적인 연구를 시도하였다. 그 결과 회복 불가능한 환자의 임종, 즉 죽어가는 과정에는 다음과 같은 5단계가 있다는 사실을 밝혔다. 물론 여기에는 개인차가 존재한다. 어떤 사람은 제시된 순서대로는 아니지만 5단계를 모두 경험하는 반면, 어떤 사람은 단계를 건너뛰기도 한다. 또한 특정 단계에서 오래 머무르거나 한 단계에서 다음 단계로 진행하기를 주저하는 현상도 나타난다. 그리고 몇 개의 단계가 중복되는 경우도 있다.

(1) 부정

일단 회복 불가능한 불치병에 걸렸다는 진단을 받으면, 환자는 이를 인정하지 않으려 한다. 이와 같은 죽음과 불치병에 대한 부정은 사실상 갑작스러운 충격에 대하여 하나의 완충장치로서 작용하게 되고, 죽음의 현실에 대한 고통을 덜 느끼도록 하는 역할을 한다.

(2) 분노

자신의 병 증세가 점점 더 경확히 드러나고 이를 조금씩 받아들이지 않을 수 없게 될 때 환자들은 분노의 감정을 갖게 된다. 이러한 분노는 신에 대한 것일 수도 있고 의사나 자신에 대한 분노일 수도 있다. 이때 이러한 분노의 감정을 적절하게 표출할 기회를 주고 조정과 이완을 통해 분노의 감정을 극복할 수 있도록 원조하는 것이 필요하다.

(3) 협상

이 시기는 죽음의 불가피성을 인식하고 어떻게든지 이를 연기하려고 노력한다. 이때 환자는 자기에게 아직 처리해야 할 일과 과업이 남았으므로 그러한 일이 끝날 때까지만 살 수 있게 해달라는 협상을 하게 된다. 그러한 타협의 대상자는 자신이 믿는 종교적 절대자일 수도 있고 의사 혹은 암과 같은 질병 그 자체일 수도 있다.

(4) 우울

죽음에 대한 준비로서의 우울증 경향은 사실상 주위의 가족과 친지, 그리고 기타 일생 동안 관계를 맺어 왔던 사물들과 결별하는 데 필요한 하나의 점진적이고 자연스러운 과정이다. 그러므로 이 시기에 주변의 인물들이 보다 따뜻한 자세로 환자를 보살피는 것이 중요하다.

(5) 수용

이는 죽음을 맞이한 사람이 도달하는 마지막 상태로 절망이나 좌절이라기보다는 불가피한 사실에 맞서 싸우려 하지 않고 죽음을 받아들인다는 것을 의미한다. 이와 같이 마지막 순간의 직전에 죽음을 받아들이는 자세를 취함으로써 환자 자신이 마음의 평화를 회복한 후 임종할 수 있는 것이다. 따라서 이 단계를 또한 최후의 성장이라 부르기도 한다.

그러나 위에 제시한 죽어가는 과정의 5단계 이론에 대하여 여러 가지 측면에서 여러 학자들이 비판을 제기하고 있다. 그 가운데서도 가장 두드러진 비판은 죽어가는 과정이 일정한 순서에 의한 '단계'가 아니라는 주장이다. 이 다섯 가지 순서에 의한 단계는 논리적 수준의 이론인데, 사실상 죽음이란 그렇게 논리적으로 단계를 밟아 일어나는 것이 아니다. 카스텐바움(Kastenbaum, 1975)은 인간은 개인마다 다른 반응과 형태를 통하여 죽어가는 것이기 때문에 어떤 일반적이고 보편적인 양식을 제시하는 것은 합당하지 못하다는 것이다. 만일 그러한 어떤 보편적인 죽음의 단계나 양식이 있다면 그것은 각자의 성격, 소속된 문화, 성별, 생활환경 등에서 존재할 수 있는 것이지, 이러한 특성이나 변인들을 모두 초월하여 보편적으로 존재할 수 있는 것은 아니라는 견해이다.

2) 노년기의 심리적 과업과 성격변화

펙(Peck)은 노년기에 해결해야 하는 중요한 위기를 강조하였고, 이러한 위기의 성공적인 해결을 통해 자신의 인생 목적에 대한 폭넓은 이해를 할 수 있다고 보았다. 첫 번째 위기는 자아분화 대 과업역할 몰입(redefinition of self vs preoccupation with work role)이다. 노년기에는 직업역할과 관련시키지 않고도 자신의 가치를 발견하고 자신을 재정의해야 한다. 은퇴는 사람이 자신을 보는 관점에 변화를 일으키므로 직업역할 없이도 자존감과 자기개념을 유지시킬 수 있도록 자신에 대한 재정립이 필요하다. 두 번째 위기는 신체초월 대 신체몰두(body transcendence vs body preoccupation)이다. 노년기에는 신체적으로 쇠퇴를 경험하므르 이러한 변화에 지나치게 걱정하거나 몰두하지 않고 다른 사람과의 친밀한 관계, 관심을 기울일 수 있는 다른 활동을 찾아야 신체적인 불편함을 극복할 수 있다. 세 번째 위기는 자아초월 대 자아몰두(ego transcendence vs ego preoccupation)이다. 노인은 죽음이 곧 다가올 것이고 불가피하다는 것을 받아들일 때 현재의 자기 자신과 삶을 뛰어넘을 수 있게 된다. 죽음에 대한 수용을 통해 타인의 행복과 안녕에 기여함으로써 자아초월이 이루어진다. 그렇지 못하면 자신의 삶이 가치가 있었는지 타인에게 도움이 되었는지에 대해 의문을 갖게 된다.

노년기의 성격변화와 관련해서는 연속성과 안정성을 유지한다는 주장과 변화한다는 주장이 동시에 제기되고 있다. 코건(Kogan, 1990)은 노년기에도 이전과 같은 방식으로 자극에 반응하고 자신의 사회환경을 조정해 나가기 때문에 노년기에는 성격변화가 일어나지 않는다고 주장하고 있다. 그러나 이와 달리 윤 진(1996)과 루스(Ruth, 1996)는 노년기에 성격변화가 일어난다고 보고 있으며 노년기에 나타나는 특징적 성격변화를 다음과 같이 설명하고 있다(윤 진, 1996).

① 내향성과 수동성의 증가 : 외부 사물이나 행동보다는 내적인 측면에 관심과 주의를 기울이며, 자신의 사고나 감정에 따라 사물을 판단하고 능동적 문제해결보다는 타인에 대한 의존성이 증가한다.

② 조심성의 증가 : 노인 자신이 정확성을 중시하고, 감각능력이 감퇴하며, 결정에 대한 자신감의 결여로 인하여 확실한 것을 추구하는 경향이 강해진다.

③ 경직성의 증가 : 자신에게 익숙한 습관적 태도와 방법을 고수하며, 이로 인해 학습능력과 문제해결능력이 저하되는 것이 일반적이다.

④ 우울성향의 증가 : 신체질병, 배우자 사망, 경제사정 악화, 사회로부터의 고립, 일상생활에 대한 통제력 약화, 과거에 대한 회상의 증가로

인하여 우울성향이 증가하고, 이로 인한 불면, 무감각, 강박관념, 증오심, 체중감소 현상이 나타나기도 한다.

⑤ **생에 대한 회상의 경향** : 과거의 인생을 회상하여 남은 시간에 지금까지 해결하지 못한 것을 찾아서 새로운 해결을 시도하고 새로운 인생의 의미를 발견하려 한다.

⑥ **친근한 사물에 대한 애착 증가** : 사용해 온 물건에 대한 애착이 증가하며, 이를 통해 과거 인생을 회상하고 마음의 평온을 추구한다.

⑦ **성역할 지각의 변화** : 남성은 친밀성, 의존성, 관계지향성이 증가하는 반면, 여성은 공격성, 자기주장, 자기중심성, 권위주의 성향이 상대적으로 높아진다.

⑧ **의존성의 증가** : 노화가 진행됨에 따라 경제적 의존, 신체적 의존, 정서적 의존, 사회적 의존성이 전반적으로 증가한다.

⑨ **시간 전망의 변화** : 40세 이후부터 시간 전망의 변화가 나타나는데, 남아 있는 시간을 계산하고 시간이 얼마 남지 않았다는 사실을 회피하기 위해서 과거에 대한 회상에 집중하거나 또는 과도하게 미래지향적이 된다.

⑩ **유산을 남기려는 경향** : 죽기 전에 자손, 예술작품, 기술, 지식, 재산 등 무언가를 남기려는 성향이 강해진다.

4. 사회적 발달

한 사회의 연령규범(age norms)이 명확할수록 그 사회 구성원들의 사회화 과정은 보다 쉽게 이루어질 수 있다. 이때 연령규범이란 동시대인이 특정 연령대에 속한 사람들에게 그 연령대에 적합한 행동을 하도록 각 개인에게 요구하는 사회적 기대나 가치를 의미한다(Thorson, 2000). 그런데 우리 사회는 급격한 평균수명의 연장과 사회변화로 인해 아직 노년기에 대한 적합한 연령규범의 합의가 이루어지지 않고 있다. 따라서 노년기에 대한 예비 사회화 과정을 통하여 노년기에 적합한 가치, 기술, 지식, 행동 등을 학습하지 못한 상태에서 노년기를 맞이하게 됨으로써 노후 생활에 대한 많은 혼란과 어려움에 직면할 수 있다.

사회적 지위와 역할의 변화는 전 생애를 통해 모든 단계에서 발생하지만 특히 노년기에는 그동안 가치 있고 중요했던 많은 역할의 상실을 경험하는 시기이며, 또 기존 역할의 상실과 함께 새로운 역할, 즉 퇴직자로서의 역할, 조부모로서의 역할, 미망인으로서의 역할 등을 얻기도 한다. 따라서 노년기에는 다양한 역할의 상실과 새로운 역할에 대한 적응이 노년기 적응에 중요한 과제일 것이다.

로소우(Rosow, 1985)는 일생을 통해 사회적 지위와 역할의 종류와 수, 그리고 중요성이 달라진다고 하였다. 로소우는 사회적 지위와 역할을 제도적 지위와 역할, 희박한 지위와 역할, 비공식적 지위와 역할, 그리고 무역할의 지위와 역할과 같이 네 가지 유형으로 구분하고 있다.

① **제도적 지위와 역할**(institutional role) : 분명한 지위와 역할이 있는 것으로 직업, 가족, 사회계급, 종교단체 등에서 공적인 지위를 맡고 그 지위에 따른 규범적인 역할기대, 책임과 권한이 존재하며, 책임을 이행하지 못했을 경우 불이익이 존재한다. 예를 들면, 기업체의 과장, 가정의 생계유지자 등이다.

② **희박한 지위와 역할**(tenuous role) : 지위는 있는데 역할이 없거나 있어도 아주 희박하며, 이를 소홀히 한 데 대한 불이익이 매우 적은 상태의 역할을 말하는데, 유명무실한 역할과 무정형적 역할로 구분한다. 예를 들면, 명예총장 등이다.

③ **비공식적 지위와 역할**(unofficial role) : 공식적 지위는 없으나 역할만 있는 형태이다. 예를 들면, 비공식적 지도자 등이다.

④ **무역할의 지위와 역할**(out of role) : 지위도 역할도 없는 상태인데, 이러한 경우는 생활이 고립적이며, 아무런 역할 유형으로도 볼 수 없다.

노년기에는 로소우가 말한 제도적 지위와 역할은 종류와 수, 그리고 중요성이 줄어드는 반면 희박한 지위와 역할은 오히려 늘어나며, 비공식적 지위와 역할은 크게 변화가 없지만, 노년기 후반에는 약간 줄어드는 것이 특징이다. 노년기에는 그동안 유지해 왔던 중요한 지위와 역할을 상실하고 사회적 가치가 낮은 지위와 역할을 획득하게 됨으로써 노인 스스로 자신의 가치를 낮게 평가하고 그로 인해 자아존중감, 삶의 만족도 등이 낮아지게 되는 경우가 많다. 그러나 노년기의 역할 전환에 대해 미리 심리적으로나 사회적으로 충분히 준비한 경우에는 이러한 역할 전환에 성공적으로 적응하고 새롭게 획득한 지위와 역할에 만족하는 경우도 많다(권중돈, 2014).

1) 퇴 직

퇴직은 개인의 삶의 양식을 바꾸어 놓는 중요한 변화이다. 노년기의 주요 발달과업 중의 하나가 퇴직생활에의 적응일 정도로 퇴직 이후의 생활적응은 노년기의 삶의 질을 결정하는 가장 중요한 요인 중의 하나이다. 이것은 그동안의 일상 활동, 사회적 관계, 자아정체감 등이 직업을 중심으로 형성되어 왔기 때문일 것이다. 따라서 노년기에는 퇴직에 따르는 지위와 역할의 변화, 경제적 조건의 변화, 상황적 요인의 변화, 사회관계망의 변화 등과 같은 생활 전반에 나타나는 변화를 수용하고 자신이나 주변의 대처자원을 활용하여 능동적으로 적응해 나갈 수 있어야 한다. 이러한 퇴직생활에 대한 적응에 영향을 미치는 요인은 퇴직에 대한 태도, 퇴직의 유형, 퇴직 전 직업, 여가에 대한 예비사회화, 교육수준, 경제 및 건강상태 등이다.

2) 가족과 친구

노인에게 가족과 친구는 삶의 만족을 결정하는 중요한 원천이 된다. 노년기의 가족관계는 크게 부부관계, 성인자녀와의 관계, 손자녀와의 관계로 구분할 수 있다. 노년기의 부부관계는 매우 중요하다. 자녀들이 독립하고 친구들도 세상을 떠나면서 친밀한 감정을 나눌 수 있는 대상이 배우자로 좁혀지기 때문이다(정옥분, 2004). 노년기의 행복한 부부관계에 영향을 미치는 요소들로는 부부간의 융통성 있는 성역할 개념과 평등한 역할분담, 퇴직자의 긍정적 자아개념, 경제적 여유, 만족스러운 성생활 유지 등을 들고 있다. 그런데 이러한 긍정적인 부부관계 형성에 실패했을 경우에는 결혼생활이 어려워지며, 최근 우리나라에서는 황혼이혼이 급증하고 있다.

배우자 사별로 인한 역할변화는 노년기에 직면하는 가장 힘든 적응 중의 하나이다. 배우자의 상실은 슬픔이나 우울뿐 아니라 극심한 혼란을 초래하며, 혼자 남은 사람들은 사회적으로나 가정에서 배우자 없이 생활하는 것을 배워야 한다. 배우자의 사별에 대해서는 남성이 더 큰 스트레스를 받는 것으로 보이며, 남성은 배우자 사별 후 여성에 비해 6개월 이내에 사망하는 비율이 높고, 75세 이상의 경우는 12배나 높다고 한다(Gallagher-Thonpsonetal).

노인에게 있어서 자녀는 큰 관심사이며, 노년기 사회적 관계의 중심이 된다. 그런데 노인과 자녀의 세다 차이, 자녀의 의무에 대한 과도한 기대는 부모-자녀 관계에서 문제를 초래하므로 상호 차이에 대한 이해 및 수용, 의무보다 애정을 바탕으로 한 부모-자녀 관계를 수립하려는 노력이 필요하다.

노인들은 조부모로서의 역할을 통해 자신의 존재가치를 확인하고 상실감을 극복하며, 삶에 대한 의욕적인 자세를 가질 수 있다. 조부모로서의 역할을 수행하는 방식과 역할개념은 매우 다양하지만 조부모 역할은 노인들의 전체적인 자아개념과 목적의식에도 긍정적인 의미를 지닌다. 노인들은 손자녀의 존재를 생물학적으로 자신의 존재가 영속되는 것으로 느끼고 손자녀의 성취에 자부심을 가진다. 그 결과 손자녀와 관계를 갖는 노인은 그렇지 않은 노인에 비해 젊은 사람에 대해 더 많은 것을 알고 있었고 생에 대해서도 보다 넓은 조망을 가지고 있었다(Neugarten & Weinstein). 노년기 배우자 상실 시에 손자녀의 존재는 상실감을 극복하고 잘 대처할 수 있게 하는 데 중요한 역할을 하기도 한다. 조부모와 손자녀 관계에서 부모는 중요한 요인이 된다. 부모가 조부모와 친밀한 관계를 유지하면 자연히 손자녀도 조부모와 친밀한 관계를 갖게 된다(손광훈, 2010).

노년기에 친구관계는 노후 적응과 자아의 중요한 지지기반이 된다. 노인들은 친구와 함께 좀 더 활동적인 여가생활을 즐기며, 공통의 관심, 사회참여, 상호협조 등을 통하여 서로 간에 친밀감을 나눈다. 친구와의 친밀감은 역할상실 또는 신분상실에도 불구하고 자신이 여전히 가치 있고 필요한 존재라고 느끼기를 원하는 노인에게 특히 중요하다. 그런데 노년기에는 친구의 수가 줄어들게 되고, 새로운 친구를 사귀기도 쉽지 않으며, 대부분 지역적으로 가까운 곳에 사는 이웃노인이 친구가 되는 경우가 많다. 따라서 노년기에 친밀한 친구관계를 유지하기 위해서는 경제적으로 안정되어 있어야 하며, 건강상태가 양호하고, 동일한 지역에서 오래 거주하여야 한다(권중돈, 2012).

PART 04

사회환경의 이해

chapter

16 생태체계적 관점

생태체계적 관점, 생태체계이론, 생태체계관점, 생태체계적 모델은 모두 같은 뜻으로 이해해도 된다. 이 이론 및 관점은 다양한 사회복지 영역에 포괄적으로 적용될 수 있지만 어느 하나의 개입기법을 가지는 다른 모델과는 성격이 다르다. 이것은 문제를 가진 개인과 환경에 대한 개입에 있어 다양한 기술과 기법을 필요로 하는 사회복지사에게 통합적 접근을 가능하게 하는 데 그 유용성을 지닌다. 생태체계적 관점은 생태적 관점과 체계적 관점을 통합한 것이다. 유기체들이 어떻게 상호 적응상태를 이루고, 어떻게 상호 적응해 가는지에 초점을 두며, 인간과 주변 환경 간의 상호교류, 상호 의존성 또는 역동적 교류와 적응을 설명하는 통합적 관점이다.

생태체계적 관점에서 인간행동은 단지 수동적으로 환경으로부터 영향만 받는 것이 아니라 환경과 역동적으로 상호작용하는 과정에서 나타나는 것으로 본다. 따라서 인간발달에 대한 생태체계적 관점의 기본 전제는 인간은 전 생애를 통하여 개인과 그를 둘러싼 환경 간에 상호작용을 한다고 본다. 이러한 상호작용은 가족, 집단, 조직 등에서뿐만 아니라 사회적이고 문화적인 맥락까지 확대되어 일어난다(Bronfenbrenner, 1979). 사회복지사가 이러한 관점을 가진다면 클라이언트의 욕구와 환경 사이에 보다 나은 연결을 통해 그들의 적응을 도울 수 있을 것이다. 생태체계적 관점을 이해하기 위해서는 먼저 일반체계이론, 생태학적 이론에 대한 이해가 필요하다.

1. 일반체계이론

일반체계이론에서는 체계를 상호 의존적이고 지속적으로 상호작용하는 부분들의 총체로 규정하고 있다. 그리고 체계 내 어느 한 부분의 변화는 다른 부분 간의 상호작용의 속성을 변화시키기 때문에 체계 전체의 속성을 변화시킨다고 본다. 이러한 일반체계이론의 체계관에 근거하여 볼 때, 인간은 신체 · 심리 · 사회적 부분으로 분리된 존재가 아니라 통합된 전체로 기능하며, 이러한 전체의 기능수준은 신체 · 심리 · 사회라는 각 부분의 기능 정도를 단순히 합한 것 그 이상의 것이며, 한 부분의 변화는 전체 인간의 사회적 기능에 영향을 미친다고 보고 있다.

1) 주요 개념

(1) 체계의 구조적 속성

모든 체계는 독특한 구조를 가지고 있다. 구조(structure)는 체계 성원 사이에서 지속적으로 나타나는 안정된 관계 유형을 의미하며, 각 체계 성원이 수행하는 기능에 기반을 두고 있다.

① 경계

경계란 체계와 환경을 구분하거나 체계와 체계 간을 구분하는 일종의 테두리를 의미한다. 경계는 눈에 보일 수도 있고 보이지 않을 수도 있다. 예를 들면, 건물의 안과 밖은 건물의 벽과 문에 의해 구분되며, 이때 벽과 문은 눈에 보이는 경계선으로서 역할을 한다. 반면에 사회체계는 눈에 보이지 않는 경계선을 가지고 있다. 즉, 한 가족은 그 가족이 가지고 있는 규칙과 가치관, 그리고 정체감에 의해 다른 가족들과 구분되는데, 이때 한 가족이 다른 가족과 구분되는 정서, 규칙 등은 눈에 보이지 않는 경계이다.

체계는 경계를 통해 그 자체의 독특성을 유지할 수 있게 된다. 경계는 체계에 특정 정체감을 제공하며 체계 내부로의 에너지 유입과 체계 외부로의 에너지 유출을 규제한다. 체계는 그를 둘러싸고 있는 경계의 속성에 따라 개방체계와 폐쇄체계로 나눌 수 있다.

㉠ **개방체계** : 개방체계(open system)는 체계가 환경과 역동적으로 연결되어 있는 것으로 에너지, 정보, 자원을 다른 체계들과 교환한다. 건전한 체계는 반투과성의 경계를 가지며 이 경계를 유지한다. 즉, 개방체계는 체계 안의 개체들이 환경 또는 다른 체계들과 상대적으로 높은 상호작용을 하고 있으면서 정보의 유입과 방출이 자유로운 상태이다. 따라서 개방체계는 체계의 성장 및 발달에 필요한 정보나 에너지를 외부로부터 자유롭게 받아들임으로써 체계 자체의 기능을 유지 혹은 발전시킬 수 있다.

㉡ **폐쇄체계** : 폐쇄체계(closed system)란 다른 외부체계들과 상호 교류가 없거나 혹은 교류할 수 없는 체계를 말한다. 폐쇄체계에서는 사람들이 주로 그 체계 안에서만 상호작용을 하고 체계 밖의 환경 혹은 다른 체계와는 상호작용을 하지 않는다. 즉, 체계 안의 에너지, 정보, 자원 등이 외부로 나갈 수가 없으며, 외부로부터의 유입도 없는 상태이다. 엔트로피(entropy)는 폐쇄체계에서 체계가 외부로부터 자원이나 정보 등의 에너지를 유입하지 않기 때문에 체계 내부의 유용한 에너지가 감소되어 가는 것을 말한다. 엔트로피 상태가 지속되면 체계는 점차 쇠약해지며 서서히 무질서와 혼돈의 상태로 나아가게 된다. 이에 비해 넥엔트로피(negentropy)는 엔트로피의 반대 개념으로서 체계 내에서 무질서가 질서로 전환되는 과정 또는 체계의 질서가 증가하는 것을 말한다. 넥엔트로피란 체계 외부로부터 에너지를 유입함으로써 체계

내부의 유용하지 않은 에너지가 감소되고 체계 내의 질서와 법칙이 유지되는 것을 말한다.

② 시너지

시너지는 개방체계의 속성인데 체계 내부 혹은 외부와의 상호작용이 증가함으로써 체계 내에서 유용한 에너지의 양이 증가하는 현상이다. 예를 들면, 갈등이 심한 부부가 부부상담 치료를 통해 관계가 개선되면, 부부의 관계뿐 아니라 가족 전체의 관계(자녀와의 관계)가 개선되면서 자녀들의 문제행동이나 부적응도 개선되는 등의 긍정적인 변화가 나타날 수 있다. 이때 이러한 긍정적 변화들이 시너지 효과이다.

③ 대상체계, 상위체계, 하위체계

체계는 다양한 수준에 걸쳐서 존재한다. 가장 작은 체계를 유기체에서는 세포라고 한다면 사회체계에서는 한 개인이라 할 수 있다. 살아 있는 유기체가 세포에서부터 발달하여 하나의 조직을 이루고, 조직은 더 나아가 기관을 이루며, 기관은 유기체를 형성하는 것처럼, 인간 사회에서도 개인이 모여 가족을 이루고, 가족들이 모여 지역사회를 이루며, 지역사회가 모여서 국가를 형성하듯이, 다양한 규모의 체계가 존재한다.

㉠ 대상체계 : 대상체계(subject system)는 분석의 대상이 되는 특정한 사회체계를 일컫는다(Chess & Norlin, 1988 : 27). 예를 들면, 영희네 가족의 갈등이 관심사인 경우, 이때 영희네 가족이 대상체계가 된다.

㉡ 상위체계 : 대상체계의 외부에 있으면서 그 체계에 기능적으로 연결되어 영향을 미치는 보다 큰 체계들이 그 대상체계의 상위체계가 된다(Chess & Norlin, 1988 : 71). 예를 들면, 대상체계인 영희네 가족이 속해 있는 확대가족이나 지역사회가 대상체계의 상위체계이다.

㉢ 하위체계 : 하위체계는 큰 체계 속에 있는 작은 체계로 대상체계의 내부에 있으면서 내부의 다른 하위체계들과 상호작용하면서 대상체계를 이루는 것이다. 예를 들면, 대상체계인 영희네 가족의 하위체계로는 부부체계, 형제체계, 부모-자녀 체계 등이 있다.

㉣ **홀론** : 홀론(holon)은 '부분인 동시에 전체'라는 의미를 지닌 그리스어 'holos'에서 유래한 용어로서 중간체계가 가지고 있는 이중적인 성격을 나타내는 말이다. 즉, 하나의 체계는 그 체계보다 큰 상위체계의 하위체계이면서 동시에 그 체계를 구성하는 하위체계들의 상위체계가 된다는 뜻이다. 예를 들면, 영희네 가족은 부부체계나 형제체계의 상위체계인 동시에 영희네 가족이 속한 지역사회의 하위체계인 것이다.

(2) 체계의 역동성

체계는 완전한 변화나, 혹은 완전한 현상유지 상태로는 존재하지 않는다. 체계는 지속적으로 변화를 추구함과 동시에 역동적 균형 상태를 유지하려 하는데, 이러한 체계의 속성을 역동적 속성이라 한다.

① 균형

균형은 주로 폐쇄체계에서 나타나는데, 체계가 고정된 구조를 가지고 체계 내부에서만 서로 상호작용(수평적 상호작용)을 하고, 주위 환경과의 상호작용(수직적 상호작용)을 거의 하지 않는 상태이다. 즉, 외부와의 교류나 체계의 구조변화가 거의 없는 고정된 평행상태를 말하는데, 이것은 체계의 성장과 발달을 억압하거나 불안정을 유발할 수 있다. 그 예로는 변화보다는 현상유지를 가장 바람직한 상태로 생각하면서 다른 조직이나 집단과는 거의 교류를 하지 않는 폐쇄적인 관료조직이나 엘리트 집단을 들 수 있다. 개방체계에서는 거의 나타날 수 없는 상태라고 할 수 있다.

② 항상성

항상성은 일정한 수준의 개방체계를 전제로 한다. 이는 환경과 지속적으로 상호작용하면서 정적인 균형보다 역동적인 균형을 이루고 있는 상태이다. 이때 체계의 구조는 크게 달라지지 않는다. 즉, 항상성은 체계가 균형을 위협받았을 때 이를 회복하고자 하는 체계의 경향으로서 비교적 안정적이며 지속적인 균형 상태를 유지하기 위한 체계의 속성이다.

체계가 갖는 변화와 유지라는 두 가지 기능 중에서 항상성은 체계의 일관성을 유지하려는 기능이다. 항상성의 기능은 체계에 안정을 줄 뿐 아니라 외부의 정보를 적절히 통제함으로써 체계를 혼란과 무질서로부터 보호한다. 예를 들면, 인간의 체온은 외부 기온이 변해도 인체의 자동 체온조절 메커니즘인 땀, 소름 등의 작용으로 인해 체온이 크게 변하지 않고 정상 체온을 유지하게 되는데, 이와 같이 균형을 유지하려는 자동적 경향이 항상성이다.

③ 안정상태

안정상태는 균형이나 항상성에 비해 더욱 개방적이고 역동적이다. 즉, 항상성이 체계의 일관성을 유지하기 위해 일정한 범위 내에서만 변화하려고 하는 데 비해서, 안정상태는 체계 자체를 변화시키는 노력을 통해 외부자극을 받아들인다. 그러므로 안정상태는 환경과의 교류뿐 아니라 변화하는 여건에 적응하기 위해 구조를 변경시킬 수 있는 개방체계에 존재한다(Lewin, 1961).

체계의 항상성과 안정상태는 서로 위계를 가지면서 관련을 가지고 있다. 체계의 안정상태는 항상성 다음에 오는 체계변화의 특징이다. 체계는 변화를 하기 이전에 항상 먼저 체계 자체를 유지하려는 노력을 한다. 체계 자체의 노력에 의해서 외부의 정보가 효과적으로 통제되어서 체계 자체가 변화할 필요가 없는 경우에 체계는 항상성을 유지하게 된다. 그러나 체계의 항상성의 노력이 실패하는 경우에 체계는 변화를 향해서 노력하게 된다.

예를 들면, 어떤 가정에서 저녁 10시에서 11시 사이에 잠을 자는 규칙이 있다고 가정해 보자. 그런데 어느 날 한 자녀가 자신은 12시에 자겠다고 하면 이것은 가족 규칙의 균형을 깨는 행동이다. 이 경우에 부모들은 12시에 잠을 자는 행동을 허락할 것인지 아니면 11시에 자도록 할 것인지에 대해 의논을 하여 결정을 내려야 한다. 이때 부모들이 12시에 자려는 자녀에게 가족회의를 통하여 충분히 가족의 규칙을 설명하고 이를 받아들이도록 한다면 이 가족의 항상성은 유지될 수 있을 것이다. 그런데 체계가 항상성을 유지할 수 없는데도 불구하고 체계가 계속해서 항상성을 유지하려고 하면 체계는 역기능적이 될 것이다. 예를 들면, 자녀가 어렸을 때는 부모가 가족의 모든 규칙(취침시간이나 귀가시간 등)을 정하고 이것을 자녀들에게 지키도록 하는 것이 가능했던 가정에서 자녀가 대학생이나 직장인이 되었는데도 불구하고 기존의 규칙을 유지하려고 하면 자녀들의 심한 반발을 불러일으킬 뿐 아니라, 자녀들의 학교 및 직장 생활에도 부정적인 영향을 미칠 수 있을 것이다. 따라서 달라진 환경적(초·중·고등학생이던 자녀가 대학생이나 직장인으로 성장) 요구에 적응하기 위해서는 체계 자체의 변화가 필요할 것이다.

(3) 과정적 속성

인간이 자신을 유지하고 발전하기 위해 에너지가 필요한 것처럼, 각 체계들도 체계 자체를 유지하고 발전하기 위해 에너지가 필요하다. 따라서 체계가 생존하고 유지하면서 성장, 변화해 가기 위해서는 체계 내부 및 외부와 지속적으로 에너지 교환이 이루어져야 한다. 이러한 체계 내외부와의 에너지 교환을 설명해 주는 개념이 투입−전환−산출과 피드백이다.

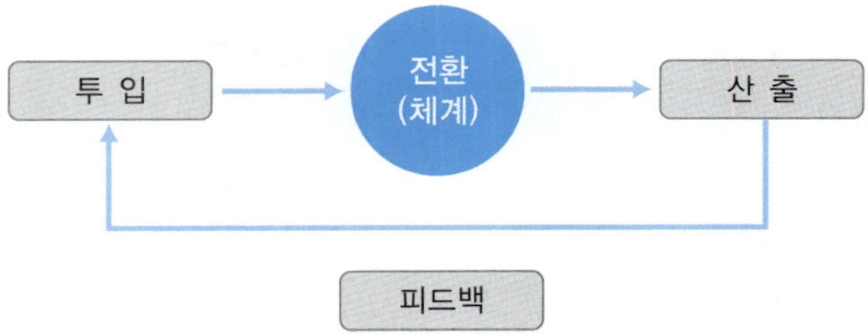

그림 16-1 체계의 투입-전환-산출과 피드백의 과정

① 투입

투입(input)이란 체계가 환경으로부터 에너지, 사물, 정보 등을 받아들이는 과정을 말한다. 체계의 생존과 성장을 위해서는 외부환경으로부터 적절한 투입이 있어야 한다.

② 전환

일단 외부환경으로부터 체계 내부로 투입이 이루어지고 나면, 체계는 자신에게 투입된 에너지를 적절하게 변형하는 재조직화 과정을 거치게 되는데 이를 전환(through-put)이라 한다. 체계가 이러한 전환과정을 시작하게 되면 체계는 적극적으로 외부환경에 반응하게 된다.

③ 산출

산출(output)은 체계 내에서 변형된 에너지를 환경으로 방출하는 것을 의미한다. 산출과 관련된 일반체계이론의 주요 개념으로는 동등종결성(equifinality) 또는 다중종결성(multifinality)이 있다.

㉠ **동등종결성** : 처음의 조건이나 수단이 어떠하든 그 결과는 동일하다는 개념으로, 투입이나 전환에 관계없이 산출은 동일하다는 의미이다. 예를 들면, 약물중독 청소년의 경우 약물중독이라는 결과는 같지만, 약물을 하게 된 원인이나 배경은 가정불화, 또래 따돌림 경험, 성적 저하 등 다양할 것이다.

㉡ **다중종결성** : 처음의 조건과 수단이 비슷하더라도 다른 결과가 야기된다는 것이다. 예를 들면, 약물중독으로 재활 프로그램에 참여한 대상자들을 들 수 있다. 같은 재활 프로그램에 참여한 사람들 중에서도 어떤 사람은 자신의 의지와 가족, 그리고 주변의 도움 등으로 재활에 성공할 수 있지만, 어떤 사람은 자신의 약한 의지력과 지지적인 주변 자원의 부족 등으로 재활에 실패할 수도 있다.

따라서 사회복지사는 유사한 문제를 지닌 클라이언트에 대한 개입에 있어서도 다양한 방법을 고려해야 하며, 이러한 방법들이 다양한 결과를 가져올 수 있다는 점을 기억해야 한다.

④ 환류

체계의 에너지 전환과정에 의해 만들어진 산출은 환류(feedback)를 통하여 다시 체계 내부로 투입된다(Meyer, 1983). 모든 사회체계는 순환적인 성격을 띤다. 이러한 순환적 성격을 가장 잘 나타내 주는 개념이 환류이다. 피드백이란 체계의 작동을 점검하고, 적응적 행동이 필요한지를 판단하여 이를 수정하는 능력을 말한다. 사회체계에서 이루어지는 피드백의 종류에는 긍정적 피드백(positive feedback)과 부정적 피드백(negative feedback)이 있다.

㉠ 긍정적 피드백 : 긍정적 피드백이란 현재 체계의 행동을 더욱 증폭(+)시키는 형태의 피드백이다. 예를 들면, 술을 마시고 늦게 귀가하는 남편에게 심하게 잔소리를 하고 바가지를 긁었을 경우 이러한 아내의 잔소리와 바가지가 싫어서 남편이 더욱더 술을 마시고 늦게 귀가하게 되었을 때, 이때 아내의 잔소리는 남편의 음주와 늦은 귀가를 더욱 증폭시키는 역할을 하였기 때문에 긍적적 피드백이 된다.

㉡ 부정적 피드백 : 부정적 피드백이란 현재 체계의 행동을 감소(−)시키거나 혹은 지속하지 못하도록 상호작용의 형태를 바꾸거나 목표를 수정하는 것이다. 예를 들면, 자녀가 약속한 귀가시간보다 늦게 귀가할 경우 자녀의 용돈을 깎음으로써 자녀의 늦은 귀가 행동을 감소시키게 되었을 때, 이때 용돈을 깎는 부모의 행동은 자녀의 늦은 귀가 행동을 감소시키는 역할을 하였기 때문에 부정적 피드백 역할을 한 것이다.

2. 생태학적 이론

생태학적 이론에서는 '환경 속의 인간'이라는 전체적 인간관을 가지고 있다(Germain, 1979). 즉, 생태학적 이론에서는 인간과 환경은 분리될 수 없으며, 인간과 환경은 지속적인 상호작용과 상호 교류를 통하여 서로에게 영향을 미치고 서로를 형성하며 상호 적응하는 호혜적 관계(reciprocal relationship)를 유지하고 있다고 본다. 이와 같이 생태학적 이론에서는 인간 본성에 대한 유전적 결정론, 정신적 결정론, 환경적 결정론 모두를 배격하고, 인간을 환경적 요구에 적응하고 때로는 환경을 자신의 요구에 맞게 수정 또는 변화시키면서 발달해 가는 존재라고 보고 있다.

생태학적 관점에 따르면(Greene, 1991), 환경과 상호작용하고 다른 사람들과 관계를 맺는 인간의 능력은 타고난 것이며, 적응적 개인과 지지적 환경 간의 관계를 통해 적합성을 성취하게 된다고 본다. 즉, 생태학적 이론에서는 인간은 환경과의 상호 교류에서 성공적 경험을 획득하고 유능성을 확보할 수 있는 능력이 있다고 본다. 생태학적 이론에 따르면 사람은 자연스러운 환경과 상황 속에서 이해되어야 하며 성격은 개인과 환경 간의 오랜 관계의 산물이다. 따라서 인간의 생활상의 문제는 전체적 생활공간 속에서 이해되어야 한다는 것이다.

1) 주요 개념

생태학적 이론에서는 인간, 환경, 그리고 인간-환경 간의 상호 교류가 중요한 핵심이다. 따라서 인간에 관련된 요소(관계, 역할, 유능성), 환경에 관련된 요소(사회적 환경, 물리적 환경, 공간과 시간적 리듬), 그리고 상호 교류에 관련된 요소(적응, 적합성, 스트레스, 대처)를 중심으로 살펴보고자 한다.

(1) 인간 관련 요소

① 관계

인간은 관계적 존재, 즉 사회적 동물이기 때문에 홀로 살아갈 수 없다. 인간은 출생 시부터 사망에 이르기까지 타인과의 관계 속에서 생활한다. 인간관계란 타인과의 상호작용을 통해서 이루어지는 사회화 과정으로서 효과적인 인간관계는 그 관계에 참여하는 개인들에게 매우 중요한 역할을 한다. 인간은 생존과 정체감 확립, 그리고 건강한 성격발달을 위해 타인과 상호작용하는 관계가 필요하다(Swensen, 1973).

인간관계는 애착이론에 근거하여 그 중요성을 설명할 수 있는데, 애착이론에 따르면 애착행동은 기본적으로 선천적이며 생존을 위해 필요한 것이다. 유아는 성장하고 생존하기 위해 애착을 활용하는데, 애착이 부족하면 사회적으로 쇠약하게 될 뿐만 아니라 신체적으로 위험해진다. 볼비(Bowlby, 1973)는 아동들이 생의 초기에 어머니와 확고한 애착관계를 형성할 기회를 갖지 못하면, 타인과 친밀하고 지속적인 관계를 맺지 못하는 등 여러 가지 정서적 문제를 나타낼 수 있음을 주장했다.

② 역할

역할(role)은 특정 사회적 지위를 갖고 있는 개인이 타인에게 어떻게 행동해야 하는지에 대한 기대뿐 아니라, 타인이 그 사람에게 어떻게 행동해야 하는지에 대한 기대까지도 포함한다. 즉, 역할은 일련의 기대되는 행동 유형일 뿐 아니라 상호적 요구와 의미의 유형이다. 감정, 정서, 지각, 신념은 역할 수행과 직접적으로 연관되어 있다. 이러한 역할 수행은 개인의 자기존중감과 밀접한 연관성을 지닌다.

③ 유능성

생태학 이론에서는 유능성의 발달이 인간발달에 필수적인 요소라고 본다(White, 1959). 유능성은 개인이 환경과 효과적으로 상호작용할 수 있는 능력인데, 이러한 유능성은 환경과 성공적인 상호작용을 경험하는 데서 형성되는 것으로 일생에 걸쳐 확대될 수 있는 능력이다. 유능성의 개념 속에는 확고한 결정을 내리고, 자신의 판단을 신뢰하고, 자기확신을 갖고, 환경에 바람직한 영향을 미칠 수 있는 능력이 포함된다. 이와 함께 환경적 자원과 사회적 지지를 유목적적으로 활용하는 것도 유능성의 개념에 포함된다(Maluccio, 1979).

(2) 환경 관련 요소

생태학적 이론에서는 생활상의 문제가 환경적 문제와 어떤 연관성을 지니고 있는가에 관심을 갖는다. 환경은 체계나 조직들의 공간적·시간적 속성으로 구성된 것으로 사회적 환경과 물리적 환경으로 나누어 볼 수 있다. 따라서 본서에서는 환경 관련 요소를 사회적 환경과 물리적 환경, 그리고 공간과 시간적 리듬으로 나누어 살펴보고자 한다.

① 사회적 환경

가족, 친척, 친구, 이웃, 그리고 직장동료 등이 포함된 주요한 타인과의 관계 체계인 사회적 관계망은 인간의 성장과 적응에 많은 영향을 미치는 중요한 사회적 환경이다. 그리고 관료제 조직(bureaucratic organization) 또한 현대인의 생활에 가장 많은 영향을 미치는 중요한 사회적 환경에 속한다.

② 물리적 환경

물리적 환경은 자연적 환경과 인위적 환경으로 구성되며, 자연적 환경으로는 기후와 지리적 조건, 그리고 인위적 환경으로는 건축물, 대중매체, 교통체계 등과 같이 자연적 환경 안에 인간이 만든 구조나 대상 등을 들 수 있다.

㉠ **자연적 환경** : 온도, 습도, 기압과 같은 기후적 특성과 계절의 변화 등의 자연적 환경은 인간의 감정과 행동에 중요한 영향을 미친다. 자연적 환경은 또한 밤과 낮, 하루, 계절, 1년이라는 리듬의 변화를 포

함하는데, 이러한 자연적 환경의 리듬 변화는 인간의 모든 생활 속에 반영된다.

㉡ 인위적 환경 : 개인이 거주하는 건물, 이용하는 교통편의 체계와 대중매체 등과 같은 인위적 환경도 인간의 생활에 영향을 미친다. 예를 들면, 아파트에서 생활하느냐 아니면 주택에서 생활하느냐와 같은 인위적인 물리적 환경은 이웃 주민과의 상호작용과 생활양식에 큰 영향을 미친다.

③ 공간과 시간적 리듬

생태학적 이론에서는 거주공간의 공간적 넓이와 구조, 그리고 시간적 리듬도 적응에 중요한 영향을 미치는 환경적 요인으로 본다.

㉠ 공간 : 공간(space)은 개인의 안녕에 중요한 영향을 미치는 환경적 측면이다. 예를 들면, 좁은 주거공간 안에 너무 많은 사람이 같이 생활하거나, 혹은 교통 체증이 심각한 도로와 같은 환경은 인간의 안녕 상태에 부정적 영향을 미칠 수 있다. 따라서 공간의 개념은 건물 및 도로의 설계와 같은 건축과 토목에도 적용될 수 있고, 거리감이나 정서적 공간 같은 개인적 지각에도 적용될 수 있다. 생태학적 이론에서는 공간과 관련된 변인이 개인-환경 단위의 적응에 중요한 영향을 미친다고 본다.

㉡ 시간적 리듬 : 생태학적 이론에서는 속도, 기간과 같은 시간적 리듬(temporal rhythms) 또한 적응과 밀접한 관련성이 있다고 본다(Germain, 1978). 개인의 시간적 리듬이 일반 사회적 시간 리듬과 갈등을 일으킬 경우 인간은 생리적·심리적·사회적 긴장과 부적응을 경험할 수 있다. 예를 들면, 저녁형 인간이 새벽 일찍 출근해야 하는 직장에 근무한다면 심한 어려움을 느끼며 심각할 경우에는 직장을 그만두어야 할 경우까지 발생할 수 있을 것이다. 그리고 사회복지관의 프로그램을 기획할 때도 이용자나 해당 지역사회의 시간적 리듬을 고려할 필요가 있

을 것이다. 예를 들면, 도시의 직장인들을 대상으로 하는 프로그램일 경우에는 퇴근 후 시간이나 주말을 이용한 프로그램 개설이 필요할 것이고, 농촌지역 이용자를 대상으로 실시하는 프로그램은 농사 주기를 고려한(농한기) 개설이 필요할 것이다.

(3) 상호 교류 관련 요소

① 적응

적응(adaptation)은 인간이 환경에 대한 최적합 상태를 성취하기 위해 사용하는 지속적이고 변화지향적인 인지적·행동적 과정을 말한다. 즉, 적응은 인간이 환경과 최적합 상태에 가깝기 위해 주변 환경을 변화시키거나 아니면 스스로를 환경에 맞추어 변화하고 조정하는 것을 포함한다. 인간은 끊임없이 창조하고 재구조화하며, 환경이 인간에게 어떤 영향을 미친다고 해도 환경에 적응해 나간다. 한 개인이 효과적으로 기능하기 위해서는 새로운 조건과 환경에 따라 변화하고 조절하는 적응력이 필요하다.

② 적합성

적합성(goodness of fit)은 개인의 적응적 욕구와 환경의 속성이 조화를 이루는 정도를 의미한다(Germain & Gitterman, 1987). 적합성은 다른 종(種)의 경우에는 진화에 의하여, 인간의 경우에는 일생을 통하여 성취된다(Germain & Gitterman, 1987). 적합성은 인간과 환경 사이의 상호 교류를 통하여 성취된다. 상호 교류는 부적응적일 수도 있고 적응적일 수도 있는데, 인간과 환경 간에 부적응적 교류가 계속되면 인간발달과 건강, 사회적 기능은 손상되고 부적합성이 야기되지만, 적응적인 상호 교류가 계속되면 인간은 성장하고 발달하며 적합성이 높아진다.

③ 스트레스

개인과 환경 사이의 상호 교류는 스트레스를 야기할 수도 있다. 스트레스는 개인이 지각한 요구와 이러한 요구를 충족시키기 위해 자원을 활용할 수 있는 능력 사이에 불균형이 발생할 때 나타난다(Germain & Gitterman, 1986). 심한 스트레스는 불안, 분노, 우울, 무기력감 등의 감정이나 생리적 상태로 나타나며, 대인관계나 사회적 관계에서 위축감이나 자신감 상실 등을 초래한다. 그러나 스트레스가 항상 문제가 되는 것은 아니다. 개인이 긍정적 자존심을 가지고 있고 유능성이 있다고 생각하는 경우에는 스트레스에 대한 반응이 부정적이지 않을 것이다. 도리어 적절한 스트레스는 개인의 성장과 발전의 동력이 되기도 한다.

④ 대처

대처(coping)란, 개인이 환경과의 상호작용에서 나타나는 스트레스를 완화하기 위해 활용하는 행동들이다. 즉, 대처란 스트레스를 경험할 때 자연적으로 발생하게 되는 것으로 정서적 고통을 통제하기 위해서 개인이 수행하는 행동이다. 개인이 성공적으로 스트레스에 대처하기 위해서는 내적 자원과 외적 자원이 동시에 필요한데, 개인의 내적 자원으로는 자아존중감, 문제해결기술, 유능감 등이 있고, 외적 자원으로는 가족, 친구, 이웃, 그리고 공식적 관계망으로부터의 지지 등이 있다. 내적 자원과 외적 자원을 적절히 활용하여 스트레스에 성공적으로 대처하는 개인은 환경에 잘 적응할 수 있을 것이다.

3. 생태체계적 관점

생태체계적 관점은 생태학에서 강조하는 자연환경의 영향과 체계이론에서 강조하는 환경의 체계수준이 함께 고려된 통합적 관점이다. 이것은 일반체계이론의 주요 개념들을 그대로 받아들이면서 일반체계이론이 지니는 한계점을 극복하기 위해 생태적 관점을 도입한 것이다. 생태체계적 관점에서는 인간과 환경은 서로 분리되어 있는 것이 아니라 지속적인 상호 교류 안에서 존재하는 하나의 체계로 본다. 따라서 인간발달을 이해하기 위해서는 가족, 지역사회, 문화 등 인간이 몸담고 있는 생태환경을 보다 체계적으로 구조화하고 이들 환경체계와 개인 간의 관계를 이해하는 것이 중요하다.

생태체계적 관점을 구성하는 일반체계이론과 생태학적 이론에 대해서는 앞에서 설명이 이루어졌기 때문에, 여기서는 브론펜브레너(Bronfenbrenner)가 구분한 생태적 체계를 설명하고자 한다. 브론펜브레너는 활동적이며 성장하는 인간이 환경과 어떻게 관련되어 있는지를 이해하는 방법으로 인간발달의 생태학을 생각하였고, 인간발달 과정을 분석하는 가운데 체계론적 관점을 확대하여 생태적 체계라는 용어를 최초로 사용하였다. 그는 인간을 둘러싸고 있는 생태적 환경을 가장 가까운 것에서부터 가장 먼 것에 이르기까지 4개의 구조체계(미시체계−중간체계−외부체계−거시체계)로 구분했으며, 이후 시간체계를 추가하였다.

1) 주요 개념

(1) 미시체계

미시체계는 개인이 속한 가장 직접적인 사회적·물리적 환경으로서, 가족이나 학급친구 등과 같이 개인에게 직접적인 영향을 미치는 환경이다. 미시체계는 개인과 직접적이고 대면적인 상호작용을 함으로써 개인에게 지대한 영향을 미치며, 성장과 함께 가장 중요하게 영향을 미치는 미시체계가 변화한다. 즉, 어릴 때는 가족이 가장 중요하게 영향을 미치는 미시체계이지만 청소년기에는 또래집단이 오히려 더 큰 영향을 미칠 수 있다.

(2) 중간체계

중간체계는 개인이 참여하는 둘 이상의 미시체계 간의 상호작용으로서, 미시체계 간의 연결망에 해당된다. 즉, 한 개인의 각각의 미시체계인 가정과 학교 간의 관계, 가정과 직장 간의 관계를 말한다. 중간체계가 빈약하여 미시체계 간의 관계와 연결성이 약할 경우에는 문제가 될 수 있다. 예를 들면, 아동의 학교생활에서의 적응은 교사와 부모 간의 상호작용, 즉 중간체계의 수준에 따라 달라질 수 있다.

(3) 외부체계

외부체계는 개인이 직접 참여하지는 않으나 그 개인에게 영향을 미치는 환경요소를 말한다. 어린 아동의 경우 부모의 직장, 형제가 속한 학급, 부모의 친구들 등이 외부체계가 된다. 개인의 발달은 그 개인이 존재하지 않는 상황에서 일어나는 사건들에 의해서도 자주 영향을 받는다. 예를 들면, 맞벌이 가정의 경우에 엄마의 직장에서의 근무조건이 갑자기 바뀌어 이른 출근과 늦은 귀가를 해야만 한다면 이러한 외부체계의 변화는 특히 어린 자녀들의 심리적·정서적 건강에 큰 영향을 끼칠 수 있을 것이다.

(4) 거시체계

거시체계는 개인이 속한 사회의 이념 및 제도의 유형과 같은 커다란 체계를 말하며 개인에게 간접적으로 영향을 미친다. 거시체계는 미시체계, 중간체계, 외부체계를 포함하는 신념체계 또는 이데올로기라고 할 수 있는데, 규칙, 규범, 기대, 가치, 역사 등이 여기에 속한다(손광훈, 2010). 각 민족이나 각 국가 간의 차이는 이러한 거시체계의 차이에 기인한다고 볼 수 있다. 거시체계는 개인의 생활에 직접적으로 개입하지는 않지만 간접적으로 강하게 영향을 미친다. 거시체계는 미시체계, 중간체계, 외부체계라는 환경에 포괄적으로 영향을 미침으로써 각 개인에게 간접적으로 영향을 미치게 된다. 거시체계는 시간적 차이만 있을 뿐이지 각 개인의 삶에 가장 강력한 영향력을 행사할 수 있다. 즉, 방송매체를 통하여 형성된 외모, 의복 등에 관한 유행은 문화적 거시체계를 형성하여 개인에게 시간이 흐른 뒤에 어떤 형태로든 강하게 영향을 미치게 된다.

(5) 시간체계

시간체계는 전 생애에 걸쳐 일어나는 변화와 역사적 환경을 포함한다. 어떤 시대에 출생하여 성장했는지에 따라 인간은 그 시대의 경제적·사회적·문화적 영향을 받아 다른 시대의 사람들과는 차이 나는 삶을 살 것이다. 그리고 한 개인의 일생이나 가족의 생활주기도 시간의 흐름에 따라 달라진다. 즉, 한 개인은 아동기, 청소년기, 성년기 등 시간체계의 변화에 따라 발달단계마다 각기 다른 역할과 행동이 기대될 것이고, 한 가족도 가족의 생활주기에 따라 부부와 자녀들의 관계의 양상도 변화된다.

chapter

17 생태체계와 문화

인류학자들은 문화란 인간의 삶의 모습(patterns of life) 혹은 생활양식(ways of living) 그 자체라고 표현한다. 이러한 관점에서 보면, 인간의 지식, 느낌, 가치관, 종교적인 의식, 행위규범 등 상징적이고 제도적인 것뿐 아니라 의식주의 수단, 그리고 생활에 필요한 모든 도구 등 정신적 및 물질적인 것이 포함된다. 영국의 인류학자 타일러(Tyler, 1971)는 "문화란 사회성원으로서의 인간이 습득한 지식 · 믿음 · 예술 · 도덕 · 법 · 관습 · 기타 모든 능력과 습관을 모두 포함하는 복합적인 총체이다(Balbridge, 1975)"라고 정의했다. 이러한 관점들에 비추어 볼 때 인간과 인간의 행동을 이해하는 것은 그가 속한 문화에 대한 이해 없이는 불가능할 것이다.

따라서 본 장에서는 문화에 대한 고찰과 함께 문화적 차이를 창출하는 생태계의 영향요인, 그리고 문화가 인간의 성격과 인지에 미치는 영향에 대해 살펴보고자 한다.

1. 문화의 이해

1) 문화의 특성

한 사회집단의 생활양식 그 자체를 지칭하는 문화의 주요 특성은 다음과 같이 정리할 수 있다. 첫째, '학습성'과 '축적성'을 들 수 있다. 문화는 사람들이 사회 속에서 서로 교류하며 형성되는 것으로서 자연적, 본능적, 개인적인 특성과 구별되는 속성이 있다. 다시 말해 개인적인 지식과 달리 집단이나 사회 속에서 학습되고 축적되어 전승되는 특징으로 한순간에 이루어지는 것이 아니라 사회화를 통해 한 세대에서 다음 세대로 이어지는 것이다.

둘째, '보편성'과 '다양성'이다. 문화는 한 사회의 생활양식을 지칭하기 때문에 문화를 갖지 않은 사회는 없다. 따라서 문화는 보편적 현상이다. 그러나 이처럼 모든 사회에서 인류는 언어, 결혼, 가족·종교제도 등의 보편적 문화를 지니고 있지만, 그 내용과 형식은 문화마다 판이하게 다른 다양성을 띠고 있다(이장현, 1986). 이것은 모순적이라기보다는 일반적인 수준에서는 인간 삶의 유사성으로 인해 보편성을 띠고 있으면서도 개별적인 수준에서는 다양성을 지니게 되는 것이라고 할 수 있다.

셋째, '공유성'이다. 개인의 독특한 신념이나 윤리, 도덕관 혹은 생활습관을 문화라고 하지 않는다. 어떤 규범, 가치, 규칙 등이 그 사회의 구성원들에 의해서 공유될 때 비로소 그 사회의 문화가 되는 것이다. 이것이 문화의 공유성이다(정철수 외, 1994).

넷째, '역동성(변동성)'이다. 문화는 불변으로 고정되어 있는 것이 아니라, 새로운 기술과 물리적 조건, 그리고 시대적 환경의 변화에 맞추어 끊임없이 적합한 방식으로 수정되고 조절되며 새로운 문화적 특성이 추가되면서 변동한다.

다섯째, '체계성'이다. 문화는 사회의 다른 부분들과 서로 관련을 맺으며 하나의 종합적인 체계 속에서 조화를 이루는 방향으로 형성된다. 문화의 내용을 구성하는 의식주의 양식, 종교의식과 예술 등은 그 내용이 하나하나 별개로 떨어져 있는 것이 아니라 서로서로 영향을 주고받으며 조화를 이루면서 한 문화를 형성한다(고영복 외, 1986). 즉, 어촌사회에서는 바다신이 숭배되고, 농촌사회에서는 태양과 비의 신이 추앙되는 것은 우연의 결과가 아니라, 문화의 각 부분들이 서로 조화를 이루고 유기적으로 연결되어 있음을 나타낸다.

2) 문화의 기능

문화는 개인과 사회 양쪽 측면에 모두 중요한 기능을 한다. 개인과 사회에 대한 문화의 기능을 살펴보면 다음과 같다.

① 사회화의 기능

사회화란 자신이 속한 사회의 지식, 규칙, 그리고 가치 등의 행동양식을 배우는 과정인데, 문화는 개인에게 다양한 생활양식을 내면화시켜 개인이 사회에 적응하면서 살아갈 수 있게 하는 사회화의 기능을 한다.

② 욕구충족의 기능

다양한 생활양식을 통해 의식주와 같은 개인의 기본적인 욕구를 충족시켜주는 욕구충족의 기능을 한다(고영복 · 한균자, 1986).

③ 사회통제 기능

문화는 규범이나 관습 등으로 사회 구성원들의 개인행동에 대한 규제를 통해 사회통제의 기능을 수행한다.

④ 사회존속 기능

문화는 인간의 기본적인 욕구를 충족시켜 주고, 공동체의 유지와 통합에 필요한 요건을 충족시켜 사회가 통일된 질서를 이루고 발전하도록 도와줌으로써 사회를 존속시켜 주는 기능을 수행한다(장세길 외, 2022; 장수한 외, 2022).

3) 문화의 유형

문화는 그 특징에 따라 유형화하여 분류할 수 있는데 먼저, 주류문화와 하위문화이다. 주류(지배)문화란 사회적으로 영향력 있는 집단에 의해 향유되는 문화를 의미하며, 하위문화는 사회의 특수한 집단이나 영역에서 특징적으로 나타나는 문화를 뜻한다.

둘째, 문화는 존재양식에 따라 표현된 문화와 내재된 문화로 구분할 수 있다. 표현된 문화는 청소년들의 독특한 복장, 머리 형태 등과 같이 관찰 가능한 형태로 표현된 문화를 말하며, 내재된 문화란 청소년들의 독특한 복장이나 머리 형태에 부여된 의미나 가치 등과 같이 직접적으로 관찰이 불가능한 영역의 문화를 말한다.

셋째, 문화는 이상적으로 바라고 있는 상태와 실제로 현실에서 진행되고 있는 상태의 차이가 나타날 경우 이상문화와 실재문화로 구분될 수 있다. 어른에 대한 공경과 예의를 지키는 효문화는 이상문화에 속하나 실제 지하철에서 어른에게 자리를 양보하지 않는 문화는 실재문화에 속한다.

넷째, 문화는 물질문화와 비물질문화로 구분할 수 있다. 물질문화란 우리가 구체적으로 보고 만질 수 있는 물질적 형태의 산물과 그것을 사용하는 방법을 의미하고, 비물질문화는 물질적이지 않은 상태로 유지되는 정신문화, 행동문화 등을 의미한다(신성철 외, 2018).

4) 문화의 변동과 적응

문화의 주요한 특성 중의 하나인 문화의 변동은 다양한 모습으로 전개되며 일반적으로 변화의 추동력은 사회 내부에서 올 수도 있고 외부에서

올 수도 있다(양영균 역, 2012). 문화변동을 초래하는 다양한 요인과 문화변동의 결과를 살펴보면 다음과 같다.

(1) 문화의 진화와 개혁

인류의 문화가 원시 상태에서부터 현대 문명의 단계까지 도달하는 데는 수십만 년이 걸린 것과 같이 장기간에 걸친 완만한 문화변동을 문화진화라고 하고, 단기간의 의도적이고 계획적으로 급속히 확산된 문화변동을 문화개혁이라고 한다.

(2) 문화의 전계

지도와 학습을 통해 특정 문화가 세대를 걸쳐 전달·전수되는 현상을 문화전계라고 한다. 즉, 문화의 세대 간 전수라고 할 수 있다. 이는 제도적 학교교육이나 전통적 가정교육을 통해 일어나는 문화변동 현상이며, 가장 자연스러운 문화변동의 형태이다. 학교교육을 통해서는 인류가 축적해 온 경험적·기술적 문화로서의 지식이 전수되며, 가정교육을 통해서는 가정마다의 독특한 전통과 규율이 전수된다.

(3) 문화의 이식

문화이식은 특정 지역 혹은 특정 집단의 지배문화가 다른 지역 혹은 다른 집단에게 급속하게 전파되는 현상을 말한다. 대개의 경우 이는 강제적인 방법이 동원되어 일어나는 현상이기도 하다. 이러한 문화이식은 강대국이 약소국을 침범하여 식민통치를 할 때 통상적으로 나타나는 현상이며 교화라는 명문으로 이행되었다.

(4) 문화의 지체

문화지체(cultural lag)는 제도나 가치의 변화가 물질적 측면의 변화를 따르지 못하여 그 간격이 점점 커지는 현상이다. 이러한 현상이 발생하면 그 사회에는 변화에 대한 적응과 관련하여 여러 가지 혼란이 일어난다. 즉, 인터넷 보급은 확대되고 있으나 사이버공간에서의 윤리의식이 약하거나, 자동차의 보급은 날로 증가하지만 음주운전, 신호위반, 과속 등의 운전자 안전문화가 빨리 개선되지 않는 현상 등이 문화지체의 예라고 할 수 있다.

(5) 문화의 접촉변용(문화접변)

문화접변(acculturation)은 서로 상이한 문화를 가진 집단들이 지속적이고 직접적인 접촉을 통하여 일방 혹은 쌍방의 집단이 가지고 있던 본래의 문화에 변화를 초래하는 현상을 의미한다(정철수 외, 1994). 문화접변은 다른 문화에 대응하는 방식에 따라 다양한 형태의 사회변화로 이어지는데 문화병존, 문화동화, 문화융합 등의 결과로 나타난다. 먼저 문화병존은 2개의 이질적인 문화가 접촉을 하면서도 각각 자체 문화의 가치관과 특성을 그대로 유지하면서 한 사회 내에서 공존하는 문화현상을 말한다. 즉, 한 사회의 지배문화의 질서를 거부하지도 않고, 완전히 받아들이지도 않으면서 자기네 고유의 문화를 존속시키는 것으로, 우리나라에 있는 화교집단을 대표적인 예로 들 수 있다(고영복 · 한균자, 1986). 문화동화는 어느 일방의 문화가 다른 문화에 완전히 흡수되어 그 자체의 문화적 독특성을 완전히 상실한 현상이다. 미국사회에서 볼 수 있는 이민집단이 그들 고유의 하위문화를 상실하고 미국화되어 버리는 경우를 그 예로 들 수 있다. 그리고 문화융합은 2개의 이질적인 문화가 오래 접촉하는 동안 각각 본래의 문화를 잃어가고 새로운 문화를 창조해 내는 문화현상을 말한다.

이러한 문화접변 현상은 오늘날 글로벌화의 결과로 인한 다문화사회에서 쉽게 목격할 수 있다. 우리나라 역시 외국인 근로자, 결혼이민자, 유학생 등 다양한 외국인의 유입으로 급속히 다문화사회로 전환되고 있으며 이들의 문화적응은 중요한 사회적 관심이 되고 있다. 이러한 다문화사회에서는 서로 다름을 존중하고 소수집단의 문화, 인종, 윤리 등에 내재된 특수성을 인정하며 상호 간의 공존을 지향하는 다문화주의적 시각을 가지는 것이 필요할 것이다.

(6) 베리의 문화적응 이론

베리(Berry, 1997)는 문화적응을 문화적 접촉이 동반하는 문화적, 심리적 변화의 과정을 포함하는 넓은 의미에서 정의하고 있다. 그는 이주 집단이 모국의 고유문화에 대한 정체성을 유지하느냐의 여부와 또 다른 한편으로 이민사회의 주류문화에 대해 적극적으로 참여하고 그 관계를 잘 유지하느냐의 여부에 따라 통합, 동화, 분리, 주변화라는 네 가지 유형으로 적응을 분류하고 있다.

〈표 17-1〉 **베리의 문화적응 이론**

구 분		모국문화에 대한 정체성과 특성을 유지하는가	
		그렇다	아니다
정착국의 주류사회와 관계를 유지하는가	그렇다	통합	동화
	아니다	분리	주변화

통합(integration)은 모국의 문화도 유지하면서 새로운 정착국의 문화를 받아들이는 것이며, 동화(assimilation)는 자신 고유의 문화의 전통성 및 정체성을 버리고 새로운 정착 주류사회에 완전히 흡수되는 것이다. 그리고 분리(segregation)는 정착 주류사회와의 관계는 유지하지 않고 모국의 고유문화의 정체성과 특성을 유지하는 것이며, 주변화(marginalization)는 주류사회와의 관계도 유지하지 않고 동시에 모국의 고유문화의 정체성과도 접촉을 거부하며 두 문화 사이에서 주저하며 당설이는 것이다.

2. 생태계와 문화

크게는 동서양, 작게는 한 국가 내에서도 지역에 따라 문화적 차이가 나타난다. 학자들은 이러한 문화적 차이가 나타나는 이유는 생태학적인 환경의 차이에 근거한다고 본다. 사람들은 생존을 위해 노력하고 처해진 생태계에서 가장 효율적인 생산경제 방식을 추구하여 왔다. 땅이 비옥한 곳에서는 농업생산 방식을 채택하였고, 거친 자연환경에서는 수렵채취의 생산방식을 채택했다. 사회과학자들은 사회의 특성을 파악하는 중요한 준거의 하나가 그 사회의 식량의 비축 양상임을 발견했다. 식량의 비축 정도는 주 경제수단에 따라 큰 차이를 보이는데, 주 경제수단이 수렵채취 경제인 경우는 비축량이 적고, 농업경제인 경우는 비축량이 많다. 수렵채취 경제활동에서는 개인의 노력과 기지에 따라 수확량이 크게 좌우되는 반면, 농업목축 경제에서는 성원들이 모여 힘을 합치는 것이 생산량의 증대에 크게 도움이 된다. 즉, 모내기, 추수, 수로 만들기 등의 농경활동은 다수의 사람이 힘을 모을 때 능률이 오르고 공동으로 혜택을 누릴 수 있다. 이 같은 생산방식의 차이는 각 방식에 적합한 문화적 가치를 만들어 냈다. 이러한 가치는 아동의 사회화 과정에서 특히 잘 나타나는데, 비축이 적은 사회에서는 자립, 자조의 가치가 장려되는 반면, 비축이 많은 사회에서는 협동, 복종의 가치가 장려된다(한규석, 2009).

세계 각지에 있는 104개 사회에 대한 분석에 따르면, 유랑부족(수렵사회)은 사회화 과정에서 단호함, 자율, 성취, 그리고 자아의지를 강조하고 있는 것이 나타났는데, 이러한 사회에서 개인들은 자기 확신이 강하고 독립적이며 모험적 경향이 강한 것으로 나타났다. 이와 대조적으로 정착사회(농업과 목축사회)의 사회화 과정에서는 순응, 복종, 책임감이 강조되고 이 문화권의 사람들은 양심적이고, 순응적이며, 보수적인 경향을 띠고 있음이 나타났다(Barry, Child, & Bacon, 1959). 즉, 생태계가 생산방식을 결정하고 생산

방식은 그에 부응하는 가치관을 창출하여 사회화 과정에서 성원들에게 이식시킴을 알 수 있다(한규석, 2009).

그런데 생산도구의 발전으로 인해 생존경제가 시장경제로 바뀌면서 생태계가 미치는 영향력은 크게 줄었고 대신에 사람들이 형성해 놓은 생산제도, 사회제도의 영향이 커지게 되었다. 전통적인 정착사회에서와는 달리 산업사회에서는 서로 낯선 관계로 만나 생활을 하게 되고, 개별적 노동의 대가에 따라 이에 상응하는 재화를 얻으며, 개인적인 실적을 중요하게 여긴다. 서양에서는 기존의 정착사회에서 중시되던 규범들 대신 산업화를 지지하는 과학적 합리주의, 청빈한 부의 축적을 정당시하는 청교도 정신, 그리고 시장경제를 받쳐주는 자본주의 정신 등의 새로운 규범들로 대치되어 갔다(Weber, 1930). 이러한 변화가 오늘날의 산업화된 서구사회를 특징짓는 개인주의 문화의 바탕이 된 것이다(한규석, 2009).

3. 문화의 영향

인간은 태어나면서부터 문화를 소유한 존재가 아니라 문화를 배우고 창조할 수 있는 가능성을 가지고 태어난다. 문화는 출생 후 사회학습에 의해서 이루어지는 것이다. 인간은 가능성(potentiality)을 가지고 특정한 사회에서 태어나 그 사회가 가지고 있는 문화를 배우면서 그 사회의 구성원으로 사회화된다. 다시 말해서 한 사회가 가지고 있는 문화를 내면화하여 자아정체 의식을 가지게 되면 우리는 그를 사회화된 인간이라고 말한다. 그러나 인간이 반드시 기존의 문화에 의해 영향을 받기만 하는 존재는 아니다. 인간은 다른 개인과의 관계를 통하여 집단이나 조직, 그리고 하나의 지역공동체를 만들고 그에 따른 독특한 문화를 형성하기도 한다. 이렇게 형성된 문화 속에서 한 개인은 자신의 생각과 삶을 만들어 가는 행위자가 된다. 결국 문화와 개인은 서로가 영향을 주고받으면서 변화해 나가는 상호 의존적인 관계에 있는 것이다(최순남, 2002).

본 절에서는 이러한 문화가 인간의 성격유형과 인지 등에 미치는 영향을 살펴보고자 한다.

1) 문화와 퍼스낼리티 유형

프롬(Fromm, E.)은 동일문화에 속하는 성원의 대다수가 가지는 성격구조의 핵심을 '사회적 성격(social character)'이라고 정의하면서, 이 사회적 성격은 성원들이 속해 있는 집단에서의 공통된 경험과 생활양식 때문에 나타나는 것으로 보고 있다. 프롬에 의하면 사회적 성격은 특정 사회에서 그 사회의 기능을 지속할 수 있도록 인간의 에너지를 형성하고 방향 지우는 기능을 가지고 있다고 한다. 그리고 그것은 특정 사회적 조건 속에서 사는 인간이 그러한 조건과 자기 자신의 욕구를 조절하도록 가정과 사회집단의 내부에서 받은 훈련의 결과에 따라 형성된다(김병익, 1980).

(1) 독일의 권위주의적 문화와 나치즘

특정 문화 유형이 사회성원의 성격(personality)에 미치는 영향에 관한 연구들 가운데 독일의 권위주의적 문화와 나치즘의 득세를 연관시킨 프롬의 연구는 대표적인 연구이다. 그는 독일 나치스(Nazis)가 짧은 기간 내에 독일 사회에서 권력을 획득하고 팽창하게 된 원인을 당시 독일의 하층 중산계급(lower middle class)의 사회적 성격이 나치스의 이데올로기와 잘 부합하였기 때문으로 분석했다. 이 집단의 특징은 자기보다 강자에 대해서는 동경, 아부 및 복종을 보이는 반면, 약자에 대해서는 무시하고 멸시하는 이른바 사디즘(sadism)과 마조히즘(masochism)적 성격을 가지고 있으며, 경제적으로나 심리적으로 결핍된 심리(scarcity psychology)를 지니고 있어서, 금전 면에서나 감정의 발로에 있어서 인색하고 금욕주의적이다. 이 때문에 독일의 하층 중산층은 히틀러에 자진하여 복종하고 나치스 이념을 지지함으로써 나치즘이 득세하게 되었다고 프롬은 분석했다(정평기 외, 1988).

(2) 산업사회와 퍼스낼리티

산업사회의 문화에서 특징적으로 나타나는 퍼스낼리티에 대해서 앨빈 토플러(Alvin Toffler)는 '임시성'으로 표현했다. 임시성이란 영원성이 없다는 생각과 그러한 분위기를 나타내고 있다. 임시성은 쉽게 얻고 쉽게 버리는 문화에서 얻은 우리들의 습관이다. 현대인들은 늘 시간에 쫓기면서 생활하기 때문에 얻기 쉽고 생활에 편리한 것을 선호하게 된다. 그래서 편리한 인스턴트식품을 선호하며, 쉽게 얻고 아낌없이 버릴 수 있는 종이컵, 종이기저귀 등 일회용품을 선호한다. 우리는 이렇게 쉽게 얻고 쉽게 버리는 문화 속에서 살면서 바꿈질의 생활을 계속한다. 이러한 바꿈질의 습관은 바꾸어야만 새롭고, 한 번 쓰면 버려야 위생적이고 신선하다고 생각하게 함으로써 우리들의 생활 주변에 광범위하게 자리 잡게 되었다. 이런 습관은 급기야 우리의 문화가 되고, 이러한 문화 속에서 사는 우리는 쉽게 얻고 쉽게 버리는 성격을 형성하게 되었다. 그래서 산업사회의 성격의 특징은 필요할 때는 취하고 필요 없으면 쉽게 버린다. 이러한 생활습관은 우리의 가치관에까지 영향을 미쳐서 모든 인간관계에서도 나타나게 된다. 즉, 우정이나 애정, 그리고 극단적으로는 부모마저도 쓸모 있을 때까지만 필요하고 필요 없으면 버리는 패륜적인 경우를 볼 수 있는 것도 그 사례라고 할 수 있다(최순남, 2002).

(3) 한국문화와 한국인의 퍼스낼리티

우리나라의 기후적인 요인과 농경사회의 특징, 민간신앙, 유교, 가족제도 등은 우리 고유의 문화를 창조하고 전승하는 데 중요한 영향요인으로 작용해 왔다. 그리고 이러한 요인들에 의해 그 고유의 특성을 지니게 된 한국의 문화는 한국인 고유의 독특한 사회 심리적 특성을 형성하는 데 영향을 미쳤다고 볼 수 있다. 한국인들이 다른 사람들과의 관계에서 보이는 독특한 현상들이 있는데, 이러한 독특성으로 인해 외국인들은 그것을 오해하거나 때로는 곡해하는 경우도 많다. 한국인 고유의 독특하고 대표적인 사회 심리적 특성으로는 정, 한, 체면, 눈치, 그리고 의례적 대화 등을 들 수 있다. 이러한 개념들은 흔히 사회현상을 설명하는 목적으로 많이 거론되던 것들이다(한규석, 2009).

① 정

한국 사람들의 대인관계를 기술함에 있어서 가장 많이 사용되는 단어가 있다면 그것은 '정'이라고 볼 수 있다. '비정한 사람, 정든 사람, 정이 없는 사람, 미운 정 고운 정 다 든 사람, 무정한 사람' 등등 다양한 표현을 들 수 있다. 한국에 오래 체류한 외국인들은 거의 이구동성으로 한국인에게서 가장 부러운 것이 한국인의 끈끈한 인정이며 이러한 인정에 반하였다는 것이다.

그런데 이러한 정을 한마디로 정의하기는 어렵다. 따라서 정이 어떤 것인지를 사람들의 생각을 분석하여 네 가지의 특징으로 정리한 것을 살펴보면 다음과 같다(최상진, 2000). 첫째, 역사성, 둘째, 동거성, 셋째, 다정성, 넷째, 허물없음이다. 먼저 역사성은 상대방과 함께하는 삶과 활동의 시간적 경과가 필요하다는 것이고, 동거성은 공간적으로 가까운 거리에서 서로 접촉하며 친숙한 관계를 맺어가는 것이 필요하다는 것이다. 가장 대표적인 공간은 집 울타리이며 가족은 물론 강아지, 가구 같은 인간이 아닌 대상에도 정이 들 수 있다. 다정성은 상대방에 대하여 친근감을 느끼고 포근하고 편안한 감정을 느끼는 것을 말하며, 허물없음은 상대방과 얼마나 한 가족 같은 행동을 하느냐에 달려 있다. 예를 들면, 한 이불을 덮고 자고, 찌개 그릇에 수저를 같이 담그고, 뚜렷한 목적도 없이 같이 빈둥거리는 시간을 많이 보내고, 목욕을 같이 하고, 흉허물 없이 터놓고 지내는 사람과 정이 든다. 정은 작위적으로 만들어지는 것이 아니라 장기간의 함께하는 경험을 통해서 이슬비에 옷이 젖듯 저절로 들게 된다. 따라서 당사자들은 정의 깊이를 직접 파악하기 어렵고, 상대가 보여준 또는 내가 상대에게 느끼는 심정이나 행동 단서 등으로부터 유추해 낸다. 즉, 일상생활의 구체적 사건들에서 고마움, 따뜻함, 가까움 등과 같은 느낌을 통해서 파악되는 것이다. 따라서 정을 바탕으로 한 행위는 의도성이 약하다는 면에서 친절한 행위와 구별되며, 보편성 및 가치지향성이 없고 규범에 의한 책임, 의무성을 지니지 않은 점에서는 자비심과도 구별되는 특징을 지닌다(한규석, 2009).

② 한

한민족을 한(恨)의 민족이라고도 할 만큼 한은 한국인의 고유 정서로 여겨지는 경향이 있다(가세 히데아키, 1989; 김열규, 1991; 김용운, 1986). 한이라는 심리를 명확하게 정의하기는 어렵다. 최상진(1993)은 한을 자신의 불행에 대한 자책의 정념과 자신의 불행에 대한 부당함의 심리가 결합된 복합감정 상태라고 설명한다. 그는 한에 대한 문헌을 조사하여 한이 생겨나기 위한 조건으로는, 부당한 차별대우를 받았을 때, 그리고 타인에 비해 현저히 결핍되어 고통을 당할 때, 마지막으르 돌이킬 수 없는 큰 실수를 범했을 때 발생한다고 하면서, 이러한 경우를 당했을 때 한이라는 고유한 특성으로 응결되기 위해서는 몇 가지 과정을 거친다고 했다(최상진, 1991). 우선 욕구좌절을 겪으면서 분노, 복수심, 회한의 강한 감정[怨(원)의 감정]을 느낀다. 그런데 이러한 감정의 표출이나 직접적인 해소(복수의 결행)가 곤란한 경우에 다음 단계의 심적 과정이 나타난다. 이 단계에서는 억제된 분노와 적개심을 스스로 약화시키고 수용하는 쪽으로 발생한 사건을 재해석하게 된다. 즉, 사건의 책임을 스스로에게 전가시키면서 자기비하를 하거나 재수 또는 팔자 탓을 하면서 상대방에게 전적으로 미루던 책임을 자기나 초월적인 운명 등의 탓으로 일부 돌린다. 시간이 경과하면서 이렇게 재해석했던 사건을 되돌아보는 과정에서 여전히 스스로가 억울했음을 느끼게 될 때 3단계가 되는 감정의 기복이 생기고 우리가 흔히 말하는 한을 품게 된다. 이러한 한은 사회적 통로를 통해 발산되거나, 예술이나 문학과 같은 승화된 형태로 전환, 표현된다. 최상진은 한의 마지막 단계에서는 한이 자신의 감정적 관여로부터 분리되어 객관화되며, 이제 자신의 한을 남의 한에 대해 이야기하는 것처럼 평온하고 초연하게 이야기할 수 있다고 하였다.

이러한 한은 그 억울한 마음을 남들이 몰라줄 때 커진다. 한 맺힌 사연을 이야기할 때 항상 당사자들은 '이 한을 아무도 몰라준다'고 되뇌인다. 한을 푸는 가장 좋은 방법은 억울한 심정을 유발시킨 당사자가 그것을 인정하고, 그에 대한 보상적 행위를 하는 것이다. 이것이 불가능하면 주변 사람이라도 그 억울함을 인정하고 달래줌으로써 한의 억울함은 경감될 것이다(최상진, 1994).

③ 체면

한국 사람은 체면을 중시한다. 여러 관찰자들이 한국인이 지닌 사회적 특성의 하나로 체면을 들고 있다(윤태림, 1986; 이규태, 1977; 최재석, 1976). 우리말 큰 사전(1994)에 따르면 체면이란 '남을 대하기에 떳떳한 도리나 얼굴'을 말한다. 이 정의에서 알 수 있듯이 체면은 두 가지 요소가 작용한다. 남을 대한다는 외적 요소와 떳떳함이라는 내적 요소이다. 떳떳하기 위해서는 도덕적으로 혹은 능력 면에서 인정을 받을 만해야 한다. 도덕적인 인격을 갖춘 사람은 예의와 염치를 아는 사람이다. 이를 갖추지 못한 사람은 부끄러움을 느껴야 한다. 이 부끄러움은 기준에 못 미쳐 스스로 느끼는 '자괴성 부끄러움'과 남이 알게 되어 느끼는 '창피성 부끄러움'으로 구분될 수 있으며(최상진, 2000), 체면의 외적 요소와 결부된 창피성 부끄러움(즉 '남부끄러움')이 사회생활에서의 체면행위로 나타난다.

체면은 교수－학생, 상사－부하, 부모－자식, 성직자－신도, 사돈지간 등 윗사람이 아랫사람을 대상으로 하는 서열관계나 공식적 관계에서 나타나며, 아주 친숙한 부부관계나 전혀 모르는 무관한 사람을 대상으로 나타나는 것은 아니다(최상진 · 유승엽, 1992).

④ 눈치

한국사회는 의사소통의 고맥락 문화권[1)]이며(Hall, 1976), 그 중요한 특징의 하나는 눈치의 주고받음에 의한 내용의 해석이다. 눈치기제는 상호 간의 교류에서 피차 체면을 잃지 않고, 상을 찌푸리는 일이 발생하지 않도록 하면서, 상대방에게 스스로의 의도를 은연중에 전달하는 간접적인 의사소통 기술이다(최연희 · 최상진, 1990; Ambady et al., 1996). 눈치는 우리 문화권에서 관계를 해치지 않으려는 염원에서 발달된 의사소통의 고유한 형태로 간주되는데, 눈치는 적절히 주고 알아차림으로써 재치를 발휘할 수 있고 상대의 의도를 파악하여 편안하게 함으로써 좋은 관계를 형성하는 데 기여할 수 있다. 우리 사회에서는 체면과 자존심을 지키기 위해 눈치가 필요했으며 눈치는 당혹스러운 상황을 피하고 서로의 마음을 상하지 않고 상대방에게 지나치게 압력을 가하지 않는 기능을 해오고 있다(송광훈, 2010).

⑤ 의례적 대화

한국인은 식사시간에 남의 집을 방문했을 경우 으레 "밥을 먹었다"고 거짓말을 하는 등(동아일보사, 1991) 의례적인 이야기를 많이 한다. 이러한 한국인의 의례성 대화를 보고 많은 사람들이 한국인은 형식주의적이고(윤태림, 1986), 표리부동하다는 결론을 내린다(이규태, 1991). 그러나 최상진과 유승엽(1994)은 한국인이 표리부동하다는 결론은 한국인들이 상호 교류에서 보이는 체면중시, 상대에 대한 배려가 대화적 행위로 표현되는 방식에 미치는 영향을 도외시하고, 대화를 참, 거짓으로만 판단하는 비심리학적 접근에서 비롯됨을 지적하고 있다. 대화가 지닌 주기능은 정보의 전달뿐만 아니라 상호 간의 관계에 대한 정보를 전달하는 것이다. 단순히 내용의 차원에서 본다면, 표리부동한 행동으로 여겨질 수 있지만, 관계에 대한 소통의

1) 고맥락 문화 : 고/ 저맥락 사회는 인류학자 홀(Hall)이 각 문화권에서 의사소통 내용의 해석과 관련하여 제시한 개념이다. 고맥락 사회에서는 의사소통 내용을 해석하기 위해서는 소통에 진행되고 있는 상황과 상호관계의 맥락을 많이 고려해야 하며, 저맥락 사회에서는 내용의 해석에 맥락이 차지하는 비중이 상대적으로 낮다.

차원에서 본다면 표리부동한 언행은 한국인이 지닌 성격적 특성이 아니라 교류과정에서 나타나는 상대방을 배려하는 특징일 뿐이다. 그러나 이 의례성은 그 기제를 이해하지 못하는 외국인에게 한국인을 모순투성이의 민족으로 인식시킬 수도 있다. 그리고 발현과정이 고도로 복잡할 수 있으므로 한국인에게 있어서도 잘못된 오해가 빈발하기도 한다(최상진, 2000; 최상진 · 유승엽, 1994).

2) 문화와 인지

문화와 인지에 대한 연구자들은 인지과정 자체가 문화적 산물임을 최근 보여주고 있다. 이것은 '사람들이 생각하는 방식은 같을 것'이라고 생각해온 전통심리학의 중요한 가정을 흔드는 것이다(Choi, Nisbett, & Norenzayan, 1999; Peng & Nisbett, 1999). 동서양 사람들의 사고방식에 차이가 있다는 것은 일찍부터 거론되었지만, 심리학자들에게는 관심 밖의 것이었다. 그러나 로르샤흐 검사(Rorschach test)[2]를 중국인과 중국계 미국인, 그리고 미국인을 대상으로 실시한 연구결과를 살펴보면, 로르샤흐 검사에 대한 반응양상에 있어서 중국인들은 중국계 미국인보다, 그리고 중국계 미국인은 미국인들보다 더 그림 전체에 대한 반응을 많이 보이는 것으로 나타났다(Abel & Hsu, 1949, Bond, 1991 재인용). 이는 중국인들이 대상자극을 전체로서 파악하는 경향이 보다 강하고, 미국인들은 전체보다는 부분에 대한 파악 경향이 강함을 보이는 것이다.

보다 최근의 한 연구(Masuda & Nisbett, 2001)에서는 일본과 미국 학생들에게 물고기가 물속에서 노는 장면을 애니메이션으로 보여준 후, 시청한 애니메이션에 대해 설명하게 했다. 그 결과, 세부적인 장면의 내용을 기억함에 있어서는 두 집단 간에 차이가 없었지만, 미국인들이 물고기에 주목하

2) 로르샤흐 검사(Rorschach test)는 1921년 스위스 심리학자 로르샤흐에 의해서 창안된 검사로 대표적인 투사검사 방법이다. 이것은 10장의 데칼코마니 기법으로 만든 잉크얼룩 그림을 보여주고 어떻게 반응하는지를 통해 내면의 모습을 알아보는 방법이다. 무엇으로 보이는지, 어떤 부분이 그렇게 보이는지, 그리고 전체 반응의 수 등을 보고 분석한다.

는 발언("송어같이 생긴 고기가 오른쪽으로 가고 있다" 등)을 첫마디로 던지는 데 반해, 일본인들은 물고기의 배경("연못이 있다" 등)을 첫마디로 언급하는 경향이 나타났다. 일본인들의 반응은 미국인들의 반응보다 70% 이상 더 많이 배경에 대한 이야기를 하는 것으로 나타났다. 그리고 또 다른 실험에서 숲을 배경으로 한 동물 사진을 보여준 후, 배경을 바꾸어 사막을 배경으로 한 사진을 보여주면 일본인들은 같은 동물이라는 것을 인식하는 데 어려움을 보인다는 것이다. 이는 일본인들이 각 장면을 요소별로 구분하여 파악하기보다는 전체를 하나의 단위로 파악하고 있음을 시사하는 것이다(한규석, 2009).

아동이 습득하는 단어의 종류에 있어서도 이 같은 문화적 차이를 보여주는 증거가 나오고 있다. 즉, 아동들이 동사보다 명사를 먼저 획득하는 것은 보편적인 현상이지만(Au, Song, 1994), 미국의 아동들은 명사 어휘의 증가가 빨리 나타나는 데 반해 한국의 아동들은 두 살이 채 못 되어서도 동사 어휘의 증가를 빨리 보였다(Choe & Gopnik, 1995). 동사가 관계를 표현하는 단어라는 점에서 의미 있는 문화 차이로 여겨진다(한규석, 2009). 이러한 결과는 과학사가와 인식론자들이 사물을 접근하는 방식이 동양인들은 그 요소들의 총체적인 모양과 관계를 파악하는 방식이며, 서양인들은 각 요소별로 분석하여 파악하는 방식을 취한다(Hansen, 1983; Lloyd, 1990)고 본 것과도 일치한다.

그리고 사건 간의 관계성을 판단하는 데도 문화적 차이가 나타나는 것을 알 수 있다. 서구인들에 비해 동아시아인들은 사건에 대한 파악을 할 때 인과적 설명이 복잡하며, 서로 무관한 사안들일지라도 사안들 간의 관계 가능성을 염두에 두고 있는 것으로 나타났다(Choi, Dalal, Kim-prieto, & Park). 이를 검증하기 위해 대학생들에게 살인사건을 수사하는 형사의 역할을 부여하고 사건정황을 설명하면서 97가지의 정보를 제공하였다. 이들 정보를 하나하나씩 참가자들이 보면서, 사건해결에 도움이 되는지 여부를 판단하여 도움이 전혀 안 되는 정보를 제거하도록 하였을 때 문화 차이가 확연히 드러났다. 한국인들은 전체 항목에서 37%를, 아시아계 미국인은 50%를, 미국인은 56%의 항목을 도움이 안 되는 정보라고 배제하는 것으로 나타났다. 이 같은 양상은 미국인이 필요 없다고 보는 정보라도 한국인은 필요하다고 보는 것을 의미하며, 한국인들이 보이는 총체적 사고, 인과관계의 복합적 파악 경향을 보이는 것이다. 이러한 특성 때문에 한국인들은 예상 밖의 상황전개에 덜 놀라고, 사건이 벌어진 후의 설명을 잘하는 양상을 보인다(Choi & Nisbett, 2000, 한규석, 2009 재인용).

PART 05

이상행동 및 정신장애

chapter 18

이상행동 및 정신장애의 판별기준

'이상행동'은 어떻게 정의되고 규정될 수 있는가? 한 사람의 행동이나 심리상태를 '정상적' 또는 '비정상적'이라고 판단할 때, 그 판단근거는 무엇인가? 정상행동과 이상행동은 어떤 기준에 의해서 구별될 수 있는가? 이러한 물음은 매우 근본적인 철학적 물음이며 학자들마다 다양한 견해를 제시하고 있다. 일반적으로 이상행동(abnormal behavior)은 객관적인 관찰과 측정이 가능한 개인의 부적응적인 심리적 특성을 의미하며, 정신장애(mental disorder)는 특정한 이상행동의 집합체를 의미한다. 이러한 이상행동에는 인간의 다양한 심리적 측면, 즉 인지, 정서, 동기, 행동, 생리의 측면에서 개인의 부적응을 초래하는 특성이 포함된다(권석만, 2013).

이상행동과 정신장애를 정의하는 기준은 학자에 따라 다양하게 주장되고 있다. 현재 모든 이상행동과 정신장애를 포괄할 수 있는 일관된 정의나 기준은 없다. 그러나 현재 이상심리학에서 보편적으로 적용되고 있는 정상성과 이상성에 대한 기준은 크게 적응적 기능의 저하 및 손상, 주관적 불편감과 개인적 고통, 문화적 규범의 일탈, 통계적 규준의 일탈 등으로 나누어 볼 수 있다(Davison & Neale, 2001).

1. 적응적 기능의 저하 및 손상

이상행동과 정신장애의 정의에 있어서 가장 중요한 개념은 적응(adaptation)이다. 인간의 삶은 개인이 환경과 상호작용하며 적응하는 과정이다. 이러한 적응의 관점에서 볼 때, 이상행동은 개인의 적응을 저해하는 심리적 기능의 손상을 반영하는 것이다. 즉, 개인의 인지적·정서적·행동적·신체생리적 기능이 저하되거나 손상되어 원활한 적응에 지장을 초래할 때, 부적응적인 이상행동으로 간주할 수 있다는 것이다. 현재 세계적으로 가장 널리 사용되고 있는 정신장애의 분류체계인 '정신장애의 진단 및 통계 편람 제4판(DSM-IV : American Psychiatric Association, 1994)'에서는 여러 가지 심리적 증상들이 현저한 사회적·직업적 부적응을 초래할 경우에 한하여 정신장애라고 판정하고 있다. 그리고 '현저한 부적응'에 대한 판단은 전문적 교육과 훈련을 받은 임상가에 의해서 이루어지고 있다.

2. 주관적 불편감과 개인적 고통

이상행동과 정신장애를 판단하는 또 다른 중요한 기준은 주관적 불편감(subjective discomfort)과 개인적 고통(personal distress)이다. 개인으로 하여금 현저한 고통과 불편감을 느끼게 하는 행동을 이상행동이라고 보는 것이다. 개인의 부적응에는 별 영향을 미치지 않지만 심하게 고통을 느끼는 심리적 상태나 특성은 이상행동으로 간주될 수 있다는 입장이다. 사실 정신건강 전문가에게 도움을 요청하는 사람 중에는 현저한 적응곤란뿐 아니라 주관적인 고통과 불편감을 지닌 사람들이 많다. 불안, 우울, 비애, 분노, 절망과 같은 심한 심리적 고통과 불편감은 개인의 삶을 불행하게 만든다.

3. 문화적 규범의 일탈

모든 사회에는 그 사회에 속한 사람들이 따라야 하는 문화적 규범(cultural norm)이 있다. 우리 사회에는 부모-자녀 관계, 친구관계, 이성관계, 학교생활, 직장생활 등 다양한 사회적 활동 장면에서 자신의 역할에 따라 취해야 할 행동규범이 존재한다. 인간은 자신이 속한 사회에 원만하게 적응하기 위해서 이러한 문화적 규범을 잘 따르는 것이 중요하다. 따라서 이러한 문화적 규범에 어긋나거나 일탈된 행동을 나타낼 경우에 이상행동으로 규정할 수 있다. DSM-5에서는 다른 기준에 의해서 이상행동으로 평가되더라도 개인이 속한 문화나 집단에서 기대되고 용인되는 행동이라면 이상행동으로 판단해서는 안 된다고 규정하고 있다. 예컨대, 특정한 문화나 종교집단에서 용인되는 비현실적 신념이나 기이한 종교체험은 이상행동으로 간주해서는 안 된다.

4. 통계적 규준의 일탈

인간의 어떤 특성을 측정하여 그 빈도분포를 그래프로 그리게 되면 종을 거꾸로 엎어놓은 것과 같은 모양의 정상분포(normal distribution)를 나타내는 경향이 있다. 즉, 평균값에 해당되는 사람의 수는 많은 반면, 평균으로부터 멀어질수록 그 수는 감소하는 추세를 나타내게 된다. 이러한 통계적 속성에 따라서 평균으로부터 멀리 일탈된 특성을 나타낼 경우 '비정상적'이라고 보는 것이 통계적 기준이다.

chapter

19 이상행동과 정신장애의 분류체계 : DSM-5

1. 정신장애의 분류체계

이상행동을 분류하려는 노력은 인류문명의 역사만큼이나 오래되었다. 서양에서 의학의 아버지로 알려진 히포크라테스(Hippocrates)는 정신장애를 세 가지 유형, 즉 조증, 우울증, 광증으로 분류하고 그 원인을 점액, 혈액, 황담즙, 흑담즙과 같은 체액으로 설명하고자 했다. 이상행동의 분류 작업은 18세기까지 매우 초보적인 상태를 벗어나지 못하였으며 19세기 말 독일의 정신의학자인 크레펠린(Kraepelin)에 의해서 정신장애의 체계적 분류작업이 시작되었다. 그가 제시한 분류체계는 현재의 관점에서 보면 매우 거칠고 주관적인 것이었지만 오늘날의 정신장애 분류체계를 발전시키는 기초가 되었다.

현재 연구와 임상 장면에서 가장 널리 사용되고 있는 정신장애 분류체계는 DSM-5와 ICD-10이다. DSM-5는 미국정신의학회에서 발간하는 『정신장애의 진단 및 통계 편람(Diagnostic and Statistical Manual of Mental Disorder)』의 5번째 개정판으로서 2013년에 출간되었다. ICD-10은 세계보건기구(WHO)에서 발간하는 『세계질병분류(International Classification of Diseases)』의 10번째 개정판으로서 그 안에 정신장애의 분류와 진단기준이 포함되어 있으며 2015년에 ICD-11이 출간되었다.

2. DSM-5

미국정신의학회에서 발간하는 『정신장애의 진단 및 통계 편람(DSM)』은 세계적으로 가장 많은 임상가와 연구자가 사용하고 있다. DSM은 특정한 이론적 입장에 치우치지 않고 심리적 증상과 증후군을 위주로 하여 정신장애의 분류체계와 진단기준을 제시하고 있다. 즉, DSM의 정신장애 분류는 장애의 원인이 아니라 증상의 기술적 특징에 근거하여 이루어져 있다. 1952년에 DSM-I이 처음 발행된 이후 임상적 유용성과 진전된 연구결과를 반영하여 여러 차례의 개정과정을 거쳤다. 1994년 네 번째 개정판인 DSM-IV가 발간되었으며 2013년 5월에 DSM-5가 발행되었다.

DSM-5는 정신장애 분류체계에 있어서 ICD-11과 조화를 이루도록 많은 부분이 개정되었다. 또한 임상가들이 정신장애의 진단을 좀 더 편리하게 할 수 있도록 구성하였으며 최근의 과학적인 연구결과를 반영하려고 노력하였다. 특히 DSM-5에서는 DSM-IV에서 사용했던 다축 진단체계가 임상적 유용성과 타당성이 부족하다는 이유로 폐기되었다. 아울러 범주적 진단체계의 한계를 보완하기 위해서 차원적 평가를 도입한 혼합 모델(hybrid model)을 적용하여 모든 환자의 주된 증상과 다양한 증상을 심각도 차원에서 평가하도록 되어 있다.

DSM-5는 정신장애를 20개의 주요한 범주로 나누고 그 하위범주로 300여 개 이상의 장애를 포함하고 있다. DSM-5에 포함된 주요한 정신장애의 범주를 열거하면 <표 19-1>과 같다.

〈표 19-1〉 DSM-5에 포함된 주요 정신장애의 범주

1) 신경발달 장애(Neurodevelopmental Disorders)
2) 정신분열 스펙트럼 및 기타 정신증적 장애(Schizophrenia Spectrum and Other Psychotic Disorders)
3) 양극성 및 관련 장애(Bipolar and Related Disorders)
4) 우울장애(Depressive Disorders)
5) 불안장애(Anxiety Disorders)
6) 강박 및 관련 장애(Obsessive-Compulsive and Related Disorders)
7) 외상 및 스트레스 관련 장애(Trauma and Stressor Related Disorders)
8) 해리장애(Dissociative Disorders)
9) 신체증상 및 관련 장애(Somatic Symptom and Related Disorders)
10) 급식 및 섭식 장애(Feeding and Eating Disorders)
11) 배설장애(Elimination Disorders)
12) 수면-각성 장애(Sleep-Wake Disorders)
13) 성기능 장애(Sexual Dysfunctions)
14) 성 불편증(Gender Dysphoria)
15) 파괴적, 충동통제 및 품행장애(Disruptive, Impulse-Control, and Conduct Disorders)
16) 물질-관련 및 중독 장애(Substance-Related and Addictive Disorders)
17) 신경인지 장애(Neurocognitive Disorders)
18) 성격장애(Personality Disorders)
19) 성도착 장애(Paraphilic Disorders)
20) 기타 정신장애(Other Mental Disorders)

3. 정신장애의 유형(권석만, 2013 : 122-133)

DSM-5는 다양한 정신장애를 크게 20가지 범주로 분류하고 있으며 각 범주는 여러 하위장애로 세분되고 있다. DSM-5에서는 장애가 흔히 발생하는 발달단계를 고려하여 이른 시기의 발달과정에 나타나는 정신장애 범주부터 먼저 제시하고 있다. 즉, 유아기나 초기 아동기에 흔히 진단되는 신경발달 장애로 시작하여 주로 성인기에 진단되는 장애를 뒷부분에 제시하고 있다. 여기에서는 각 장애의 주요한 특성을 간략히 살펴봄으로써 DSM-5에서 제시하는 다양한 장애들에 대한 전반적 이해를 돕고자 한다.

1) 신경발달 장애

신경발달 장애(neurodevelopmental disorders)는 중추신경계, 즉 뇌의 발달 지연 또는 뇌 손상과 관련된 것으로 알려진 정신장애와, 심리사회적 문제보다는 뇌의 발달장애로 인해 흔히 생의 초기부터 나타나는 아동기 및 청소년기의 정신장애를 포함한다. 신경발달 장애는 ① 지적장애, ② 의사소통 장애, ③ 자폐 스펙트럼 장애, ④ 주의력결핍－과잉행동 장애, ⑤ 특정 학습장애, ⑥ 운동장애의 여섯 가지 하위장애로 분류된다.

① 지적장애(intellectual disability)는 지능이 비정상적으로 낮아서 학습 및 사회적 적응에 어려움을 나타내는 경우를 뜻한다. 좀 더 구체적으로, 표준화된 지능검사로 측정된 지능지수(IQ)가 70 미만으로 현저하게 낮은 지능을 보이는 경우로서 지적발달 장애(intellectual disability)라고 불리기도 한다.

② 의사소통 장애(communication disorder)는 의사소통에 필요한 말이나 언어의 사용에 결함이 있는 경우이다. 지능수준은 정상적이지만 언어사용에 문제가 나타나게 되는데, 하위장애로는 언어장애, 발음장애, 아동기－발생 유창성 장애(말더듬), 사회적 소통장애가 있다.

③ 자폐 스펙트럼 장애(autism spectrum disorders)는 사회적 상호작용과 의사소통에서 장애를 나타낼 뿐만 아니라 제한된 관심과 흥미를 지니며 상동적인 행동을 반복적으로 나타내는 장애를 뜻한다. 이러한 장애는 증상의 심각도가 다양한 수준으로 나타날 수 있으며 DSM-5에서는 장애의 심각도를 세 수준으로 평가한다.

④ 주의력결핍－과잉행동 장애(attention deficit-hyperactivity disorder)는 주의집중의 어려움과 더불어 매우 산만하고 부주의한 행동을 나타낼 뿐만 아니라, 자신의 행동을 적절히 통제하지 못하고 충동적인 과잉행동을 나타내는 경우에 진단된다. 이러한 장애를 지닌 아동은 주의력결핍형, 과잉행동형, 두 가지 혼합형의 세 하위유형으로 구분될 수 있다.

⑤ 특정 학습장애(specific learning disorder)는 정상적인 지능을 갖추고 있고 정서적인 문제가 없음에도 불구하고 지능수준에 비하여 현저한 학습 부진을 보이는 경우를 말한다. 이러한 장애를 지닌 아동들은 흔히 읽기, 쓰기, 산술적 또는 수리적 계산과 관련된 기술을 학습하는 데 어려움을 나타낸다.

⑥ 운동장애(motor disorder)는 나이나 지능수준에 비해서 움직임 및 운동 능력이 현저하게 미숙하거나 부적응적인 움직임을 반복적으로 나타내는 경우로서 여러 하위유형으로 구분된다. 발달성 운동조정 장애(development coordination disorder)는 앉기, 기어 다니기, 걷기, 뛰기 등의 운동발달이 늦고 동작이 서툴러서 물건을 자주 떨어뜨리고 깨뜨리거나 운동을 잘하지 못하는 경우를 뜻한다. 정형적 동작 장애(stereotypic movement disorder)는 특정한 패턴의 행동을 아무런 목적 없이 반복적으로 지속하여 정상적인 적응에 문제를 야기하는 경우를 말한다. 틱장애(tic disorder)는 얼굴 근육이나 신체 일부를 갑작스럽게 불수의적으로 움직이는 행동을 반복하거나 소리를 내는 부적응적 행동을 의미한다. 이러한 틱장애에는 다양한 운동 틱과 음성 틱이 1년 이상 지속적으로 나타나는 뚜렛장애(Tourette's disorder), 운동 틱이나 음성 틱이 1년 이상 나타나는 만성 운동 또는 음성 틱장애(chronic motor or vocal tic disorder), 운동 틱이나 음성 틱이 1개월 이상 1년 이내 지속되는 일시적 틱장애(provisional tic disorder)가 있다.

2) 정신분열 스펙트럼 및 기타 정신증적 장애

정신분열 스펙트럼 및 기타 정신증적 장애(schizophrenia spectrum and other psychotic disorders)는 정신분열증을 비롯하여 그와 유사한 증상을 나타내는 심각한 정신장애를 포함한다. 정신분열 스펙트럼 장애는 망상, 환각, 혼란스러운 언어, 부적절한 행동, 둔마된 감정이나 사회적 고립을 특징적으로 나타내는 일련의 정신장애를 의미한다. 증상의 심각도나 지속시간에 따라 다양한 하위유형, 이를테면 경미한 정신분열 증상이 성격의 일부처럼 지속적으로 나타나는 분열형 성격장애(schizotypal personality disorder), 다른 적응 기능은 비교적 온전하지만 망상을 특징적으로 나타내는 망상장애(delusional disorder), 정신분열 증상이 2주 이내로 짧게 나타나는 단기 정신증적 장애(brief psychotic disorder), 정신분열 증상이 6개월 이상 지속되는 정신분열증(schizophrenia), 정신분열 증상과 양극성 증상이 함께 나타나는 분열정동장애(schizoaffective disorder)로 구분된다. 이 밖에도 약물이나 신체적 질병으로 인해 나타나는 정신증적 장애를 포함한다.

3) 양극성 및 관련 장애

양극성 및 관련 장애(bipolar and related disorders)는 기분의 변화가 매우 심하여 기분이 고양된 상태와 침체된 상태가 주기적으로 나타나는 일련의 장애를 의미한다. 양극성 장애(bipolar disorder)는 조증 증상과 더불어 우울증 증상이 주기적으로 교차되면서 나타나는 장애로서 조울증(manic-depressive illness)이라고 불리기도 한다. 조증 증상이 나타나는 경우는 그 심각도에 따라서 조증 삽화와 경조증 삽화로 구분된다. 조증 삽화(manic episode)는 과도하게 들뜬 고양된 기분을 나타내며 자존감이 팽창되어 말과 활동이 많아지고 주의가 산만해져서 일상적인 생활이 불가능한 경우를 뜻하는 반면, 경조증 삽화는 조증 증상이 경미하게 나타나는 경우를 의미한다. 양극성 장애는 조증 삽화가 특징적으로 나타나는 제1형 양극성 장애(bipolar I disorder)와 우울증과 더불어 경조증 삽화만 나타나는 제2형 양극성 장애(bipolar II disorder)로 구분된다. 이 밖에도 조증 상태와 우울증 상태가 경미한 형태로 2년 이상 지속적으로 나타나는 순환감정 장애(cyclothymic disorder)가 있다.

4) 우울장애

우울장애(depressive disorders)는 우울하고 슬픈 기분을 주된 증상으로 하는 다양한 장애를 의미한다. 우울 상태에서는 일상생활에 대한 의욕과 즐거움이 감퇴하고, 주의집중력과 판단력이 저하되며, 체중과 수면패턴이 변화할 뿐만 아니라 무가치감과 죄책감, 그리고 죽음이나 자살에 대한 사고가 증가한다. 이러한 우울장애의 하위유형에는 심각한 우울증상이 나타나는 주요 우울장애(major depressive disorder), 경미한 우울증상이 장기적으로 나타나는 지속적 우울장애(persistent depressive disorder), 월경 전에 우울증상이 나타나는 월경전기 불쾌장애(premenstrual depressive disorder), 불쾌한 기분을 조절하지 못하는 파괴적 기분조절곤란 장애(disruptive mood dysregulation disorder)가 있다.

5) 불안장애

불안장애(anxiety disorders)는 불안과 공포를 주된 증상으로 하는 장애로서 불안이 나타나는 다양한 양상에 따라 여러 가지 하위유형으로 구분된다. 불안장애의 하위유형으로는 미래에 경험하게 될 다양한 상황에 대해 과도한 불안과 걱정을 나타내는 범불안장애(generalized anxiety disorder), 특정한 대상(㉾ 뱀, 개, 거미)이나 상황(㉾ 높은 곳, 폭포)에 대한 공포를 지니는 특정공포증(specific phobia), 광장이나 공공장소, 특히 급히 빠져나갈 수 없는 상황에 도움 없이 혼자 있게 되는 것에 대한 공포인 광장공포증(agoraphobia), 다른 사람 앞에서 어떤 일을 해야 할 때 심한 불안과 공포를 느끼는 사회불안장애(social anxiety disorder), 갑작스럽게 엄습하는 강렬한 불안과 공포를 주된 증상으로 하는 공황장애(panic disorder)가 있다. 이 밖에도 DSM-5에서는 중요한 애착 대상과 떨어지는 것에 대한 심한 불안을 나타내는 분리불안장애(separation anxiety disorder)와 특수한 사회적 상황에서 지속적으로 말을 하지 않는 선택적 무언증(selective mutism)이 불안장애의 하위유형으로 포함되었다.

6) 강박 및 관련 장애

강박 및 관련 장애(obsessive-compulsive and related disorders)는 강박적인 집착과 반복적인 행동을 특징적으로 나타내는 일련의 장애를 포함하며 DSM-5에서 처음으로 독립된 장애범주로 제시되었다. 강박장애(obsessive-compulsive disorder)는 불안을 유발하는 부적절한 강박사고(예 성적이나 불경스러운 생각, 더러운 것에 오염될 것에 대한 생각)에 집착하면서 불안을 완화시키기 위한 강박행동(예 손 씻기, 확인하기, 정돈하기, 숫자세기)을 반복적으로 나타내는 장애이다. 이 밖에도 강박 관련 장애로는 신체 일부가 기형적으로 이상하게 생겼다는 생각(예 코가 비뚤어짐, 턱이 너무 김)에 집착하는 신체변형 장애(body dysmorphic disorder), 불필요한 물건을 과도하게 수집하여 보관하는 저장장애(hoarding disorder), 자신의 머리털을 반복적으로 뽑는 모발 뽑기 장애(hair-pulling disorder), 자신의 피부를 반복적으로 벗기는 피부 벗기기 장애(excoriation disorder 또는 skin-picking disorder) 등이 있다.

7) 외상 및 스트레스 관련 장애

외상 및 스트레스 관련 장애(trauma-and stressor-related disorders)는 충격적인 외상 사건(예 교통사고, 전쟁, 건물 붕괴, 지진, 강간, 납치)이나 스트레스 사건을 경험한 이후에 부적응 증상을 나타내는 다양한 경우를 포함하여 DSM-5에서 처음으로 독립된 장애범주로 제시되었다. 외상 사건을 경험하고 나서 그러한 사건에 대한 기억의 침투 증상과 더불어 회피적 행동이 1개월 이상 나타나는 경우를 외상 후 스트레스 장애(post traumatic stress disorder)라고 하며, 유사한 증상이 1개월 이내로 나타나는 경우에는 급성 스트레스 장애(acute stress disorder)라고 진단한다. DSM-5에서는 아동이 부적절한 양육환경(애착형성을 어렵게 하는 양육자의 잦은 변경, 정서적 욕구를 좌절시키는 사회적 방치와 결핍)에서 성장한 경우에 나타나는 부적응 문제의 두 가지 유형, 즉 반응성 애착장애와 탈 억제 사회관여 장애를 이 장애범주에 포함시켰다. 반응성 애착

장애(reactive attachment disorder)는 5세 이전의 아동이 정서적으로 위축된 상태에서 다른 사람과 접촉하는 것을 두려워하고 회피하는 경우를 지칭하는 반면, 이와 반대로 탈 억제 사회관여 장애(disinhibited social engagement disorder)는 아동이 처음 본 어른에게 부적절하게 과도한 친밀함을 나타내거나 낯선 사람을 아무런 주저 없이 따라가려 하는 경우를 뜻한다. 이 밖에도 분명하게 확인될 수 있는 심리사회적 스트레스 사건(실연, 사업의 위기, 가족갈등, 새로운 학교로의 진학, 결혼, 직장에서의 좌절, 은퇴 등)에 대한 반응으로 부적응적인 감정과 행동을 나타내는 적응장애(adjustment disorder)도 이 장애범주에 포함되었다.

8) 해리장애

해리장애(dissociative disorders)는 의식, 기억, 자기정체감 및 환경지각 등이 평소와 달리 급격하게 변화하는 장애를 의미한다. 이 장애범주에는 세 가지 하위유형, 즉 자기의 과거를 전부 잊어버리거나 특정 기간 동안의 기억을 망각하는 해리성 기억상실증(dissociative amnesia), 한 사람의 내부에 2개 이상의 독립적인 정체감과 성격을 지니고 있는 해리성 정체감 장애(dissociative identity disorder), 평소와 달리 자신과 주변 현실에 대해서 매우 낯설거나 이상한 느낌을 받게 되는 이인증/ 비현실감 장애(depersonalization/ derealization disorder)가 있다. 이러한 해리장애는 충격적인 사건을 경험한 후에 갑자기 나타나는 경우가 많다.

9) 신체증상 및 관련 장애

신체증상 및 관련 장애(somatic symptom and related disorders)는 원인이 불분명한 신체증상을 호소하거나 그에 대한 과도한 염려를 나타내는 부적응 문제를 의미한다. 이러한 장애는 생물학적·심리적·사회적 요인의 복합적 영향에 의해서 시작되고 악화될 수 있다. 신체증상장애(somatic symptom disorders)

는 1개 이상의 신체적 증상에 과도하게 집착함으로써 심각한 고통과 일상생활의 부적응을 초래하는 경우를 의미하며 증상의 심각도에 따라 세 수준으로 구분된다. 질병불안장애(illness anxiety disorder)는 실제로 건강에 큰 문제가 없음에도 자신의 몸에 심각한 질병이 있다는 생각에 집착하며 과도한 불안을 나타내는 경우로서 건강염려증이라고 불리기도 한다. 전환장애(conversion disorder)는 신경학적 손상을 암시하는 운동기능과 감각기능의 이상을 나타내는 경우를 의미한다. 허위성 장애(factitious disorder)는 신체적 또는 심리적 증상을 의도적으로 만들어 내거나 위장하여 병원에서 환자로 치료받기를 원하는 경우로서 이러한 증상으로 인하여 아무런 현실적인 이득(예 경제적 보상, 법적 책임의 회피 등)이 없음이 분명하며, 다만 환자 역할을 하려는 심리적 욕구에 기인한 것으로 추정될 때 이러한 진단이 내려진다. 이 밖에도 신체적 질병에 부정적인 영향을 미칠 수 있는 다양한 심리적 요인들(예 치료 불순응, 심각한 신체장애의 무시)도 이 장애범주에 포함된다.

10) 급식 및 섭식 장애

급식 및 섭식 장애(feeding and eating disorders)는 개인의 건강과 심리사회적 기능을 현저하게 방해하는 부적응적인 섭식행동과 섭식 관련 행동을 의미하며 다양한 하위장애를 포함한다. 신경성 식욕부진증(anorexia nervosa)은 체중증가와 비만에 대한 극심한 두려움을 지니고 있어서 음식섭취를 현저히 감소시키거나 거부함으로써 체중이 비정상적으로 저하되는 경우를 뜻한다. 이 장애는 여자 청소년에게서 흔히 나타나며 체중이 현저하게 감소하여 건강에 심각한 문제가 발생해도 이를 인정하지 않고 음식섭취를 거부하여 결국 사망하는 경우도 있다. 신경성 폭식증(bulimia nervosa)은 짧은 시간 내에 많은 양을 먹는 폭식행동과 이로 인한 체중증가를 막기 위한 구토 등의 보상행동이 반복되는 경우를 말한다. 이러한 장애를 지닌 사람들은 보통 사람들이 먹는 것보다 훨씬 많은 양의 음식을 단기간(예 2시간

이내)에 먹어 치우는 폭식행동을 나타내며 이럴 때는 음식섭취를 스스로 조절할 수 없게 된다. 이렇게 폭식을 하고 나면 체중증가에 대한 두려움으로 인해 심한 자책을 하게 되고 스스로 구토하거나 이뇨제, 설사제, 관장약 등을 사용하는 등 부적절한 보상행동을 하게 된다. 폭식장애(binge eating disorder)는 신경성 폭식증과 마찬가지로 폭식행동을 나타내지만 보상행동은 하지 않으며 흔히 과체중이나 비만을 나타낸다.

급식 및 섭식 장애에는 아동기에 흔히 나타나는 부적응적인 급식장애들도 포함된다. 이식증(pica)은 먹으면 안 되는 것(예 종이, 천, 머리카락, 흙, 벌레)을 습관적으로 먹는 경우를 뜻하며, 반추장애(rumination disorder)는 음식물을 반복적으로 되씹거나 토해내는 행동을 나타내는 경우를 말한다. 회피적/ 제한적 음식섭취 장애(avoidant/ restrictive food intake disorder)는 지속적으로 먹지 않아 심각한 체중감소가 나타나는 경우에 진단된다.

11) 배설장애

배설장애(elimination disorders)는 아동기나 청소년기에 흔히 진단되는 장애로서 대소변을 가릴 충분한 연령이 되었음에도 불구하고 이를 가리지 못하고 옷이나 적절치 않은 장소에서 배설하는 것을 말한다. 배설장애의 하위유형으로는 5세 이상의 아동이 신체적인 이상이 없음에도 옷이나 침구에 반복적으로 소변을 보는 유뇨증(enuresis)과 4세 이상의 아동이 대변을 적절치 않은 곳(예 옷이나 마루)에 반복적으로 배설하는 유분증(encopresis)이 있다.

12) 수면-각성 장애

수면-각성 장애(sleep-wake disorders)는 수면의 양이나 질의 문제로 인하여 수면-각성에 대한 불만과 불평을 나타내는 다양한 경우로서 열 가지 하위장애로 구분된다. 자고자 하는 시간에 잠을 이루지 못하거나 밤중에 자주 깨어 1개월 이상 수면부족 상태가 지속되는 불면장애(insomnia disorder), 충분히 수면을 취했음에도 졸린 상태가 지속되거나 지나치게 많은 잠을 자게 되는 과다수면 장애(hypersomnolence disorder), 주간에 갑자기 근육이 풀리고 힘이 빠지면서 참을 수 없는 졸림으로 인해 부적절한 상황에서 수면상태에 빠지게 되는 수면발작증(narcolepsy), 수면 중 자주 호흡곤란이 나타나 수면에 방해를 받게 되는 호흡 관련 수면장애(breathing-related sleep disorder), 야간근무로 인해 낮에 수면을 취해야 하는 경우처럼 평소의 수면주기가 맞지 않는 수면상황에서 수면에 곤란을 경험하게 되는 일주기 리듬 수면-각성 장애(circadian rhythm sleep-wake disorder)가 있다.

수면 중에 잠자리에서 일어나 걸어 다니거나 자율신경계의 흥분과 더불어 강렬한 공포를 느껴 자주 잠에서 깨어나는 비REM 수면-각성 장애(non-REM sleep arousal disorder), 수면 중에 무서운 악몽을 꾸게 되어 자주 깨어나게 되는 악몽장애(nightmare disorder), REM 수면 기간에 소리를 내거나 옆 사람을 다치게 할 수 있는 움직임을 반복적으로 나타내는 REM 수면 행동장애(REM sleep behavior disorder), 다리에 불쾌한 감각을 느껴 다리를 움직이고자 하는 충동을 반복적으로 느끼는 초조성 다리 증후군(restless legs syndrome), 약물의 중독이나 금단증상으로 인해 심각한 수면장애가 나타나는 물질/ 약물 유도성 수면 장애(substance/ medication-induced sleep disorder)가 있다.

13) 성기능 장애

성기능 장애(sexual dysfunctions)는 원활한 성행위를 방해하는 다양한 기능 장애를 포함한다. 남성에게 나타나는 성기능 장애로는 최소한 6개월 이상 성적인 욕구를 지속적으로 느끼지 못하는 남성 성욕감퇴 장애(male hypoactive sexual desire disorder), 성적 활동을 하는 동안 발기에 어려움을 겪게 되는 발기장애(erectile disorder), 성행위 시에 너무 일찍 또는 자신이 원하기 전에 사정을 하게 되는 조루증(premature ejaculation)이 있다. 여성에게 나타나는 성기능 장애로는 성적 활동에 대한 관심이 현저하게 저하될 뿐만 아니라 성행위 시에 성적인 흥분이 적절하게 일어나지 않는 여성 성적 관심/ 흥분 장애(female sexual interest/ arousal disorder), 여성이 성행위 시에 절정감을 경험하지 못하는 여성 절정감 장애(female orgasmic disorder), 성행위 시에 생식기나 골반에 현저한 통증을 경험하는 생식기-골반 통증/ 삽입 장애(genito-pelvic pain/ penetration disorder)가 있다.

14) 성 불편증

성 불편증(gender dysphoria)은 자신에게 주어진 생물학적 성과 자신이 경험하고 표현하는 성 행동 간의 현저한 괴리로 인해서 심한 고통과 사회적 적응곤란을 나타내는 경우를 의미한다. 성 불편증을 지닌 사람은 다른 성이 되고자 하는 강렬한 열망을 지니거나 반대 성의 의복을 선호하거나 반대 성의 역할을 하고자 하는 등의 다양한 행동을 나타낼 수 있다. 예를 들어, 신체적으로는 남성임에도 남자라는 것과 남자의 역할을 싫어하여 여성의 옷을 입고 여성적인 놀이나 오락을 좋아하는 등 여자가 되기를 소망하며 이들 대부분은 성전환수술을 원한다. 이러한 장애는 아동에서부터 성인에 이르기까지 다양한 연령대에서 나타날 수 있다. 성 불편증은 아동의 경우와 청소년 및 성인의 경우로 나누어 각기 다른 진단기준에 의해 평가된다.

15) 파괴적, 충동통제 및 품행장애

파괴적, 충동통제 및 품행장애(disruptive, impulse control, and conduct disorders)는 정서와 행동에 대한 자기통제의 문제를 나타내는 다양한 장애를 포함한다. 특히 다른 사람의 권리를 침해하거나 사회적 규범을 위반하는 부적응적 행동들이 이에 해당된다. 적대적 반항장애(oppositional defiant disorder)는 어떤 사람과의 상호작용에서 화를 잘 내고 논쟁적이거나 도전적이며 앙심을 품고 악의에 찬 행동을 나타내는 경우에 진단되며, 품행장애(conduct disorder)는 난폭하고 잔인한 행동, 기물파괴, 도둑질, 거짓말, 가출 등 타인의 권리를 침해하거나 사회적 규범을 위반하는 행동을 지속적으로 나타내는 경우로 청소년들이 흔히 나타내는 비행행동이 이러한 품행장애에 해당된다. 성인의 경우 사회적 규범이나 타인의 권리를 무시하는 행동양상을 반복적으로 나타내는 반사회적 성격장애(antisocial personality disorder)도 이 장애범주의 한 하위유형으로 간주된다. 이 밖에도 공격적 충동이 조절되지 않아 심각한 파괴적 행동으로 나타나게 되는 간헐적 폭발성 장애(intermittent explosive disorder), 남의 물건을 훔치고 싶은 충동을 참지 못해 반복적으로 도둑질을 하게 되는 도벽증(kleptomania), 불을 지르고 싶은 충동을 조절하지 못해 반복적으로 방화를 하게 되는 방화증(pyromania)이 여기에 속한다.

16) 물질-관련 및 중독 장애

물질-관련 및 중독 장애(substance-related and addictive disorders)는 술, 담배, 마약 등과 같은 중독성 물질을 사용하거나 중독성 행위에 몰두함으로써 생겨나는 다양한 부적응적 증상을 포함한다. 이 장애범주는 크게 물질 관련 장애(substance-related disorders)와 비물질 관련 장애(non-substance-related disorders)로 구분된다. 물질 관련 장애는 물질 사용 장애(substance use disorders)와 물질 유도성 장애(substance-induced disorders)로 구분되며, 물질 유도성 장애는 다시 특정한 물질의 과도한 복용으로 인해 일시적으로 나타나는 부적응적 증상군을 뜻하는 물질 중독(substance intoxication), 물질 복용의 중단으로 인해 일시적으로 나타나는 부적응적 증상군을 뜻하는 물질 금단(substance withdrawal), 그리고 물질 남용으로 인해 일시적인 심각한 중추신경장애를 나타내는 물질/ 약물 유도성 정신장애(substance/ medication-induced mental disorders)로 구분된다.

이러한 물질 관련 장애는 어떤 물질에 의해서 장애가 생겨나느냐에 따라 열 가지 유목으로 구분된다. 물질 관련 장애를 유발할 수 있는 물질로는 알코올, 카페인, 대마계의 칸나비스, 환각제, 흡입제, 아편류, 진정제, 수면제 또는 항불안제, 흥분제, 타바코, 기타 물질(예 스테로이드, 코르티솔, 카바 등)이 있다. 따라서 물질별로 진단이 가능하며, 예컨대 알코올 관련 장애는 알코올 사용 장애, 알코올 중독, 알코올 금단, 알코올 유도성 정신장애 등으로 구분되어 진단될 수 있다.

비물질 관련 장애로는 도박장애(gambling disorder)가 있다. 도박장애는 12개월 이상의 지속적인 도박행동으로 인해 심각한 적응문제와 고통을 경험하는 경우에 진단된다. 도박장애의 주된 증상으로는 쾌락을 얻기 위해 점점 더 많은 돈을 거는 도박의 욕구, 도박에 집착하며 몰두함, 도박을 하지 못하면 안절부절못함, 도박을 숨기기 위한 반복적인 거짓말 등이 있다.

17) 신경인지 장애

신경인지 장애(neurocognitive disorders)는 뇌의 손상으로 인해 의식, 기억, 언어 판단 등의 인지적 기능에 심각한 결손이 나타나는 경우에 진단되며 주요 신경인지 장애, 경도 신경인지 장애, 섬망으로 구분된다. 주요 신경인지 장애(major neurocognitive disorder)는 주의, 실행기능, 학습 및 기억, 언어, 지각-운동, 사회적 인지를 포함하여 인지기능이 과거에 비해 현저하게 저하되는 경우를 의미하는 반면, 경도 신경인지 장애(minor neurocognitive disorder)는 유사한 인지기능의 저하가 경미하게 나타나는 경우를 뜻한다. 이러한 신경인지 장애는 알츠하이머 질환, 뇌혈관 질환, 충격에 의한 뇌 손상, HIV 감염, 파킨슨 질환 등에 의해 유발될 수 있다. 섬망(delirium)은 의식이 혼미해지고 주의집중 및 전환능력이 현저하게 감소하게 될 뿐만 아니라 기억, 언어, 현실판단 등의 인지기능에 일시적인 장애가 나타나는 경우를 말한다. 이러한 섬망은 물질 사용이나 신체적 질병과 같은 다양한 원인에 의해서 나타날 수 있다.

18) 성격장애

성격장애(personality disorders)는 성격 자체가 부적응적이어서 사회적 기대에 어긋난 이상행동을 지속적으로 나타내는 경우를 말한다. 특정한 계기로 인해 발생하는 임상적 증후군과 달리 성격장애는 어린 시절부터 점진적으로 형성되며 이러한 성격 특성이 굳어지게 되는 성인기(보통 18세 이후)에 진단된다. DSM-5는 A, B, C의 세 군집으로 분류되는 열 가지 유형의 성격장애를 제시한다.

A군 성격장애(cluster A personality disorder)는 기이하고 괴상한 행동 특성을 나타내는 성격장애로서 세 가지 성격장애, 즉 편집성 성격장애, 분열성 성격장애, 분열형 성격장애가 이에 속한다. 편집성 성격장애(paranoid personality disorder)는 타인의 의도를 적대적인 것으로 해석하는 불신과 의심을 주된 특징으로 한다. 다른 사람이 자신을 부당하게 이용하고 피해를 주고 있다고 왜곡하여 생각하고 친구의 우정이나 배우자의 정숙성을 자주 의심하며 자신에 대한 비난이나 모욕을 잊지 않고 가슴에 담아두어 상대방에게 보복하는 경향이 있다. 분열성 성격장애(schizoid personality disorder)는 감정표현이 없고 대인관계를 기피하여 고립된 생활을 하는 경우를 뜻한다. 이런 성격의 소유자는 사람을 사귀려는 욕구가 없으며 생활 속에서 거의 즐거움을 느끼지 못하고 타인의 칭찬이나 비난에 무관심하며 주로 혼자 하는 활동에 종사하는 경우가 많다. 분열형 성격장애(schizotypal personality disorder)는 친밀한 인간관계를 불편해하고 인지적 또는 지각적 왜곡과 더불어 기괴한 행동을 나타내는 경우를 뜻한다. 심한 사회적 불안을 느끼며 마술적 사고나 기이한 신념에 집착하고 언어적 표현이 상당히 비논리적이고 비현실적일 뿐만 아니라 기괴한 외모나 행동을 나타내는 경향이 있다.

B군 성격장애(cluster B personality disorder)는 극적이고 감정적이며 변화가 많은 행동이 주된 특징으로서 다음과 같은 네 가지 성격장애가 이에 속한다. 반사회적 성격장애(antisocial personality disorder)는 사회적 규범이나 타인의

권리를 무시하는 행동양상을 뜻하며 거짓말, 사기, 무책임한 행동, 폭력적 행동, 범법 행위를 나타내고 이러한 행동에 대해서 후회나 죄책감을 느끼지 않는 경향이 있다. 연극성 성격장애(histrionic personality disorder)는 과도하고 극적인 감정표현을 하고 지나치게 타인의 관심과 주의를 끄는 행동이 주된 특징이다. 이런 성격을 지닌 사람들은 항상 사람들 사이에서 주목받는 위치에 서고자 노력하고 외모에 신경을 많이 쓰며 자기 자신을 과장된 언어로 나타내는 경향이 강하다. 경계선 성격장애(borderline personality disorder)는 대인관계, 자아상(self-image), 감정 등이 매우 불안정한 것이 특징이고 남들로부터 버림받지 않으려는 처절한 노력을 하며 대인관계가 강렬하지만 불안정한 양상을 나타낸다. 이런 성격의 소유자는 자기 자신이 어떤 사람인지에 대한 분명한 개념이 없으며 만성적으로 공허감과 분노감을 경험하고 매우 충동적인 행동을 나타내며 자살이나 자해적 행동을 하기도 한다. 자기애성 성격장애(narcissistic personality disorder)는 자신이 대단히 중요한 사람이라는 웅대한 자아상을 지니고 있어서 다른 사람으로부터 찬탄을 받고자 하는 욕구가 강한 반면, 자신을 위해 타인을 이용하며 타인의 감정을 이해하는 공감능력이 결여되어 있는 특성이 있다.

C군 성격장애(cluster C personality disorder)는 불안과 두려움을 지속적으로 경험하는 특징을 지니고 있으며 회피성 성격장애, 의존성 성격장애, 강박성 성격장애가 이에 속한다. 회피성 성격장애(avoidant personality disorder)는 타인으로부터 부정적 평가를 받는 것에 대해 과도하게 예민하며 사회적 상황에서 지나치게 감정을 억제하고 부적절감을 많이 느껴 대인관계를 회피하는 성격 특성을 보인다. 의존성 성격장애(dependent personality disorder)는 타인으로부터 보살핌을 받고자 하는 과도한 욕구를 지니고 있어서 이를 위해 타인에게 지나치게 순종적이고 굴종적인 행동을 통해 의존하는 성격 특성을 보인다. 강박성 성격장애(obsessive-compulsive personality disorder)는 질서정연함, 완벽함, 자기통제, 절약에 과도하게 집착하며 지나치게 꼼꼼하고 완고하며 사소한 것에 집착하는 성격 특성을 보인다.

이상의 성격 특성이 지나치게 경직되고 다양한 삶의 장면에 광범위하게 나타나서 사회적 또는 직업적 적응에 현저한 문제를 야기하는 경우에 성격장애로 평가될 수 있다. 또한 이러한 성격 특성이 흔히 사춘기 이전부터 나타나기 시작하여 오랜 기간 지속되는 것이 일반적이다.

19) 성도착 장애

성도착 장애(paraphilic disorders)는 성행위 대상이나 성행위 방식에서 비정상성을 나타내는 장애로서 변태성욕증이라고 하기도 한다. 인간이 아닌 대상(예 동물, 물건)을 성행위 대상으로 삼거나, 아동을 비롯하여 동의하지 않은 사람을 대상으로 성행위를 하거나, 자신이나 상대방이 고통이나 굴욕감을 느끼게 하는 성행위 방식이 이에 포함된다. 이러한 성도착증의 하위유형으로는 다른 사람이 옷을 벗고 있거나 성행위를 하고 있는 모습을 몰래 훔쳐봄으로써 성적 흥분을 느끼는 관음장애(voyeuristic disorder), 자신의 성기를 낯선 사람에게 노출시킴으로써 성적 흥분을 느끼는 노출장애(exhibitionistic disorder), 원하지 않는 상대방에게 몸을 접촉하여 문지름으로써 성적 흥분을 느끼는 접촉마찰 장애(frotteuristic disorder), 상대방으로부터 고통이나 굴욕감을 받음으로써 성적 흥분을 느끼는 성적 피학 장애(sexual masochism disorder), 상대방에게 고통이나 굴욕감을 느끼게 함으로써 성적 흥분을 느끼는 성적 가학 장애(sexual sadism disorder), 사춘기 이전의 아동(보통 13세 이하)을 상대로 한 성행위를 통해 성적 흥분을 느끼는 아동성애 장애(pedophilic disorder), 무생물인 물건(예 여성의 속옷)에 대해서 성적 흥분을 느끼는 성애물 장애(fetishistic disorder), 이성의 옷으로 바꿔 입음으로써 성적 흥분을 하는 의상전환 장애(transvestic disorder) 등이 있다.

20) 기타 정신장애

기타 정신장애(other mental disorders)는 개인에게 현저한 고통과 더불어 사회적·직업적 기능의 저하를 초래하는 심리적 문제이지만 앞에서 제시한 정신장애의 진단기준을 충족시키지 못하는 다양한 경우를 포함한다.

참·고·문·헌

가세 히데아키(1989). 한의 한국인, 흉공해하는 일본인. 서울 : 한국 브리태니커 회사.

강문희 · 김매희 · 유정은(2009). 아동발달론. 경기 : 양서원.

강봉규(1994). 발달 심리학. 서울 : 정흔출판사.

강인언 · 이한우 · 정정란(2009). 최신아동발달. 서울 : 학지사.

고영복 · 한균자(1986). 사회학개론. 서울 : 한국방송통신대학.

권석만(2012). 현대 심리치료와 상담이론 : 마음의 치유와 성장으로 가는 길. 서울 : 학지사.

권중돈(2012). 노인복지론. 서울 : 학지사.

______(2014). 인간행동과 사회환경 : 이론과 실천. 서울 : 학지사.

권중돈 · 김동배(2008). 인간행동과 사회환경. 서울 : 학지사.

김미영(2010). 아동발달. 경기 : 정민사.

김병익 역(1980). 건전한 사회. 서울 : 법문사.

김열규(1991). 맺히면 풀어라. 서울 : 서당.

김용운(1986). 일본인과 한국인의 의식구조. 서울 : 학지사.

김정택 · 심혜숙(1991). MBTI 안내. 서울 : 홍익재.

김춘경 · 이수연 · 이윤주 · 정종진 · 최웅용(2010). 상담의 이론과 실제. 서울 : 학지사.

김태련 · 장휘숙(1994). 발달심리학. 서울 : 박영사.

김필진(2007). 아들러의 사회적 관심과 상담. 서울 : 학지사.

김형섭 역(1997). 한권으로 읽는 융. 서울 : 푸른숲.

노안영 외 공역(2001). Rundin, R. W., 애들러 상담이론 : 기본 개념 및 시사점. 서울 : 학지사.

노안영 · 강영신(2005). 성격심리학. 서울 : 학지사.

동아일보사(1991). 한국인 진단 : 자기성찰을 통해 본 우리의 자화상. 서울 : 동아일보사.

문용린 역(2000). 콜버그, 레빈, 휴어, 콜버그의 도덕성 발달 이론. 서울 : 아카넷.

박경애(1997). 인지 · 정서 · 행동 치료. 서울 : 학지사.

손광훈(2010). 인간행동과 사회환경. 경기 : 공동체.

송명자(1996). 발달심리학. 서울 : 학지사.

신명희 · 서은희 · 송수지 · 김은경 · 원영실 · 노원경 · 김정민 · 강소연 · 임오용(2013). 발달심리학. 서울 : 학지사.

신성철 · 신종우 · 정희정 · 김윤진 · 이동성 · 조민식(2018). 청소년문화론. 경기 : 정민사.

양영균 역(2012). Carol R. E., & Mlevin E, 문화인류학(제13판). 서울 : 피어슨에듀케이션코리아.

엄태완 · 임성혜 · 진은경 · 강가영(2012). 인간행동과 사회환경. 공동체.

오윤선(2020). 인간심리의 이해. 경기 : 양서원.

유종렬(2015). 사회과 교육학자와 함께 하는 사회학 나들이. 충남 : 공주대학교 출판부.

윤 진(1996). 성인 · 노인 심리학. 서울 : 학지사.

윤태림(1964). 한국인의 성격. 서울 : 현대교육총서출판사.

______(1986). 한국인의 성격. 서울 : 동방도서.

이 영 · 이정희 · 김온기 · 이미한 · 조성연 · 이정림 · 유명미 · 이재선 · 신혜원 · 나종혜 · 김수연 · 정지나(2011). 영유아 발달. 서울 : 학지사.

이경렬(1989). 과제의 특정 및 제시방법이 유목-포괄수행에 미치는 영향. 연세대학교 대학원 석사학위논문.

이규태(1977). 한국인의 의식구조 上권. 서울 : 문리사.

______(1991). 한국인의 버릇. 서울 : 심원문화사.

이근홍(2015). 인간행동과 사회환경. 경기 : 공동체.

이무석(2006). 30년만의 휴식. 서울 : 비전과 리더십.

이부영(1998). 분석심리학 : C. G. Jung의 인간심성론(개정증보판). 서울 : 일조각.

이성태(2007). 아동발달이론. 경기 : 학현사.

이인정 · 최해경(2002). 인간행동과 사회환경. 서울 : 나남출판.

____________(2007). 인간행동과 사회환경. 서울 : 나남출판.

이장현(1986). 사회학의 이해. 경기 : 법문사.

이춘재 · 오가실 · 정옥분(1991). 사춘기 신체성숙 시기와 심리사회적 발달. 한국심리학회지, 14(1), 89-102.

이혜성 역(1982). 성장심리학. 서울 : 이화여자대학교출판부.

장세길 · 신지원 · 조현성 · 육수현(2022). 현대사회의 위험과 문화의 기능에 관한 사례 연구. 전북연구원.

장수한 · 김현주 · 임 혁(2008). 인간행동과 사회환경. 경기 : 공동체.

장수한 · 김현주 · 임 혁 · 채인숙(2022). 인간행동과 사회환경. 경기 : 공동체.

정옥분(2000). 성인발달의 이해 : 성인 · 노인심리학. 서울 : 학지사.

______(2012). 청년발달의 이해. 서울 : 학지사.

______(2014). 영아발달. 서울 : 학지사.

정준영 · 백영경 · 정태석(2021). 인간과 사회. 서울 : 한국방송통신대학교 출판문화원.

정철수 · 한남제 · 박종우(1994). 사회학개론. 경기 : 법문사.

정평기 외(1984). **인간과 사회**. 서울 : 교육출판사.

조복희 · 정옥분 · 유가효(1988). **인간발달 : 발달심리적 접근**. 서울 : 교문사.

조한혜정 역(1998). Maed, M., **세 부족사회에서의 성과 기질**. 서울 : 이화여자대학교출판문화원.

조형숙 · 박은주 · 강현경 · 김태인 · 배정호(2014). **유아발달**. 서울 : 학지사.

최 현 역(1999). Hall, C. S., & Nordby, V. J., **융 심리학 입문**. 서울 : 범우사.

최상진(1991). '한'의 사회심리학적 개념화 시도. 한국심리학회 연차대회 학술발표 논문집, 339-350.

______(1993). 한국인과 일본인의 우리 의식 비교. 한국심리학회 연차대회 발표논문집, 229-244.

______(1993). 한국인의 심정심리학 : 정과 한에 대한 현상학적 한 이해. 한국심리학회 심포지엄. 「한국인의 특성 : 심리학적 탐색」, 3-22.

______(1994). 한국인의 심정심리학. 아세아 심리학 워크숍, 39-64.

______(2000). **한국인 심리학**. 서울 : 중앙대학교출판부.

최상진 · 유승엽(1992). 한국인의 체면에 대한 사회심리학적 한 분석. **한국심리학회지 : 사회, 6**(2), 137-157.

____________(1994). 한국인의 의례적 언행과 그 기능. 한국심리학회 연차대회 발표논문집, 369-385.

최순남(2002). **인간행동과 사회환경**. 서울 : 법문사.

최연희 · 최상진(1990). 눈치기제가 유발되는 상황과 이유에 대한 연구. 한국 심리학회 연차대회 발표논문집, 293-302.

최재석(1976). **한국인의 사회적 성격**. 서울 : 개문사.

한규석(2009). **사회심리학의 이해**. 서울 : 학지사.

Abel, T. M. & Hsu, F. I.(1949). Some aspects of personality of Chinese as revealed by the Rorschach Test. *Journal of projective Techniques*, *13*, 285-301.

Adams, R. J.(1989). Newborns' discrimination among mid- and long-wavelength stimuli. *Journal of Experimental Child Psychology*, *47*, 130-141.

Adler, A.(1929). *The science of living*. New York : Greeberg.

________(1930). *The Pattern of Life*. New York : Holt, Rinehart, & Winston.

________(1931). *What life should mean to you*. Boston : Little, Brown.

________(1958). *The practice and theory of Individual Psychology*. NJ : Littlefield, Adams.

________(1964). Superiority and Social Interest : A Collection of Later Writings. In H. L. Ansbacher & R. R. Ansbacher(Eds.), Evanston, Ill : Northwestern University Press.

________(1963). *The Problem Child : The Life Style of the Difficult Child as Analyzed in Specific Cases*. New York : Capricorn Books.

________(1956). The Individual Psychology of Alfred Adler : A Systematic Presentation. In H. L. Ansbacher & R. R. Ansbacher(Eds.). *Selections from His Writings*. New York : Basic Books.

Ainsworth, M. D., & Bell, S. M.(1974). Mother-infant interaction and the development of competence. In K. J. Connolly & J. Bruner(Eds.), *The growth of competence*. New York : Academic Press.

Ainsworth, M. D. S.(1973). The development of infant-mother attachment. In B. M. Caldwell & H. N. Ricciuti(Eds.), *Review of child development research(Vol.3)*. Chicago : University of Chicago Press.

__________________(1979). *Patterns of attachment*. New York : Halsted Press.

Allen, J. P., & Kuperminc, G. P.(1995). *Adolescent attachment, social competence, and problematic behavior*. Paper presented at the meeting of the Society for Research in Child Development, Indianapolis.

Ambady, N., Koo, J., Lee, F., & Rosenthal, R.(1996). More that word : Linguistic and nonlinguistic politeness in two culture. *Journal of Personality & Social Psychology, 70*(5), 996-1011.

Ansbacher, H., & Ansbacher, R.(1964). *The Individual Psychology of Alfred Adler*. New York : Harper & Row Publishers.

Arlin, P. K.(1975). Cognitive development in adulthood. *Delvelopment Psychology, 11,* 602-606.

Aslin, R. N., & Lathrop, A. L.(2008). 'Visual perception'. In M. M. Haith & J. B. Benson(Eds.), *Encyclopedia of infant and early childhood development*. Oxford, UK : Elsevier.

Ashford, J. B., Lecroy, C. W., & Lortie, K. L.(2006). *Human Behavior in the Social Environment : A Multidimensional Perspective*(3rd ed.). California : Thompson Brooks/Cole.

Atwater, E.(1996). *Adolescence*(4th ed.). New York : Prentice-Hall.

Au, T., Dapretto, M., & Song, Y.(1994). Input vs constraints : Early word acquisition in Korean and English. *Journal of Memory & Language, 33*(5), 567-582.

Azar, B.(1999). Maternal emotion may influence fetal behavior. In K. L. Freiberg(Ed.), *Annual editions : Human Development*(27th ed.). New York : McGraw-Hill.

Baldridge, J. V.(1975). *Sociology*. New York : Wiliey & Sons, Inc.

Bandura, A.(1977). *Social learning theory*. NJ : Prentice-Hall.

__________(1982). Self-Efficacy Mechanism in Human Agency. *American Psycologist, 37*, 122-147.

__________(1986). *Social Foundations of Thought and Action : A social cognitive theory*. NJ : Prentice-Hall.

Banks, M. S., & Salapatek, P.(1983). Infant visual perception. In M. M. Haith & J. J. Campos(Eds.), *Handbooks of child psychology*(Vol.2). *Infancy and Developmental Psycobiology*. New York : Wiley.

Barry, H., Child, I., & Bacon, M.(1959). Relation of child training to subsistence economy. *American Anthropologist, 61,* 51-63.

Bartol, C.(1991). Effective parenting during the adolescent transition. In P. A. Cowan & E. M. Hetherington(eds.), *Advances in family research*(Vol. 2). Hillsdale, New Jersey : Erlbaum.

Beauchamp, G. K., Cowart, B. J., Mennella, J. A., & Marsh, R. R.(1994). Infant salt taste. Developmental, methodological, and contextual factors. *Developmental Psycobiology, 27,* 353-365.

Beck, A. T.(1964). Thinking and depression : Theory and therapy. *Archives of General Psychiatry, 10,* 561-571.

__________(1967). *Depression : Clinical, experimental and theoretical aspects*. New York : Harper & Row.

Beck, A. T., Rush, A. J., Shaw, B. F., & Emery, G.(1979). *Cognitive therapy of depression*. New York : Guilford.

Berger, K. S.(1991). *The developing person through childhood and adolescence*(3rd ed.). Worth publishers.

Berk, L. E.(1996). *Infants, children, adolescents*(2nd ed.). MA : Allyn & Bacon.

__________(1999). *Infants and children*. Boston, MA : Allyn & Bacon.

__________(2000). *Child development*. Boston, MA : Allyn & Bacon.

Berry, J. W.(1997). Immigration, Acculturation, and Adaptation. *Applied Psychology : An International Review*, *46*(1), 5-34.

Bond, M. H.(1991). *Beyond the Chinese face. Insights from the psychology*. Hong Kong : Oxford University Press.

Bornstein, M. H.(1989). Sensitive periods in development : Structural characteristics and causal interpretation. *Psychological Bulletin, 105,* 179-197.

Bower, T. G. R.(1979). *Human development*. San Francisco : Freeman.

Bowlby, J.(1973). Affectional bonds : Their nature and origin. In R. S. Weiss(Ed.), *Loneliness : The experience of emotional and social isolation*.

Bretherton, I.(1992). The Origins of attachment theory : John Bowlby and Mary Ainsworth. *Developmental Psychology, 28,* 759-775.

Brooks J. B.(1992). *The process of parenting*(3rd ed.). CA : Mayfield Publishing Company.

Brown, A. M.(1990). Development of visual sensitivity to light and color vision in human infants : A critical review. *Vision Research*, *30,* 1159-1188.

Bukatko, D., & Daehler, M.(2001). *Child development : A thematic approach.* Houghton Mifflin Company : New York.

Brooks-Gunn, J. C.(1991). Consequences of maturational timing variations in adolescence girls. In R. M. Lerner, A. C. Peterson, & J. Brooks-Gunn(Eds.), *Encyclopedia of adolescence*(Vol. 2). New York : Garland.

Brooks-Gunn, J., & Paikoff, R.(1993). Sex is a gamble, kissing is a game : Adolescent sexuality, contraception, and sexuality. In S. P. Millstein, A. C. Pertersen, & E. O. Nightingale(Eds.), *Promoting the health behavior of adolescents*. New York : Oxford University Press.

Buhrmester, D., & Furman, W.(1987). The development of companionship and intimacy. *Child Development*, *58*, 1101-1113.

Case-Smith, J., Butcher, L., & Reed, D.(1998). Parent's report of sensory responsiveness and temperament in preterm infants. *American Journal of Occupational Therapy*, *52*, 547-555.

Cherkes-Julkowski, M.(1998). Learning disability, attention deficit disorder, and language impairment as outcomes of prematurity : A longitudinal descriptive study. *Journal of Learning Disabilities*, *31*, 294-306.

Chess, W. A., & Norlin, J. M.(1988). *Human Behavior and the Social Environment : A Social Systems Model*. Boston, MA : Allyn and Bacon.

Choi, I., Nisbett, R. E., & Norenzayan, A.(1999). Causal attribution across cultures : Variation and universality. *Psychological Bulletin*, *125*, 47-63.

Choi, S., & Gopnik, A.(1995). Early acquisition of verbs in Korean : A cross-linguistic study. *Journal of Child Language*, *22*, 497-529.

Chomitz, V. R., Cheung, L. W. Y., & Lieberman, E.(1999). The role of lifestyle in preventing low birth weight. In K. L. Freiberg(Ed.), *Annual editions : Human development*(27th ed.), New York : McGraw-Hill.

Cohn, V.(1975). New method of delivering babies cuts down "torture of the innocent." *Capital Times*. November 5.

Cooperestock M. S., Bakewell, J., Heman, A., & Schramm W. F.(1998). Effects of Fetal Sex and Race on Risk of very Preterm Birth in Twins. *American Journal of Obstetrics and Gynecology*, *179*, 762-765.

Corsini, R. J., & Wedding, D.(Ed.)(2000). *Current psychotherapies*(6th ed.). New York : Wadsworth.

Davison, G. C., & Neale, J. M.(2001). *Abnormal psychology*(8th ed.). New York : John Wiley & Sons.

Diamond, A., Prevor, M., Callender, G., & Druin, D.(1997). Prefrontal cortex cognitive deficits in children treated early and continuously for PKU. *Monographs of the Society for Research in Child Development*, *62*(4), Serial No. 252.

Dobson, V., & Teller, D. Y.(1978). Visual acuity in human infants : A review and comparison of behavioral and electrophysiological studies. *Vision Research*, *18*, 1469-1483.

Donnay, D, A., & Borgen, F. H.(1996). Validity, structure, and content of the 1994 Strong Internet Inventory. *Journal of Counseling Psychology*, *43,* 275-291.

Duke-Duncan, P.(1991). Body image. In R. M. Lerner, A. C. Petersen, & J. Brooks-Gunn(Eds.), *Encyclopedia of adolescence*(Vol. 1). New York : Garland.

DuPlessis, H. M., Bell, R., & Richards, T.(1997). Adolescent pregnancy : Understanding the impact of age and race on outcomes. *Journal of Adolescent Health*, *20*, 187-197.

Dworetzky, J. P.(1990). *Introduction to child development*(4th ed.). MN : West Publishing.

Dunphy, D. C.(1963). The Social Structure of Urban Adolescent Peer Groups. *Sociometry*, *14*, 227-236.

Ellis, A.(1958). Rational psychotherapy. *Journal of General Psychology*, *59*, 35-49.

_______(1962). *Reason and emotion in psychotherapy*. New York : Lyle Stuart.

Eberly, M. B., Hascall, S. A., Andrews, H., & Marshall, P. M.(1997). *Contributions of attachment quality and adolescent prosocial behavior to perceptions of parental influence : A longitudinal study*. Paper presented at the meeting of the Society for Research in Child Development, Washington, DC.

Erikson, E. H.(1963). *Childhood and society*(2nd ed.). New York : Norton.

____________(1982). *The Life cycle completed*. New York : Norton.

____________(1985). *Cognitive Development*(2nd ed.). NJ : Prentice-Hall.

Frank, D., & Zeisel, S.(1988) Failure-to-thrive. *Pediatric Clinics of North America*, *35*, 1187-1206.

Freedman, D. G.(1974). *Human infancy : An evolutionary perspective*. NY : John Wiley.

Freud, S.(1960). *The ego and the id*. New York : Norton.

_______(1920). *A General Introduction to Psychoanalysis*. New York : Boni and Liveright Publishers.

_______(1933). *New Introductory Lectures on Psychoanalysis*. New York : W. W. Norton.

_______(1900). *The Interpretation of Dreams*. London : Hogarth Press.

Germain, C. B.(1979). *Social Work Practice : People and Environments*. New York : Columbia University Press.

______(1991). *Human Behavior in the Social Environment : An Ecological View*. New York : Columbia University Press.

______(1978). Space and ecological variable in social work practice. *Social Casework, 59*(9), 519-522.

______(1987). Human development in contemporary environments. *Social Service Review*, 565-580.

Germain, C. B., & Gitterman, A.(1987). Ecological perspectives. In A. Minahan et al.(Eds.), *Encyclopedia of social works*. Washington, DC : National Association of Social Workers.

Gray, J. A.(1979). *Pavlove*. Fontana.

Greene, R. R.(1991). General Systems Theory. In R. R. Greene & P. H. Ephross(eds.), *Human Behavior Theory and Social Work Practice*. New York : Aldine De Gruyter.

Gottlieb, G.(1991). Experiential canalization of behavioral development : Theory and commentary. *Developmental Psychology*, *27*(1), 4-13.

Hall, E. T.(1976). *Beyond Culture*. New York : Doubleday.

Hansen, C.(1983). *Language and logic in ancient China*. Ann Arbor : University of Michigan Press.

Harlow, H. F., & Zimmerman, R. R.(1959). Affectional responses in the infant monkey. *Science, 130*, 421-432.

Harris, G., Thomas, A., & Booth, D. A.(1990). Development of salt taste in infancy. *Developmental Psychology*, *26*, 534-538.

Henderson, K. A., & Zivian, M. T.(1995). *The development of gender differences in adolescent body image*. Paper presented at the meeting of the Society for Research in Child Development, Indianapolis.

Hazan, C., & Shaver, P.(1987). Romantic love conceptualized as an attachment process. *Journal of Personality and Social Psychology*, *51*, 511-524.

Hjelle, L. A., & Ziegler, D. J.(1992). *Personality theories : Basic assumptions, research and applications*(3rd ed.). New York : McGraw-Hill.

Holland, J. L.(1985). *Making vocational choices : A theory of vocational personalities and work environments*(2nd ed.). Englewood Cliffs, New Jersey : Prentice-Hall.

______(1987). Current status of Holland's theory of careers : Another perspective. *Career Development Quarterly*, *36*, 24-30.

Horn, J. L., & Donaldson, G.(1980). Cognitive Development in Adulthood. In O. G. Brim, & J. Kagan(eds.), *Constancy and Change in Human Development*. Massachusetts : Harvard University Press.

Hsu, F. L. K.(1972). American core value and national character. In F. L. K. Hsu.(Ed.), *Psychological anthropology*. Cambridge. Mass : Schenkman Publishing Company, 241-251.

Humphrey, T.(1978). Function of the nervous system during prenatal life. In U. Stave(Ed.), *Perinatal physiology*. New York : Plenum, 651-683.

Huttenlocher, P. R.(1994). Synaptogenesis, synapse elimination, and neural plasticity in the human cerebral cortex. In C. A. Nelson(Ed.). *Threats to optimal development : Integrating biological, psychological, and social risk factors : Minnesota symposia on child psychology*. Vol. 27, Hillsdale, NJ : Erlbaum, 35-54.

Jacobi, J.(1959). *Complex/ Archetype/ Symbol in the psychology of C. G. Jung*. NJ : Pinceton University Press.

Jung, C. G.(1928). *Contributions to analytical psychology*. New York : Harcourt, Brace and Company.

Kobak, R. R., & Schery, A.(1988). Attachment in late adolescence : Working models, affect regulation, and representation of self and others. *Child Development*, *59*, 135-146.

Kohlberg, L.(1963). The Development of Children's Orientations toward a Moral Order : Sequence in the Development of Moral Thought. *Vita Humana*, *6*, 11-33.

Kolb, B.(1995). *Brain plasticity and behavior*. NJ : Erlbaum.

Kurdek, L, A., & Fine, M. A.(1994). Family acceptance and family control as predictors of adjustment in young adolescence : Linear, curvilinear, or interactive effects?. *Child Development*, *65*, 1137-1146.

Kübler-Ross, E.(1969). *On death and dying*. New York : Macmillan.

Leboyer, F.(1975). *Birth without violence*. New York : Knopf.

Lenneberg, E. H.(1967). *Biological foundations of language*. New York : Wiley.

Lewin, K.(1961). Quasi-Stationary Social Equlilibria and the Problem of Permanent Change. In W. G. Bennis et al.(Eds.), *The Planning of Change*. New York : Holt, Rinehart, & Winston.

Lin, C.(1993). Breech presentation. In C. Lin, M. S. Verp, & R. E. Sabbagha(Eds.). *The high risk fetus : pathophysiology, diagnosis, management*. New York : Springer-Verlag.

Lloyd, G, E. R.(1990). *Demystifying mentalities*. New York : Cambridge University Press.

Lloyd, M. A.(1985). *Adolescence*. New York : Harper & Row.

Marcia, J.(1966). Development and validation of ego-identity status. *Journal of Personality and Social Psychology*, *3*, 551-558.

Maluccio, A.(1979). Competence and life experience. In C. G. Germain(Ed.), *Social work practice : People and environments*, 282-302. New York : Columbia University Press.

Maslow, A.(1968). Toward a Psychology of Being. NJ : D. Van Nostrand Co.

_________(1970). *Motivation and Personality*. New York : Harper & Low.

_________(1971). *The Father Reaches of Human Nature*. New York : Viking.

Masuda, T., & Nisbett, R. E.(2001). Attending holistically versus analytically : Comparing the context sensitivity of Japanese and Americans. *Journal of Personality and Social Psychology*, *81*(5), 922-934.

Mange, A. P., & Mange, E.(1990). *Genetics : Human aspects*(2nd ed.). MA : Sinhauer Associates.

Merewood, A.(1998). Sperm under siege : More than we ever guessed, having a healthy baby may depend on dad. In K. L. Freiberg(Ed.), *Annual editions : Human development 98/99*(26th ed.), 37-41. New York : McGraw-Hill.

Meyer, C. H.(Ed.)(1983). *Clinical social work in ecosystems perspective*. New York : Columbia University Press.

Morelli, G. A., Oppenheim, D., Rogoff, B., & Goldsmith, D.(1992). Cultural variation in infants' sleeping arrangements : Questions of independence. *Developmental Psychology*, *28*, 604-613.

Morgan, B., & Gibson, K. R.(1991). Nutrition and Environmental. Interactions in Brain Development. In K. R. Gilbson & A. C. Peterson(Eds.), *Brain Maturation and Cognitive Development : Comparative and Cross Cultural Perspective*. New York : Aldine De Gruyter.

Mussen, P. H., & Jones, M. C.(1958). The behavior-inferred motivations of late and early-maturing boys. *Child Development*, *29*, 61-67.

Nelson, C. A., Zeanah, C., & Fox, N. A.(2007). The effects of early deprivation on brain-behavioral development : The Bucharest Early Intervention Project. In D. Romer & E. Walker(Eds.), *Adolescent psychopathology and the developing brain : Integration brain and prevention science*. New York : Oxford University Press.

Nelson, K. B.(1995). Cerebral palsy. In B. F. Sachs, R. Beard, E. Papiernik, & C. Russell(Eds.). *Reproductive health care for women and babies*. New York : Oxford University Press.

Neugarten, B. L.(1977). Personality and Aging. In J. Birren & K. W. Schaie(Eds.), *Handbook of the Psychology of Aging*. New York : Van Nostrand Reinhold Co.

Newman, B., & Newman, P. R.(1987). *Development through life : A psychosocial approach*. Homewood, IL : Dorsey Press.

Newman, L. F., & Buka, S. L.(1993). Clipped wings. In K. L. Freiberg(Ed.), *Annual editions : Human development 93/94*(21st ed.), 96-101.

Norcross, J. C., & Prochaska, J. O.(1982). A national survey of clinical psychologists : Affiliations and orientations. *The Clinical Psychologist*, *35*(3), 1-6.

Omer, H., & Everly, G. S.(1988). Psychological factors in Preterm labor : Critical Review and theoretical synthesis. *American Journal of psychiatry*. *145*, 1507-1513.

Paikoff, R. L., & Brooks-Gunn, J.(1990). Associations between pubertal hormones and behavioral and affective expression. In C. S. Holmes(Ed.), *Psychoneuroendocrinology : Brain, behavior, and hormonal interactions*. New York : Spring-Verlag.

Paneth, N. S.(1995). The problem of low birth weight. *The Future of Children*, *5*, 19-34.

Papalia, P. E., & Olds, S. W.(1995). *A child's world : Infancy through adolescence*(3rd ed.). New York : McGraw-Hill.

Papini, D. R., Roggman, L. A., & Anderson, J.(1990). Early adolescent perceptions of attachment to mother and father : A test of the emotional distancing hypothesis. *Paper presented at the meeting of the Society for Research on Adolescence*, Atlanta.

Parten, M.(1932). Social play among preschool children. *Journal of Abnormal and Social Psychology*, *27*, 243-269.

Peng, K., & Nisbett, R. E.(1999). Culture, dialectics, and reasoning about contradiction. *American Psychologist*, *54*, 741-754.

Petersen, A. C.(1987). Those gangly years. *Psychology Today*, 28-34.

Piaget, J.(1952). *The origins of intelligence in children*. New York : International Universities Press.

________(1962). *Play, dreams, and imitation in childhood*. New York : Norton.

Piaget, J., & Inhelder, B.(1956). *The Child's Conception of Space*. London : Routledge & Kegan Paul.

______________________(1969). *The psychology of the child*. New York : Basic Books.

Pollitt, E.(1994). Poverty and child development : Relevance of research in developing countries to the United States. *Child Development*, *65*, 283-295.

Radetsky, P.(1994). Stopping premature births before it's too late. *Science*, *266*, 1486-1488.

Raskin, N.(1985). Client-centered therapy. In S. J. Lynn & J. P. Garske(Eds.), *Contemporary psychotherapies models and methods*. OH : Charles E. Merrill.

Reeb, B. C., Fox, N. A., Nelson, C. A., & Zeanah, C. H.(2008). The effect of early institutionalization on social behavior and understanding neural correlates. In M. de Hann & M. Gunnar(Eds.), *Handbook of social developmental neuroscience*. Malden, MA : Blachwell.

Riegel, K. F.(1973). Dialectic operations : The final period of cognitive development. *Human Child Development*, *16*, 346-370.

Rogers, C. R.(1959). A theory of personality and interpersonal relationships as developed in the client-centered framework. In S. Koch(Ed.), *Psychology a study of science : Formulations of the persons and the social context*(Vol. 3). New York : McGraw-Hill.

____________(1961). *On Becoming a Person : A Therapist's View of Psychotherapy*. Boston : Houghton Mifflin Co.

____________(1980). *A way of being*. Boston : Houghton Mifflin.

____________(1983). *Freedom to learn in the 80s*. Columbus, OH : Charles E. Merrill.

Rosenstein, D., & Oster, H.(1988). Differential facial Responses to four Basic Tastes in Newborns. *Child Development*, *59*, 1555-1568.

Rosow, I.(1985). Status and role change through the life cycle. In R. H. Binstock & E. Shanas(Eds.), *Handbook of aging and the social sciences*(2nd ed.). New York : Van Nostrand Reinhold.

Ruth, J.(1996). Personality. In J. E. Birren et al.(Eds.), *Encyclopedia of gerontology*(vol. 2), 281-294. New York : Academic Press.

Sheehy, Noel(2004). Fifty key Thinkers in Psychology. 정태연 · 조은영 공역. 50인의 심리학 거장들. 서울 : 학지사.

Sadeh, A.(2008). Sleep. In M. M. Haith & J. B. Benson(Eds.), *Encyclopedia of infant and early childhood development*. Oxford, UK : Elsevier.

Schaiem K. W.(1990). Intellectual development in adulthood. In J. E. Birren & K. W. Schaie (Eds.), *Handbooks of the psychology of aging*(3rd ed.). New York : Academic Press.

Schaie, K. W. & Willis, S.(2002). *Adult Development and Aging*. New Jersey : Prentice Hall.

Sharf, R. S.(2000). *Theories of psychotherapy and counselling*(2nd ed.). Belmont, C.A. Brooks/Cole.

Slater, A., Field, T., & Hernandez-Reif, M.(2007). The development of the senses. In A. Slater & M. Lewis(Eds.), *Introduction to infant development*(2nd ed.). New York : Oxford University Press.

Skinner, B. F.(1953). *Science and Human Behavior*. New York : Macmillan Co.

Specht, R., & Craig, G. J.(1987). *Human Development : A Social Work Perspective*(2nd ed.). Englewood Cliffs, N. J. : Prentice-Hall.

Steinberg, L., Lamborn, S. D., Darling, N., Mounts, N. S., & Dornbusch, S. M.(1994). Overtime changes in adjustment and competence among adolescents from authoritative, authoritarian, indulgent, and neglectful families. *Child Development*, *65*, 754-770.

Sullivan, H. S.(1953). *The interpersonal theory of psychiatry*. New York : Norton.

Tanner, J. M.(1978). *Fetus into man : Physical growth from conception to maturity*. Cambridge, MA : Harvard University Press.

Thompson, R. A.(1998). Early sociopersonality development. In W. Damon & N. Eisenberg(Eds.), *Handbook of child psychology*(Vol. 3). New York : John Wiley & Sons.

Thorson, J. A.(2000). *Aging in the changing society*(2nd ed). Philadephia, PA : Brunner/Mazel.

Tobin-Richards, M. H., Boxer, A. M., & Pertersen, A. C.(1983). The psychological significance of pubertal change : Sex differences in perceptions of self during early adolescence. In J. Brooks-Gunn & A. C. Pertersen(Eds.), *Girls at puberty : Biological and psychological perspectives*. New York : Plenum.

Troll, L. E.(1985). *Early and middle adulthood*(2nd ed.). Belmont, CA : Brooks/Cole.

Turner, J. S., & Helms, D. B.(1983). *Lifespan Development*. New York : Holt, Rinehart, & Winston.

Tyler, E. B.(1971). *Primitive Culture*. New York : Holt.

Unger, R., & Crawford, M.(1992). *Women and gender : A feminist psychology*. Philadelphia : Temple University Press.

Vondracek, F. W.(1991). Vocational development and choice in adolescence. In R. M. Lerner, A. C. Petersen, & J. Brooks-Gunn(Eds.), *Encyclopedia of adolescence*(Vol. 2). New York : Garland.

Von Hofsten, C.(1983). Catching skills in infancy. *Journal of Experimental Psychology : Human Perception and Performance*, 9, 75-35.

Watson, J. B.(1927). What to do when your child is afraid(interview with Beatrice Black). *Children (March)*, 25-27.

Weber, M.(1930). *The protestant ethic and the spirit of capitalism*. London : Allen and Unwin.

Wood, K. C., Becker, J. A., & Thompson, J. K.(1996). Body image dissatisfaction in preadolescent children. *Journal of Applied Development Psychology*, 17, 85-100.

White, L.(1959). *The evolution of culture*. New York : McGraw-Hill.

Yin, Y., Buhrnester, D., & Hibbard, D.(1996). *Are there developmental changes in the influence of relationships with parents and friends on adjustment during early adolescence?*. Paper presented at the meeting of the Society for Research on Adolescence, Boston.

Zastrow, C., & Kirst-Ashman, K. K.(1987). *Understanding Human Behavior and the Social Environment*. Chicago : Nelson-Hall Publishers.

찾·아·보·기

인 명

내 용

저/자/약/력

■ 이은희
부산대학교 대학원 사회복지학과(행정학 석사)
부산대학교 대학원 사회복지학과(행정학 박사)
부산의료원 정신보건사회복지사 역임
현 동국대학교 사회복지학과 교수

■ 김남숙
부산대학교 대학원 사회복지학과(행정학 석사)
부산대학교 대학원 사회복지학과(사회복지학 박사)
남구노인복지관 관장 역임
현 동명대학교 사회복지학과 교수

인간행동과 사회환경

|공저자| 이은희 · 김남숙

|1판 1쇄| 발행 2024년 7월 31일
|1판 2쇄| 발행 2025년 7월 30일

|발행인| 김 동 훈
|발행처| 공 동 체

|주소| 경기도 고양시 일산동구 호수로 358-39
동문타워 I 905호(백석동)
|전화| 031) 814-3000(대표)
|팩스| 031) 814-3100
|홈페이지| http://www.compub.co.kr
|전자우편| compub@naver.com
|출판등록| 2005년 10월 6일
|등록번호| 제396-2005-36호

|ISBN| 979-11-6725-728-4
정가 21,000원